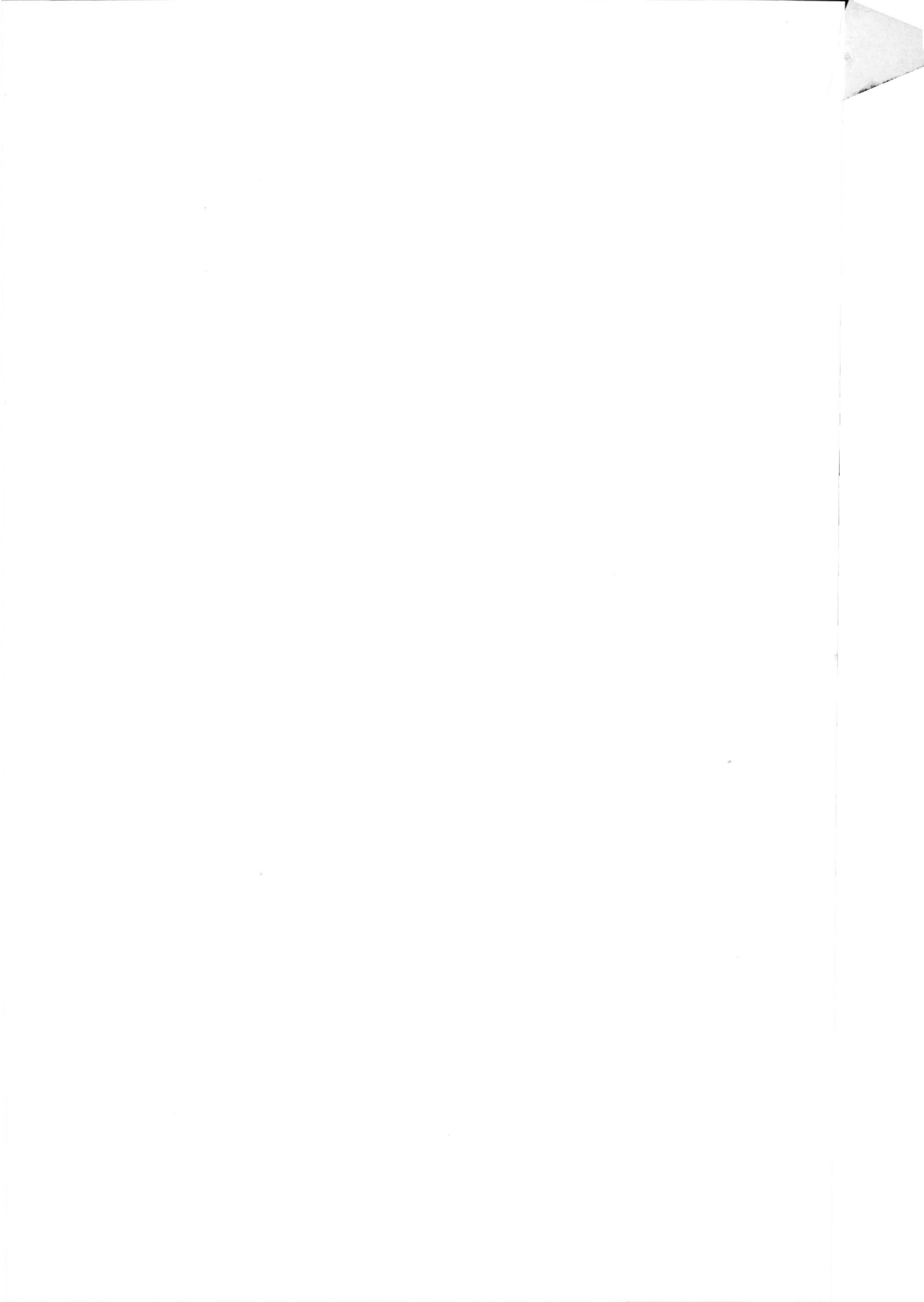

2015年教育部人文社会科学研究青年基金项目"治理理论视角下我国专业学位研究生教育质量评估体系建构研究"（15YJC880007）

国 | 研 | 文 | 库

专业学位研究生
教育质量评估的治理向度

陈 静 ————著

光明日报出版社

图书在版编目（CIP）数据

专业学位研究生教育质量评估的治理向度 / 陈静著
. -- 北京：光明日报出版社，2021.6

ISBN 978-7-5194-6055-6

Ⅰ.①专… Ⅱ.①陈… Ⅲ.①研究生教育—教育质量
—研究—中国 Ⅳ.① G643

中国版本图书馆 CIP 数据核字（2021）第 083247 号

专业学位研究生教育质量评估的治理向度
ZHUANYE XUEWEI YANJIUSHENG JIAOYU ZHILIANG PINGGU DE ZHILI XIANGDU

著　者：陈　静			
责任编辑：陆希宇		责任校对：刘欠欠	
封面设计：中联华文		责任印制：曹　净	

出版发行：光明日报出版社
地　　址：北京市西城区永安路 106 号，100050
电　　话：010-63169890（咨询），010-63131930（邮购）
传　　真：010-63131930
网　　址：http://book.gmw.cn
E - mail：Luxiyu@gmw.cn
法律顾问：北京德恒律师事务所龚柳方律师

印　　刷：三河市华东印刷有限公司
装　　订：三河市华东印刷有限公司
本书如有破损、缺页、装订错误，请与本社联系调换，电话：010-63131930

开　　本：170mm×240mm
字　　数：220 千字　　　　　　印　　张：14.5
版　　次：2021 年 6 月第 1 版　　印　　次：2021 年 6 月第 1 次印刷
书　　号：ISBN 978-7-5194-6055-6

定　　价：89.00 元

序

　　"发展具有中国特色，世界水平的现代教育"是我国教育发展的总体目标。在高等教育事业发展中，建设"具有中国特色、世界水平的一流大学"已经成为我国高等教育事业发展的必然趋势。在此背景之下，如何切实提高质量成为我国高等教育发展中的关键问题。即将步入高等教育普及化行列的中国，高等教育事业的发展已经从数量增长向质量提升转变，提升高等教育质量也逐渐从高校使命上升为一种国家意志。随着我国政治和经济体制改革的逐渐深入，高等教育体制也正面临着重要转型。如何在高等教育发展过程中转变政府职能，破除计划经济时期形成的政府大包大揽式管理模式，理顺政府、市场、社会同大学之间的关系，这对于提高我国高等教育质量、深入推动我国高等教育体制改革具有重要现实意义。提高质量作为高等教育的永恒主题，已经成为当今世界各国高等教育发展中的共性诉求。本书立意于探究治理理论视角下我国专业学位研究生教育质量评估的理论和现实问题，以期通过对于专业学位研究生教育质量评估治理向度的探究，对我国高等教育质量保障与评价体系的完善略尽绵薄之力。

　　在我国推进国家治理体系与治理能力现代化的背景下，推进高等教育治理体系和治理能力现代化既是践行高等教育强国战略、深化高等教育领域综合改革的总体目标，又是高等教育由"管理"走向"治理"的发展转向。高等教育质量评估是教育治理实践的重要环节，是教育治理体系中的核心构成要素，推动教育治理现代化必然对高等教育评估提出新的更高要求。专业学位研究生教育作为我国研究生教育的重要组成部分，是高层次人才培养的关键环节。《国家中长期教育改革和发展规划纲要（2010—2020）》对专业学位研究生教育发展指明了具体发展目标，提出要不断优化高等教育结构，重点扩大应用型、复合型、技能型人才培养规模，加快发展专业学位研究生教育。我国专业学位研究生教育在外延式发展的同时，应当注重教育内涵式发展，这与我国新时期高等教育的发展趋势相一致。有效地监测评估教育质量是教育质量保障的重要途径，在评估体系的路径选择上主要还是依赖模糊性的综合评估为主，其准确性无法得到保证。评估主体仍然是以政府主体评估为主，社会力量在评估过程中的参与性不足，评估的"多元共治"价值理念和思路没有得到切实落实。因此，有必要构建基于多元客观的评估指标，利益相关方广泛参与、凸显动态监测性的专业学位研究生质量评估体系，这样才能切实保证教育质量。

基于此，本书在治理理论视角下，聚焦治理理论中多元共治价值取向与高等教育质量评价的耦合，分析了专业学位研究生教育质量评估的治理理论意蕴，剖析了当前专业学位研究生教育评估的现状与问题，总结了国外专业学位研究生教育质量评估的经验，最终归纳了我国专业学位研究生教育质量评估的治理向度：即从治理理论视角出发对我国专业学位研究生教育质量评估体系构建进行了有益探索。具体而言，本书首先从理论逻辑角度求证了治理理论与高等教育质量评估的时空边界，分析了治理理论中多元共治价值理念与专业学位研究生教育质量评估的耦合，从大学管理的治理向度出发，对高等教育质量评估与治理理论的耦合进行了理论分析和价值分析。本书进而对专业学位研究生教育质量评估的治理意蕴进行深入全面探究，从专业学位研究生教育质量评估的问题溯源，对其核心要素和运行机制角度进行了全面分析。其次，本书对我国专业学位研究生教育质量评估的实施现状进行了调研分析和事实梳理，厘清专业学位研究生教育质量评估的问题及成因。运用比较法从评估历程、评估机构、评估维度、评估过程四个方面对以美国、英国、法国等国专业学位研究生教育质量评估进行比较分析，其中重点选取美国专业学位研究生教育质量评估治理体系的实施案例进行分析，在此基础上对我国专业学位研究生教育质量评估提供治理层面的借鉴参考。最后，本书从多元共治导向下的评估原则与方法、多维逻辑标准下的评估指标体系的确立、多层结构布局下的评估机制的构建三方面系统呈现了我国专业学位研究生教育质量评估的治理向度。

目　录
CONTENTS

第一章　治理理论与高等教育质量评估的耦合

建设"具有中国特色、世界水平的一流大学"已经成为我国高等教育事业发展的必然趋势。随着我国政治和经济体制改革的逐渐深入，高等教育体制也正面临着重要转型。如何在高等教育发展过程中转变政府职能，破除计划经济时期形成的政府大包大揽式管理模式，理顺政府、市场、社会同大学之间的关系，这对于提高我国高等教育质量、深入推动我国高等教育体制改革具有重要现实意义。高等教育质量评估的科学化和高效化对于提升我国高等教育质量具有举足轻重的作用。在推进国家治理体系和治理能力现代化的背景之下，从理论层面探究治理理论与高等教育质量评估的耦合具有较强现实意义。

第一节　治理理论概述与内涵

"治理"所对应的英文单词为"Governance"，最初来源于拉丁文和古希腊文，原意有三：控制、引导和操纵。长期以来，人们将"治理"一词和"统治"交叉混用，从政治学意义上经常被用于国家的公共事务管理活动中。但从20世纪90年代以来，西方学术界对"治理"进行了广泛关注，针对"治理"而展开的研究领域也不再局限于政治学领域，学者将其应用到经济学、管理学等多个领域，这不仅在研究领域上有了重大拓展，而且在传播和使用语言上也有了扩展，"治理"不仅在英语世界中使用，而且开始在欧洲各种语言中使用并逐渐流行。研究治理问题的专家鲍勃·杰索普（Bob Jessop）曾经讲到："在过去15年，治理在许多语境中大行其道，以至于成为一个可以指涉任何事物或毫无意义的时髦词语。"① 足见当时对"治理"的关注和研究的热衷程度。

一、治理理论的概念界定

治理理论的主要创始人之一是詹姆斯·罗西瑙（James N. Rosenau）。在他的代表作《没有政府统治的治理》和《21世纪的治理》中明确对治理进行这样的界定，治理和政府统治不是同义词，它们之间有重大区别，治理所指的是一系列活动领域里的管理机制，虽未得到正式授权，但却能有效发挥作用。与统治完全不同，治理是一种由共同的目标支持的活动，这些管理活动的主体不一定是政府，也无须依靠国家的强制力量来实现。与统治相比，治理的内涵是更为丰富的，既包括正式的、政府制度，也包括非正式的、非政府的机制②。

治理理论的另一位重要代表人物罗茨（R. Rhodes）对治理的主要观点是，治理是一种新的统治过程，意味着有序统治的条件已经和以前不同，或是以新的方式来统治社会。罗茨列举了六种关于治理的定义：作为最小国家的管理活动的治理，指国家削减公共开支，以最小的成本取得更大的效益。作为公司管理的治理，指的是指导、控制和监督企业运行的组织体制。作为新公共管理的治理，指的是将市场的激励机制和私人部门的管理手段引入政府的公共服务。作为善治的治理，指的是强调效率、法治、责任的公共服务体系。作为社会控制体系的治理，指的是政府与民间、公共部门与私人部门之间的合作与互动。作为自组织网络的治理，指的是建立在信任与互利基础上的社会协调网络③。

研究治理理论的第三位重要代表人物是格里·斯托克（Gerry. Stoker），

---

① 鲍勃·杰索普. 治理的兴起及其失败的风险：以经济发展为例的论述 [J]. 国际社会科学（中文版），1999（2）：56.

② 俞可平. 论国家治理现代化 [M]. 北京：社会科学文献出版社，2014：18.

③ 俞可平. 论国家治理现代化 [M]. 北京：社会科学文献出版社，2014：18.

该学者通过对已有的各种关于治理的概念进行整理后，归纳出了对治理理论进行阐释的五种代表性观点。治理主体是一系列来自政府，但又不限于政府的社会公共机构和行为者个体。治理是对传统政府权威的一种挑战，政府不再是国家唯一的权力中心。各种公共和私人机构只要得到了公众认可，就有可能成为在各个不同层面的权力中心。治理意味着在为社会和经济问题需求解决方案的过程中，存在着界限和责权的模糊性。国家正在把原来由它独立承担的责任转移给公民社会，各种私人部门和民间团体正在承担着越来越多的责任。国家公共部门与社会私人部门的界限变得模糊。治理指出了在设计集体行为的各个社会机构之间存在着权力依赖。在集体行动中，各组织之间相互依赖，通过交换资源、协商目标等方式实现，相互交换和依赖的结果取决于各方资源和交换规则。治理的各方参与者最终形成一个自主的网络，这一网络在某个特定的领域中发号施令，与政府进行合作，分担政府的行政管理责任。治理意味着办事情不仅限于政府的权力，不限于政府的发号施令或运用权威。在公共事务管理中，还存在着其他的管理方法，政府有责任使用这些新的方法和技术来进行公共事务控制和引导。

除了权威专家外，也有机构对治理进行概念界定，其中最具有权威性的是由全球治理委员会对治理理论所做的定义。该委员会于1995年发布了一篇名为《我们的全球伙伴关系》研究报告。报告中提到："治理"是公共性或私人性的机构管理其共同事物的方式的总和。它是为了调和矛盾利益冲突而采取的措施及行动的过程。从制度的分类角度讲，既包括具有强制性的正式制度及其规则，也包括非强制性的非正式制度和规则。"治理"所遵循的原则是重过程轻形式、重协调而非控制。因此，"治理"严格意义上说并不是一种正式的制度，而是一种非正式制度，强调的是相关利益方的持续互动。在此强调一下，治理有四个特征：治理不是一套规则或活动，而是一个过程；治理过程的基础不是控制，而是协调；治理既涉及公共部门，也包含私人部门；治理不是一种正式制度，而是一种持续的互动①。

从上述定义中可以归纳出，治理的基本含义是指官方的或民间的公共管

---

① The Commission on Global Governance. Our Global Neighborhood: The Report of the Commission on Global Governance[R]. Oxford: Oxford University Press，1995：2-3.

理组织在一个既定的范围内运用公共权威维持秩序，满足公众的需要。治理的根本目的是在各种不同的制度中运用权力去引导、控制和规范公民的各种活动，以最大限度增进公共利益。因此，治理可以说是一种公共管理活动和公共管理过程，它包括必要的公共权威、管理规则、治理机制和治理方式。在对治理进行概念界定时，需要明确"治理"与"统治"之间的区别。虽然两者有共同之处，即治理作为一种政治管理过程，也像政府统治一样需要权威和权力，最终目的也是为了维持正常的社会秩序。但二者之间的区别更为明显，至少存在以下几个方面的区别。

首先，二者的权威主体不一样。治理的权威并非一定是政府机关，而统治的权威一定是政府。即是说统治的权威主体一定是社会的公共机构，而治理的权威主体既可能是公共机构，也有可能是私人机构，还可能是由公共机构和私人机构合作组成的。

其次，管理过程中权力运行向度不同。政府统治的权力运行方向是自上而下的，它通过发号施令，制定和实施政策运用政府的政治权威，属于一种单向度的管理方式。与之不同的是，治理是一个上下互动的管理过程，主要通过合作、协商、伙伴关系、确立认同和共同的目标等方式实施对公共事务的管理。其向度是多元的、相互的，而不是单一的和自上而下的。

再次，二者的管理范围不同。统治的范围是以领土为界的民族国家，政府的统治不可能超越国界，凌驾于他国之上。治理的范围则更为宽泛，其主体可以是非政府的、跨国界的民间组织。因此，治理的范围既可以是特定领土界限内的民族国家，也可以是超越国家领土界限的国际领域。

最后，二者的权威基础和性质不同。统治的权威来源于政府的法规命令，以强制为主。而治理的权威主要来源于公民的认同和共识，主要以自愿为主。即使没有多数人的认可，政府统治同样可以发挥其作用；治理则不同，它需要建立在多数人的共识和认可基础之上。

二、治理理论的核心要素

西方的经济学家和管理学家之所以提出治理这一重要概念，强烈主张用治理来代替统治，是因为他们在社会资源配置中看到了市场一方的失效和国家的失效。前者主要表现为仅运用市场的手段，无法达到一种最优状态。单纯的市场手段无法实现社会资源的最佳配置，因为市场在限制垄断、约束个人极端自私行为和克服生产的无政府状态方面存在着严重的局限性。然而，仅仅依靠国家的计划和行政命令，同样无法实现资源配置的最优化状态，最终无法保障公民合理的政治经济利益。治理可以从很大程度上弥补国家和市场在调控和协调方面的不足，但治理也存在失效的可能性。为此，不少学者和国际组织又提出了"元治理""有效治理"等概念。其中"善治"理论最具有影响力。

与"善治"（Good Governance）相对的是"善政"或者叫"良好的政府""良好的统治"。自从有了国家和政府，善政便成了人们所期望的理想的政治管理模式。在中华传统文化中也有对善政的很多论述，其中对善政包含的要素主要有：严明的法度、良好的行政效率和行政服务。与之相对的善治的概念从20世纪90年代开始盛行。善治指的是使公共利益最大化的社会管理过程。其根本特征在于它是政府与公民对公共生活的合理管理，是政治国家和市民社会的一种新型关系，是两者关系的最佳状态。善治的基本要素主要包括以下几个方面。

第一，合法与法治。合法的内涵是社会秩序和权威被自觉认可和服从的性质和状态。它与法律规范是没有直接关系的，从法律角度看是合法的，并不必然具有合法性。只有被在一定范围内的人民所认同的权威和秩序，才具有政治学意义上真正的合法性。合法性越高，善治的程度也就越高。取得合法性的途径是尽可能增加公民的共识和政治认同感[1]。善治要求有关管理机构和管理者最大限度协调各种公民之间以及公民与政府之间的利益矛盾，以使公共管理活动取得公民最大限度的认可。

法治的基本含义是，法律是公共政治管理的最高准则，任何政府官员和一般公民都必须依法行事，在法律面前人人平等。法治的直接目的是规范公民的行为，管理社会事务，维持正常的社会生活秩序，其最终目标是保护公民的自由、平等等基本权利。法治与人治相互对立，法治在规范公民行为的

---

[1] 俞可平.论国家治理现代化[M].北京：社会科学文献出版社，2014：27.

基础上，更具有对政府的制约性。法治是善治的基本要求，没有对法律的充分尊重，没有建立在法治基础上的社会秩序，就没有善治。

第二，透明与廉洁。透明所指的是政府信息的公开和透明。每一位公民都有获得与自己利益相关的政府政策信息的权利，这些政策信息包括：立法活动、政策制定、法律条款、政策执行、行政预算、公共开支等。上述这些信息必须能够及时通过各种传媒为公民所知晓，以便公民能够有效参与公共决策，并且也对公共管理过程实施有效的监督。通常，这种透明性越高，善治的程度也越高①。

廉洁指的是政府官员奉公守法，清正廉洁，不以权谋私，公职人员不滥用职权滋生腐败。严重的腐败不仅会增加交易成本、增大公共支出、打击投资者的信心，而且会破坏法治，腐蚀社会风气，损害社会的公正性，削弱公共权威的合法性。因此，公共权威的廉洁直接关系到治理的状况。

第三，责任与公正。责任指公民应当为自己的行为负责。在公共事务管理中，尤其指与某一特定职位或机构相连的职责及相应的义务。责任性意味着管理人员及管理机构由于其承担的职务而必须履行一定的职能和义务。没有履行或不适当履行其应当履行的职责和义务，即是一种失职，或缺乏责任性。公众尤其是公职人员和管理机构的责任性越强，表明善治的程度也就越高。在此方面，善治要求运用法律和道义双重手段来增大个人或机构的责任性②。

公正指的是不同性别、阶层、种族、文化程度、宗教和政治信仰的公民在政治权利和经济权利上的平等。作为善治要素的公正特别要求有效消除和降低富人与穷人、富国与穷国之间的两极分化，维护弱势人群的基本权利。

第四，回应与效率。回应可以被视为责任性意义的延伸。它指的是公共管理人员和管理机构必须对公民的要求做出及时的和负责任的反应，不得无故拖延。在必要时还应当定期主动向公民征询意见、解释政策和答疑。通常回应性越大，善治的程度也就越高。

这里的效率主要指的是管理的效率，其中包括两方面：一是管理机构设置合理、管理程序科学、管理活动灵活；二是最大限度降低管理成本。善治

① 俞可平.论国家治理现代化[M].北京：社会科学文献出版社，2014：28.
② 俞可平.论国家治理现代化[M].北京：社会科学文献出版社，2014：29.

的概念与无效或低效的管理活动是格格不入的。管理的有效性越高，善治的程度也就越高。

第五，参与与稳定。这里的参与包括公民的政治参与以及公民的社会活动参与，后者往往更为重要。善治从根本上讲就是国家的权力向社会回归，善治的过程实质上也是一种还政于民的过程。善治揭示了国家与社会或者政府与公民之间的良好合作，从全社会的范围看，善治离不开政府，但更离不开公民和社会。善治有赖于公民自愿的合作和对权威的自觉认同，没有公民的积极参与和合作，就不会有真正的善治①。

稳定指的是国内的和平、生活的有序、居民的安全、公民的团建、公共政策的连贯等。社会的稳定对于公民的基本人权、民主政治和经济发展都具有至关重要的作用。没有一个稳定的社会政治环境，就很难有经济的高速发展和民主政治的有效推进。发展中国家相对于发达国家来说，经济相对落后，制度化程度相对较低，社会的不稳定因素尤其突出。所以，社会政治的稳定程度，也是衡量善治的重要指标之一。

三、治理理论的内涵变迁

在中国，自改革开放以来开始推行社会主义市场经济体制，政府职能开始转变。政府逐渐从许多经济和社会领域中淡出或直接退出，由全能政府变为有限政府。政府的作用被界定为促进科学发展、维护社会公平、维持社会稳定和推动民主政治发展。随着政府作用和职能的调整，政府治理的内容也随之发生变化。治理所适用的重点领域也逐渐形成，主要包括生态平衡、社会公正、公共服务、社会和谐、官员廉洁、政府创新、党内民主和基层民主。本书侧重探讨的是治理在公共服务领域的运用。在明确公共服务职能，尤其是提出建设服务型政府的目标后，中国政府在治理改革中日益偏重公共服务的内容，并且推出了许多改善公共服务的重要举措。通过提供更多的社会公共品，比如在教育、公共安全、社会福利等方面，通过增加公共服务支出，提供更多的社会服务，增进公共利益。纵观中国治理变革的轨迹，治理在其

---

① 俞可平.论国家治理现代化[M].北京：社会科学文献出版社，2014：30.

适用领域中也呈现出了多样化的变迁特征。

第一，从一元治理到多元治理。治理主体的单一化，即所有权力集中于唯一的权力机构，是改革开放前中国政治的主要特征之一。这种一元的治理体制源于"党的一元化领导"体制。在这种体制下，治理的主体只有一个。一元治理体制最大的弊端就是导致政治上的专权和管理上的低效，扼杀人们的创造性和自主性。这种一元体制的突破性改革始于党政分开，政府率先成为一个相对独立的治理体系。党的十一届三中全会提出，"认真解决党政不分、以党代政、以政代企的现象。"[①] 20世纪80年代后，中共中央又相继决定实行政社分开和政企分开，在农村开始推进村民委员会制度，实行村民自治。到90年代后，民间组织开始涌现，并且逐渐得到政府的认可。至此，以各级党组织、各级政府、各类企事业单位和各种民间组织为主体的多元治理格局开始形成，其中党组织和政府组织是最重要的治理主体。

第二，从集权到分权。一元治理模式必然导致在政治上的高度集权，并且最终导致个人集权。治理结构的变革，必然引起治理功能的变化。与一元治理转向多元治理相适应，中国政府自改革开放以来，开始进行大规模的政治性分权，这种分权从三个方面展开。一是中央向地方分权。从20世纪80年代中期开始，中央开始大幅度下放政治管理权和经济管理权。这一新的管理体制实质性地扩大了地方的自主权。二是政府向企业分权。从80年代中期开始，中共中央决定推行政企分开的体制改革，企业逐渐成为自主管理的法人治理结构，政府不再是企业的治理主体。三是国家向社会分权。在一元化治理模式下，社会政治、经济和文化等方面的全部权力高度集中于国家，没有相对独立的民间组织，也没有实质性的社会自治。随着多元治理主体的出现，国家开始向社会分权。特别是在90年代后期，新一轮的政府机构改革后，一些政府机构被改造成行业协会，一些原来的政府管理职能开始移交给行业管理组织。21世纪初，民间组织大量涌现，政府开始特别强调社会管理职能，并且开始让民间组织参与社会管理，从而开始将部分国家权力下放给特定的社会组织。

---

① 中共中央文献研究室. 十一届三中全会以来重要文献精选（上卷）[M]. 北京：人民出版社，1987：7.

第三，从管制政府到服务政府。政府管理的直接目的是规范社会的政治生活，维护公民的各项合法权利。它既是对公民政治行为的一种约束，又是对公民权益的一种保障。政府的管理既是一种管制，又是一种服务。改革开放以来，中国政府管理体制改革的总趋势是管制的成分正在日益减少，而服务的比重正在日益增加，直至明确提出建立服务型政府。建设服务型政府，有利于强化社会管理和公共服务职能。在公共服务体系建设方面，国家提出了以发展社会事业和解决民生问题为重点，优化公共资源配置，注重向农村、基层、欠发达地区倾斜，逐步形成惠及全民的基本公共服务体系。

第四，从人治到法治。自20世纪80年代以来，依法治国开始被倡导。20世纪90年代之后，法治成了中国政治发展的长远目标，不久后被写进了我国宪法，正式成为国家的政治目标。十六大以后，中国政府又进一步提出了建设法治政府的目标。法治与人治相互对立，法治在规范公民行为的基础上，更具有对政府的制约性。从人治到法治的转变也正是治理的一大显著特征。

第二节　高等教育管理的治理内涵

在我国推进国家治理体系与治理能力现代化的背景下，推进高等教育治理体系和治理能力现代化是践行高等教育强国战略、深化我国高等教育领域综合改革的总体目标，又是高等教育由"管理"走向"治理"的发展转向。高等教育管理的治理意蕴集中体现在高等教育治理的价值取向从"管理"到"治理"的转变、治理过程参与主体的理论基础以及典型的高等教育治理模式几方面。

一、高等教育治理的价值取向

高等教育治理的价值取向是指在大学治理中所遵循的理性化的思维模式或普遍层次的观点见解。大学理念的确立是大学进行制度设计的根本前提。现代大学治理理念构建的价值取向是多方面的：治理主体的多元性、利益相关方的共同参与性、治理的民主性等。

（一）治理主体的多元化

大学治理价值取向的嬗变模式是从典型的"单边治理"到"多元治理"过程的转变。中世纪大学诞生初期，大学分为两种："学生大学"和"教师大学"。前者的代表是欧洲历史最悠久的博洛尼亚大学。博洛尼亚大学成立之初，由于学生大多是神职人员或世俗的统治阶级，因此校长和教授的聘任权最初是来源于学生的，学生负责主管学校事务。包括教授的选聘、学费的标准制定、学期和学时的安排。除此之外，当时欧洲南部的意大利、西班牙和葡萄牙等国的部分大学也属于"学生大学"。后者以巴黎大学为代表。巴黎大学由教师来执掌学校各项事务。为了达到与教会的神权和世俗的王权进行抗争的目的，维护自身的利益，巴黎大学的教师效仿中世纪城市手工业者实行自治的管理方式，借鉴教会的修道院制度，专门成立以大学教师为主导的"学者行会"。当时欧洲北部的英格兰、苏格兰、德国、瑞典和丹麦等地部分大学属于这种类型。无论是属于何种类型，都是体现了治理主体的单一性，即"单边治理"。

18世纪以后，随着科学革命和工业革命的兴起，在政府和教会的矛盾冲突中，大学不断扩大自治权限并获得诸多特权。与此同时，高等教育系统也出现了分化的趋势，世界范围内出现了一些新型高等教育机构。在传统大学之外，建立了各类专门学院或研究型大学，研究型大学的一个显著代表便是德国的柏林大学。除此之外，还建立了与地区经济和商业发展密切相关联的工商学院以及城市大学。随着高等教育形式的日益多元，参与治理的主体也日渐多元。校内的行政人员、教师逐渐成了大学的治理主体。到了近现代，大学所承担的职能由人才培养、科学研究扩展到社会服务，大学的职能更加多元化，大学逐渐发展成一个利益相关者组织，大学制度发展的内生需求使大学利益相关者参与大学治理成为可能。比如现代美国大学开始吸纳政府、校友、社区公正人士、捐款人等校外人员参与大学治理，大学治理自此开始呈现出多元化趋势。大学治理由过去的"单边治理"逐渐演变为一种"多元治理"。

（二）关键利益相关方的共同参与性

对现代大学实行"单边治理"已然失去了其合理性，而利益相关者的"多元治理"虽然是大学治理发展的趋势，但是在此背景下，又会面临是"利益相关者共同治理"还是"关键利益相关者治理"的两难选择。"利益相关者共同治理观"强调大学的全体利益相关者都应当参与到大学治理中。这种观点在为保障大学利益相关者权益提供理论依据之外，也存在着一定弊端。因为这种利益相关者共同参与的治理机制不但会因为分散化的职权引发大学决策制定时的僵持和拖沓，严重影响大学管理效率，而且还会存在大学公共化的危险，使之陷入谁也不能真正发挥治理功能的困境，正所谓全员责任等于零责任[①]。"关键利益相关者治理"实质上是"单边治理"模式与"利益相关者共同治理"模式的整合，整合的思路是借助已有的利益相关者模式，对参与大学治理的利益相关者进行筛选。"利益相关者共同治理观"和"关键利益相关者治理观"的区别主要体现在：前者是广义的利益相关主义，大学按照多数的利益相关者的利害采取行动。其治理逻辑是协作治理，认为全体利益相关者各自的利害构成了其参与治理的基础。后者虽然也主张协作治理，但其治理观是狭义的利益相关主义，即大学是按照极少数的利益相关者的利害采取行动，并同时注重大学与其他利益相关者之间的协调，因此更加强调参与治理的基础在于关键利害。相应的只有那些关键利益相关者才能够参与大学治理。相比较而言，后者是大学治理实践发展的一大趋势。确定哪些利益相关者应该参与大学治理，则是构建关键利益相关者治理机制的核心。并且对于治理主体的界定不能单纯从价值创造性角度来考量，也要考虑一定的正当性。只有两者相结合才能科学合理地界定出应该参与大学治理的利益相关者。

（三）治理过程的民主性

治理过程的民主性在大学中即是要求大学秉承"多中心治理"的治理秩序观，其基本模式是基于"治理权分享"的治理主体多元化。通过构建治理权分享机制，可以让更广泛的主体真正参与到大学治理中来，使其具有利益表达与获取的通道，获得正当追求利益的权利和空间，进而使大学在治理层面成为一个事实上的利益相关者合作体，回归到大学治理的本源。治理的民主性在大学治理中要求保证参与大学治理的主体的多元，让利益相关者切实

---

① 李维安，王世权.大学治理 [M].北京：机械工业出版社，2013：171.

参与到治理的过程中。大学治理中多元主体的共治有利于形成大学的合作治理网络，构建大学与其利益相关者之间的合作伙伴关系，并最终保障大学社会责任的有效实现[①]。从世界一流大学治理的实践来看，一个基本规律是：治理的民主性更容易实现治理和谐，也会使大学的各项决策更加科学，实现大学品质的提升。

二、高等教育治理的参与主体

高等教育治理的主体，即谁来参与高等教育治理，是学界关注较多的一个问题。著名教育学家雅斯贝尔斯（Karl Theodor Jaspers）提出，大学是一个由学者和学生共同组成的追求真理的社团。大学生要具有自我负责的意识，带着批判精神从事学习，因而拥有学习的自由。而大学教师则是以传播科学真理为己任，因此他们有教学的自由。据此间接论证了教师和学生两大利益群体参与大学治理的必要性。

（一）高等教育治理主体确立的理论依据

大学功能理论、利益相关者理论、三螺旋理论是高等教育治理参与主体形成的理论来源和基础。其中，大学功能理论解释了大学为何存在的问题，对大学的职能进行了理论阐释；利益相关者理论则解释了参与大学治理的利益相关方，即主体的来源方；三螺旋理论则是从政府、市场和社会三维界定了高等教育的治理主体之维。

1. 大学功能理论

"大学"一词源于拉丁文 Universitas，其原初含义是各种合作性质的团体和行会。如手工行会、自治团体以及特指的"学生或教师行会"。大学作为一种社会建制最初很大程度上是民间自发行为。最初，学生们聚集在城市，自发聘请教授为他们传授知识，传授知识的教师和接受知识的学生双方为了各自利益组织成的民间社团，便成了大学的最初形态。被冠以欧洲大学之母之名的巴黎大学，是被公认的世界上正式建制最早的大学之一。13世纪的巴黎也成了各种行会的集中地。

---

① 尹晓敏.利益相关者参与逻辑下的大学治理研究 [M].杭州：浙江大学出版社，2010：29.

　　要解释"大学为什么会存在"这一问题，首先应该对大学功能的理论问题进行阐释。正是因为大学所具备的特殊功能和使命，才使得大学得以长期存在并不断发展壮大。因为时代的发展往往让大学在职能和使命上不断拓展和丰富。大学发展至今，其功能历经了从传授知识到科学研究，再到社会服务这几项重要使命的演变。18世纪哲学家康德（Immanuel Kant）将大学定义为一种"学术共同体"（Learned Community）。而后，19世纪的纽曼（John Henry Newman）在继承英国18世纪盛行的绅士思想以及洛克（John Locke）的心智训练学说基础上，又通过对大学本质和理念的阐述，提出大学应该是一个提供博雅教育、致力于培养绅士和哲学家的场所，大学应该在教授内容上提倡通识性的博雅教育，大学的使命就在于传授知识，培养理性，而非发展知识①。从思想性和理论脉络上看，纽曼的思想其实是继承了亚里士多德（Aristotle）关于"知识自为性"的论述。无独有偶，哲学家和教育学家雅斯贝尔斯也特别重视和强调大学的知识传承性，他认为大学的使命主要是对专业知识的教育和培养，以及学术训练（这里的学术训练不是研究训练，而是对知识习得的练习）。在此阶段，大学的功能仅仅只停留在了传授知识这一方面。

　　到19世纪中后期，大学的职能和使命在知识教授的基础上，又增加了一重重要职能，即科学研究。自洪堡创立柏林大学以来，大学的创造知识和科学研究的职能便逐渐被学界重视，而柏林大学也成了世界研究型大学的典范。学者弗兰克斯那（Flexner）曾指出，大学的教授范围应该不包括中等教育、技术教育和职业教育等，大学应该是追求高深学术的场所，现代大学应当是一种研究型的学术组织。这一观点得到了许多权威学者的响应，如布鲁贝克（Brubeck）也将大学理解为一个研究学问的场所，认为大学应当将关注深奥的学问作为己任。学者克拉克（Clark）也曾经提出了高等教育组织之所以不同于企业组织、政府组织及其他组织，就是由其知识高深性决定的，高深的知识材料，是任何高等教育系统实质的核心。正如中国著名教育学家蔡元培先生所言："大学者，研究高深学问者也。"从19世纪开始，大学的功能扩展到了研究高深学问领域。

---

① 约翰·亨利·纽曼. 大学的理念 [M]. 高师宁，译. 北京：北京大学出版社，2016：4.

现代大学的第三重职能：社会服务，是20世纪以美国大学为典型代表而提出的。它体现了美国本土特色和创造性，不得不提的便是"赠地运动"的开展。在运动中确立了农业、机械等应用类学科的显著地位，美国高等教育由此进入了实用主义阶段，大学的社会服务职能得到发展。于是，知识传授、科学研究和社会服务便成了现代大学的三重重要职能，大学在此职能框架下运行。从大学职能演变的规律中，似乎可以得到一个结论：无论社会形态如何变迁、历史如何更替，"学术"似乎一直是大学所秉承的核心概念。无论是教授知识、还是研究高深科学技术或是现实满足社会需求，其中贯穿的主线始终是学术，而仅仅是学术类型的不同，并没有改变大学学术性的根本。这是研究大学治理问题首先需要明确的问题。

2. 利益相关者理论

"利益相关者"（Stakeholders）理论最早于20世纪60年代被提出，它的出现源于西方管理学中对传统企业管理中所谓"股东至上"理论的质疑。1963年美国斯坦福研究所将利益相关者定义为"组织没有这些群体的支撑将无法生存"。 1968年瑞典学者瑞安曼（Rhenman）在工业化民主研究中对利益相关者定义为"利益相关者目标的实现依赖于企业，企业目标的实现也离不开他们"[①]。从他的观点推论出，除股东以外，企业的雇员、合作供应商和消费者群体等都是企业的利益相关者。其后的20多年里，西方学者关于利益相关者的各种研究成果日渐丰富，初步形成了利益相关者理论的大体框架。1984年，美国学者弗里曼（Freeman）正式提出了利益相关者理论。最早的利益相关者理论认为，一个公司的发展在资本投入的基础上，更要重视与企业发展相关的各方：如管理者、雇员、供应商和消费者以及社区等主体的参与。各方在企业发展中起到不同的作用。管理者和雇员负责人力资本的投入，维持企业的正常运转；供应商则是原材料供应的来源，是企业生产的基础保障；消费者则是直接关系企业利润的实现，是企业发展的关键因素；社区则为企业发展提供相关基础配套设施。因此，利益相关者理论重视除了股东以外的其他利益相关者，重视他们在企业发展过程中的重要作用，并保障其合法利益诉求。

---

① 李福华.大学治理的理论基础与组织框架 [M]. 北京：教育科学出版社，2008：214.

　　利益相关者可以从广义和狭义两方面来理解。具体利益相关者的概念及主体范围如表1-1所示。首先，从广义上的利益相关者方面看，最具代表性的当属弗里曼对利益相关者的定义。弗里曼指出，利益相关者是一个人或群体，这个人或这类群体的存在影响着组织的发展，而另一方面也受到组织发展的影响。弗里曼的观点很全面，但是最大的缺陷就是过于笼统，无法精确确定利益相关者的边界。从狭义上来看，利益相关者所指的是在一种特定组织中有所投入，并且对组织有权益方面的诉求，或者是承担着关系组织发展至关重要的风险和任务的群体或个人。学者克拉克森（Clarkson）是这种观点的一个重要代表人物。在他看来，所谓对组织的投入包括了资金、财物、实物、人力等各种具有价值的东西。这种定义实际上明确了利益相关者的边界，使得利益相关者相关范围缩小，在研究上更具有操作性。

表 1-1　利益相关者的概念及主体范围 [①]

	概念	主体范围
广义利益相关者	任何能够影响组织目标的实现或受到这种实现影响的群体或个人	股东、员工、顾客、公益组织、政府机关、业界团体、竞争对手、工会等
狭义利益相关者	如果没有其对组织的投入和支持，就不能维持组织存在的团体或个人	股东、员工、顾客、特定的供应商、主要政府机关、特定的金融机构

　　利益相关者理论在大学治理中的适切性源于大学规模的扩张，以及大学相关的各主体权力意识的强化。而与大学治理相关的利益相关者也逐渐得到了界定和归类。学者罗索夫斯基（Rosovsky）将大学的利益相关者分为四类。第一类为教师、学生和行政人员，他们构成了大学中最重要的利益相关者。第二类为董事、校友以及捐赠者，属于大学中的较重要的利益相关者。第三类为政府部门及议会，属于部分利益相关者。因为他们只是在特定条件下，如在提供经济资助并制定相关规章制度和评审学术活动时才和大学有直接关联。第四种则是大学利益相关者中最为边缘化的一种，即市民、社区、相关媒体，属于从属地位的利益相关者 [②]。除此学者外，尚有其他学者对大学中的

---

① 李维安，王世权. 大学治理 [M]. 北京：机械工业出版社，2013：28.

② 李维安，王世权. 大学治理 [M]. 北京：机械工业出版社，2013：29.

利益相关者进行界定和分类，但大都和学者罗索夫斯基的观点类似。在总结了各方对大学治理中的利益相关者界定和分类基础上，可通过表1-2来描述大学利益相关者的利益诉求和利益的实现形式。

表1-2　大学治理中的利益相关者的诉求及其实现

利益相关者	利益诉求	实现途径	利益相关者	利益诉求	实现途径
政府	政治诉求的表达 国民教育水平的提升 人才培养质量的提升 科技创新的实现	政策出台和实施 法律制定和保障	校友	校友资源 母校声誉 母校协助	校友会协作 实施捐赠
教师	工资福利的提升 学术观点的表达 学术声誉的提高 职称晋升等	政策法规规约 沟通调解 辞职或罢工	债权人	债券安全 与学校友好共处	法律法规 沟通协调
学生/家长	良好的学习环境 丰富的学习资源 雄厚的师资力量 开阔的就业环境	法律法规 沟通协调 学生组织	其他大学	校际合作与交流	校际联盟 沟通协调
行政人员	工资福利的提升 职位晋升 管理控制权扩大	法律法规 优先求偿	捐赠人	与大学的良性互动 捐赠财物的合理使用	法律监督 舆论监督 沟通协调
用人单位	高质量的毕业生 产学研结合	法律法规 用人反馈 社会舆论	社区	拉动社区消费 社区形象提升	法律法规 社会舆论 沟通协调
相关利益团体	利益初衷	团体力量	科研经费提供单位或个人	高水平科研成果 经费合理预算并开支	法律法规 契约合同 社会舆论

3. 三螺旋理论

三螺旋理论全称为：大学—产业—政府关系的三螺旋（the Triple Helix of University–Industry–Government Relationships），是一种创新模式，指的是大学、政府和产业之间的密切合作和交流互动，在此过程中三方均保持自己的独立身份①。三螺旋模型最早由亨利·埃茨科威兹（Henry Etzkowitz）和勒特·雷德斯道夫（Loet Leydesdorff）于1955年提出，是一种非线性创新模型，该理论模型提出后在学术界引起较大反响。三螺旋模型以政府、大学和产业间的互动为基础，三者之间既有资源上的横向循环，又有路径上的纵向演化。这样的一种状态呈现实质上是历史演进的必然趋势，三螺旋理论在历史演进中将三者关系以一种较为直观的形式呈现出来。

　　三螺旋创新模型的提出最初是受到了生物学中双螺旋结构模型的影响。1953年，沃森（Watson）和克里克（Crick）因为发现DNA双螺旋结构而获得诺贝尔奖。双螺旋结构中双方的相互依存和互补性，使得它们在环境中能够保持相对稳定的状态。而三螺旋结构在双螺旋结构基础上，增加了一个维度的变量，后来逐渐在化学和生物学中开始应用三螺旋模型结构。特别是在美国遗传学家理查德·莱旺顿（Richard lewontin）提出基因、生物体和组织之间的关系不能单纯按照"因果和决定论"来解释，而是需要一种犹如三条螺旋的因素相互缠绕，互为因果之后，亨利·埃茨科威兹（Henry Etzkowitz）和勒特·雷德斯道夫（Loet Leydesdorff）受到启发，于1995年编写了一部著作《大学和全球知识经济：大学—产业—政府关系的三螺旋》，同时发表了一篇以此为主题的论文，以此标志着三螺旋理论的正式诞生。三螺旋理论一经提出，便在国际学术界产生了很大影响。从三螺旋理论提出的时代背景来看，它的提出实质上是基于当代大学使命的转变②。大学自12世纪在欧洲诞生以来，在20世纪之前，其使命和功能历经了两次重大变革，先后发展出教学和科研这两项重大使命。但是随着大学知识生产能力的不断强化，它的功能和辐射范围日益扩展。随之而来的，便是大学的第三重使命的提出：社会服务。正是这一重使命的提出，使得大学日益走向了经济社会发展的中心，其地位得到较大提升。大学不仅为社会培养高层人才，还向社会提供高水平科研成果，甚至与区域经济发展和产业升级之间发生良性互动。以美国硅谷为代表的区

---

① 亨利·埃茨科威兹. 三螺旋：大学、产业、政府三元一体的创新战略[M]. 周春彦，译. 北京：东方出版社，2005：6-11.

② 周春彦. 大学—产业—政府三螺旋创新模式：亨利·埃茨科维兹"三螺旋"评估[J]. 自然辩证法研究，2006（4）：45.

域经济发展和创新能力的提升正是依托了大学—政府—产业之间的良性互动。

三螺旋模型的提出者埃茨科威兹认为，大学与产业之间的良性互动是非常重要的，政府应当在此过程中加以支持。最理想的三螺旋模型应当是大学、产业和政府的和谐共处，共同推动区域创新活动。三螺旋理论模型试图描述一种在创新过程中的社会发展的现实问题和必然趋势，即产业界、学术界和政府之间日益紧密的联系和相互作用。在三螺旋模型中，大学、产业和政府不但具有良好的独立性，而且相互作用，甚至在保持其传统作用的同时起到其他方面的作用。三螺旋模型在美国取得了较大成功，其原因也在于美国高等教育办学的相对自主性，以及政府在参与产业发展中的中立性。这样使得三者之间具有天然的相对独立性。在三螺旋模型的发展演化过程中，由于不同地区和国家间制度的差异，三螺旋中三个主体的关系存在着较大差异。具体而言，三螺旋模型主要有三种不同的表现形式。

第一种是"政府主导模式"。在这种结构中，政府最强势，大学与产业属于从属地位。在此模式下，大学与产业之间的关系要受到政府的有效控制。在政府的有效领导和目标明确之后，只有在资源充分投入的前提下才能产生较好效果。"政府主导模式"的典型代表是苏联、转型中的东欧国家、一些拉美国家以及计划经济时期的中国。这种政府主导模式实质上存在较大弊端，比如这种模式缺乏对创新的激励，政府一言堂容易滋生官僚主义，压制思想的交流和组织机构间的沟通。

第二种是"自由放任模式"。这种三螺旋模型以美国为典型代表。大学承担着基础研究和向社会输送人才的重要职责，政府的作用仅是监督，且仅在市场作用失灵时才发挥调控作用。政府、大学和社会之间彼此独立，相对分离，看似缺少结构间的有效互动，且三者之间边界清晰，高度独立。然而当个人或团体在两个或两个以上机构同时任职时，就会产生一定的利益冲突。但政府、市场和大学相对独立，互不干涉的关系却是十分明确的，尤其对于大学而言，大学自治和学术自由的理念得以真正落实。

第三种模式被称为"叠加式模式"。这种模式是一种最发达最复杂的模式，也是今天讲到三螺旋模型时最常见的一种状态。在这种模式之下，政府、产业和大学都具有部门重叠或重合的制度领域，在重合交界处呈现出混合型组织的状态。即是说大学、产业和政府在完成自己职责使命之外，还承担着其他角色的部分功能。比如说，大学对于产业的发展和完善起到重要的促进作用，因此可以说大学在一定程度上创造衍生产业，同时大学也可以成为区域经济发展的重要推动者。从此意义上说，大学具备了准政府的特征，发挥着准政府的功能作用。再比如，政府帮助产业发展制定宏观的发展战略和规划，政府通过财政支持的方式资助大学和科研机构进行重点项目的研发。而产业又可以协助政府制定区域产业发展相关政策，同时产业也为大学和科研机构合作开展研究活动。

第一种模式秉承一种"自上而下"的运行机制，产业和大学受制于政府的控制，政府在三螺旋关系中处于绝对支配地位。这种模式的一个弊端就在于产业和大学的发展方向和发展速度受制于政府，甚至大学和产业之间的互动关系也受到政府把控。第二种模式下，政府对产业和大学发展采取放任自流的态度，政府和国家的角色逐渐淡化，政府在三螺旋中的控制力削弱。相对于前两种模式，第三种模式最为成熟，也是现实中三者关系的最真实反映。政府、产业和大学三个主体在目标上一致，为了营造一种和谐环境而形成的混合型组织和制度，这种混合型组织主要表现为大学附属公司、公司战略联盟、国家实验室以及学术研究群体等。这样一些混合型组织和制度的出现特别受到政府的推崇，甚至可获得政府的特殊政策优待以及金融方面的扶持。但是，政府虽然对这些组织采取主观上积极促进的政策，但是从客观上看，政府的角色相对被动。因此，一个成功的三螺旋模型应当是政府、产业和大学之间的一种和谐共处、平等对话、相互促进的关系。三者之间相互产生叠加效应，最大程度通过制度结构控制整个三螺旋运行系统。

（二）高等教育治理主体的论争

有学者基于1971年对美国大学教授协会会员的问卷调查数据对教师参与决策相关问题进行了探讨并指出，教师能在教师评估、研究计划和课程设置方面给予行政人员有价值的帮助和建议。但是教师参与决策所产生的利益不足以超越集体决策的相关成本。因此，有效的大学治理要求教师被限于只能提意见而不能控制整个集体决策[①]。而后，又有学者运用相同数据，在对董事、教师、行政人员、学生等利益相关者行为分析的基础上，进一步将大学决策划分为不同的类型，并对教师参与大学治理和大学绩效之间的关系进行了验证。分析得出，教师参与大学决策未必就不利于大学绩效的改善，其效果取决于决策的类型。比如，教师参与学术事务的程度越高，大学业绩也就越好，而参与行政事务的程度越高，大学业绩也就越差。

除了关注学校内部的治理主体外，也有学者已经关注到了利益相关者的多元参与。英国学者沙托克（Shattock）以英国大学治理为着眼点，探讨了教师、学生、校长、校外人员、政府以及公众和媒体等对大学治理的参与问题。沙托克认为由于大学自治的历史传统，大学治理机制设计时关键是要聚焦决策制定时的内部教师和学生参与机制与方式[②]。然而，由于高等教育所需的政府经费日益增多，直接导致政府对大学的经济贡献和大学财政问责制兴趣日增，并随即对大学治理的过程兴趣也日渐浓厚，与学者自治相比外部人士治理可能更具问责效果。

（三）高等教育治理要义

大学治理要义是大学治理相关制度设计的关键要点，其关注核心点在于怎样从大学治理的角度出发，来最大程度发挥大学的本质功能，最大程度激发大学学者的创造力。从理论上看，关于大学治理要义的理论论述主要集中在两个方面：一是将大学治理的要点解释为平衡董事会与行政机构所拥有的法定权力（行政权力）和大学教师所拥有的专业权力（学术权力）；二是将大学治理的要点理解为通过共同平衡所有利益相关者的利益来寻求大学善治。两种观点虽然在权力分配角度方面不同，但其根本都是基于权力的平衡来实现大学的有效治理。根据大学治理的内涵，大学治理边界范畴所强调的是大学治理制度设计时所应关注或厘清的纵向以及横向的结构与权力界限，反映的是组织权力与资源配置的一种范围界限，同时也是大学治理活动有效开展

---

① MECORNICK, MEINERS R E. University governance: A property rights perspective [J]. Journal of Law and Economics, 1988（2）: 432–442.

② SHATTOCK M. Rebalancing Modern Concepts of University Governance[J]. Higher Education Quarterly, 2002（3）: 235–244.

的前提。大学治理作为利益相关者基于行政权力和学术权力的博弈，其治理要义正是基于决策权的行政权力与学术权力的相互匹配。因此，大学治理的要义应当存在两个边界：一个是大学内部的权力边界，另一个是各权力主体行使权力所依托的机构所形成的物理边界。前者是无形的，后者却是有形的。

1. 权力边界：横向与纵向治理边界

大学治理的横向边界是指大学在同一水平面的权力构成及其相互间的关系，主要来说是指大学学术权力与行政权力之间的界限。总体来讲，大学行政权力与学术权力的边界无论是从学校宏观层面，还是学院中观层面，或是系部微观层面，其权力边界都是较为清晰的。但在实践层面中，本应该是清晰的二者的权力边界，却常常表现得较为模糊。其背后的渊源主要在于双肩挑现象的存在。因此，大学治理的横向边界相对于纵向边界来说较为模糊。二者的理想状态即行政事务由行政来管理，学术事务由学者来管理的状态，似乎并不能简单实现。因此，单纯的割裂学术权力与行政权力是一种二元对立，现实中常常无法实施。两者之间的关系更多表现为一种融入式的整体关系，比如一种由学术所引导的动态整体的"学术性行政"（Academic Administration）状态则是这种整体关系的典型表现。因此，大学治理的横向治理边界只能是在整体观下的动态边界，其范围及具体实施必须以学术权力最大限度地发挥及大学本质的充分体现为重要前提。

大学治理的纵向边界尽管在不同国家的层级称谓不一样，但纵向边界都较为清晰。从纵向层级来看，大致分为：高层权力（学校）、中层权力（学院或处室），以及基层权力（系、所）。大学治理的纵向权力层次说明大学权力始终贯穿于大学的各个层级。大学治理中的学术权力与行政权力存在纵向边界，即学校层面的行政权力和学术权力的制度设计，即所谓的权力治理。而渗透于学院、处室以及系所的各种权力则属于管理权力。前者对应大学治理，后者对应大学管理。其中，大学治理是大学运行的制度框架，是引领大学发展的一种制度安排。大学管理则是在已经设计好的治理制度框架内，通过计划、组织、指挥、控制以及协调等方式具体实施管理大学，调动大学资源，最终实现大学的办学目标的管理。表1-3为大学治理与大学管理的区别。

表1-3 大学治理与大学管理的区别

区别	大学治理	大学管理
目标	实现利益相关主体间的利益均衡	完成大学既定目标
运行机构	大学治理结构（包括董事会、理事会或学术委员会等）	大学组织结构（系、所等）
职能	监督、责权确定、指导	计划、组织、指挥、控制和协调
基础及依据	契约、法律规范（包括高等教育法、大学章程等）	内部管理层级关系
政府作用	直接或间接干预（如制定法律法规）	政府不直接干预
实施者	董事会（或理事会）	院长或主任
地位作用	规范大学权责，保证管理有效运行	规划大学发展途径与实现方式

2. 物理边界：机构间的边界

大学治理的物理边界与其他机构相类似，是基于决策权的行政权力与学术权力相匹配的大学治理活动，在实体机构中展开的一种边界。大学治理的物理边界在不同国家之间的表现形式也不尽相同。例如，在欧美国家表现为校务委员会、董事会或理事会、大学评议会或教授会间的行政权力与学术权力的分配关系。而在中国则是依托于党委、纪委、校长和学术委员会等决策和监督机构的行政权力和学术权力的匹配。大学治理的物理边界本身具有一定的实体性，其作用的发挥通常依赖于一定的组织规则和章程。与此同时，大学治理的物理边界也不能无限扩大，其规模的大小取决于一个国家的政治、经济和社会文化背景，也取决于大学的规模、相关的治理成本以及大学中各个利益相关者的谈判能力等。

三、高等教育治理的典型模式

大学最初源于中世纪的欧洲。在历经英国、德国和美国等国的发展后，大学治理也在历史演变过程中呈现出各具特色的典型模式。大学治理制度也在不断演化中呈现出诸如"一制多式"和"路径分叉"等现象[①]。其背后隐藏的机理对于勾勒各种大学治理典型模式可以产生一定统摄作用。

① 李维安，王世权. 大学治理 [M]. 北京：机械工业出版社，2013：46.

（一）英国的高等教育治理模式

英国大学起源可以追溯到12世纪的教会。随着学生不断聚集，建立某种形式的组织来满足学生学习需求的呼声日渐强烈。由此，大学的治理问题也逐渐被提及。英国大学治理制度的发展历程可大致划分为四个重要阶段：第一个阶段是中世纪时期的英国大学，典型表现是学术权力在逆境中发展；第二阶段是从16世纪到19世纪，学术权力占据主导地位；第三阶段是19世纪60年代到20世纪60年代，政府干预下行政权力逐渐扩展；第四阶段是从20世纪60年代至今，随着市场的介入，行政权力与学术权力趋于平衡。

12世纪之前，英国的高等教育机构只存在于教会机构中，在教育机构中并没有设置专门的学院来为学生教授专门课程，因此也没有颁发文凭和学位证书，因此，12世纪之前英国没有真正意义上的大学。12世纪后，一些对知识充满渴望和热情的青年前往巴黎大学学习，但后来由于王室的禁止，这批学者便聚集到了牛津，牛津大学由此诞生，大学中开始开展经院哲学的教学和研究。而后在牛津大学的一部分教师和学生又到达剑桥，剑桥大学由此诞生。牛津大学和剑桥大学成立之初并无校舍，以宗教为中心，对学生进行的培养和教育目标是为培养牧师做准备，教师也大多由各类神职人员构成。从其内部结构来看，当时的大学只是学院的一种简单联合体，大学只是宏观上负责对学院进行协调与管理。学院具有相对独立性，学院之间独立运作，相互协助。如牛津大学在成立前已有学院存在，教授和学生共同探讨学术问题。1214年随着第一任校长被任命，大学治理中的行政权力被上升到了制度层面。校长、教师大会、教职员全体大会、大学评议会等共同构成了牛津大学的学术共同体。牛津大学的治理机构的职责主要包括：组织召开全校大会、编写会议章程等，通过不定期召开会议来行使制定、废除和修改大学法律法规的权力，如学位授予、校园监管、师生纪律等。可以说，在此阶段，教会、国王和学者团体之间围绕权力进行的博弈形成了当时大学的权力状态。虽然中世纪的英国大学在王权与教会间的夹缝中求生存，但是学术权力不断增强的趋势却很明显，直至在大学治理过程中开始逐渐占据主导地位。

16世纪开始，英国大学的学术权力主导地位开始进一步延伸。在经历了

17世纪末的冰河期①后，牛津大学和剑桥大学于19世纪进行改革，进而逐渐摆脱了传统古典大学的模式。特别是受到宗教约束的条款逐渐被废止，开始允许不信奉英国国教的学生入学和申请奖学金，同时开始注重拓展自然科学领域的课程教学。大学的治理模式在此阶段也显示出新的特征。比如牛津大学的治理结构的显著变化表现为：七日理事会代替七日委员会。学校的最高立法机关仍为教职员全体大会，但理事会享有参与制定有关其工作程序的权利；学院可以在校监②的允许下，修改各学院的规章制度；大学和学院有权修改和废除由皇家委员会制定的法律法规，但前提是必须得到枢密院的允许。这一时期牛津大学的治理结构如图1-1所示。

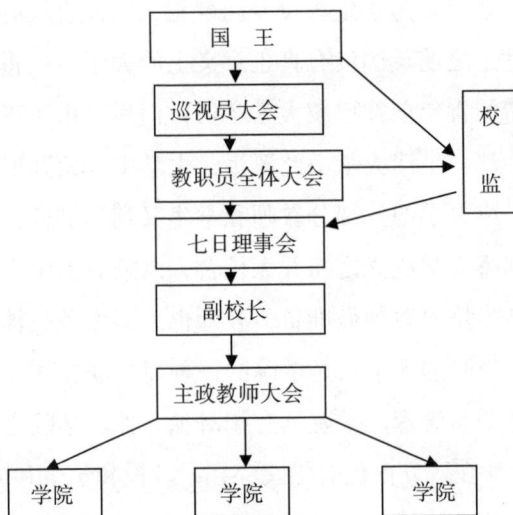

图1-1　16—19世纪牛津大学治理结构示意图

19世纪60年代工业革命的发生，使英国一跃成为世界上首屈一指的工业强国。工业革命不仅对英国的政治经济产生了深刻影响，而且对高等教育改革和发展也产生了重大影响。1840年左右英国设立了最早的中央教育机构，

---

① 所谓冰河期，指的是17世纪80年代开始，由于大学思想保守与社会相隔离，无法满足资产阶级和工业革命对人才的需求。一些大学教授公然拒绝和排斥新的教学理论和思想以及科研成果。大学的现实表现是，教学严重脱离社会实际，学校管理散乱无序，学风急转直下，入学者人数锐减，生源严重不足。牛津大学曾于1685年左右因学生数量过小濒临关闭，冰河期一直持续到19世纪。

② 校监，是罗马教皇任命的大学最高领导者，他代表教会行使对学校教义上的监督权，并拥有决定和颁发教师资格证书的权力。

即枢密院教育委员会。城市学院也在这一时期开始出现，它的出现使得新的权力主体开始登上了英国大学治理的舞台，英国大学逐渐形成了以学者为主导、外部力量参与评议会的治理结构。在此治理结构中，政府对大学改革的干预主要体现在皇家委员会的成立和相关立法方面。第一次世界大战后，大学与政府之间的关联更加紧密。由于大学捉襟见肘的财政状况以及校舍和设施的老旧，使得传统大学必然面临着一场变革。在秉承学术自由理念的英国大学中，政府开始寻求适当的方式和举措去协调大学和政府的关系，政府运用拨款委员会（University Grants Committee，UGC）这一机构来解决大学运作中的财务问题，也即是在此阶段，政府与大学之间的关系运转良好。此外，由于外部力量进入到大学中，使得外来人士在大学治理中发挥着越来越重要的作用，同时市场力量在大学治理中的作用也日益显露。

20世纪60年代以来的英国大学治理的典型特点是政治权力与市场权力的双重结合，大学中的行政权力与学术权力趋于平衡。从这时开始，英国大学权力进入到变革时期，这种变革也主要是围绕政府与大学之间的关系展开的。最初，政府对大学的干涉相对较少，只是负责提供资源，整体来说，大学治理决策模式受到外界行政力量的影响较小。但80年代后，情况发生了一些变化，政府有感于英国高等教育可能进入危机时期，开始通过更多的途径来干预大学治理，尤其是一些大学内部的事务。1988年，英国国会通过了《教育改革法案》，该法案明确提出了废止大学拨款委员会，由大学基金委员会（University Funds Committee，UFC）取而代之。英国政府依托大学基金委员会推进英国高等教育的市场化，以此增强政府对大学的宏观控制。英国政府对于自身在大学治理中的角色重新定位促进了英国高等教育的深刻变革，政府对大学的干预日渐加强。英国政府对大学预算和问责方面进行了全面改革，建立了一整套高等教育质量评估机构和较为完善的评估制度。政府从中掌握了评估的实际控制权，强化了行政力量，由此，大学自治和学术自由的传统也受到前所未有的挑战[①]。然而另一方面，随着市场的介入，大学在经费来源上得到了较大拓展，这在一定程度上降低了大学对政府的过度依赖。大学也

---

① 许杰.理想还是现实：英国大学的两难 [J]. 高等教育研究，2011（4）：96.

能培养出更多与社会需求相适应的人才。因此，在此阶段英国大学治理中学术权力与行政权力之间是一种相对平衡的治理状态。

（二）德国的高等教育治理模式

德国的大学制度与中世纪大学制度一脉相承，但又不尽相同。德国大学诞生之初就与政府之间有着千丝万缕的密切联系，并一直严格处于政府的管控之下。但在此背景下，大学也始终保持着极大的学术自由的自主性。德国大学治理的演变大致经历了几个重要阶段：14世纪—17世纪，学术权力逐渐在宗教庇佑下成型；18世纪—19世纪，学术权力主导地位得以确立；20世纪初—20世纪80年代，行政权力逐渐凸显，学术权力式微；20世纪90年代至今，结合传统与现实，学术权力和行政权力趋于均衡。

面对民众对高等教育的需求日益增强，德国皇室于1348年创办了布拉格大学，这所大学的建立标志着德国高等教育的正式诞生。在其建立的短短数年内，就吸引了众多来自德意志各邦的学生，入学注册人数也很快突破了1万人。在此之后又先后建立了维也纳大学、海德堡大学、莱比锡大学等。得益于文艺复兴时期所形成的人文教育思想的推动，以及受到宗教改革运动兴起的影响，而后建立的这一批大学不同于先前在欧洲建立的大学是从松散的教师和学生行会发展起来的，而是由地方政府创设的。虽然在管理运行方面受到了意大利博洛尼亚大学以及法国巴黎大学的影响，但在组织结构上表现出了较为典型的特征。从大学内部结构上看，大学师生通常根据地区分为若干同乡会，各同乡会自行选择主席和相关财务人员。大学的最高领导成为校长，校长是经过学校民主选举产生的。当时大学开设的专业主要有神学、医学、法学、哲学（含经院哲学）。这一时期的德国大学都是由各个邦国分散建立的，规模常常较小，水平相对低下，大学的组织相对松散，因此在学术创新方面较为欠缺。到了16世纪初期，德国大学在规模上得到了较快发展，但随着宗教纷争的影响，大学生数量随之锐减。到1700年，除奥地利外，德意志各邦共有28所大学，在校生数量严重不足，难以运转。如海德堡大学当时平均每年的招生量仅为80名左右。这一时期的大学主要培养的是公务和神职人员。自发的自治传统在此时期比较盛行，教会和政府侵犯学术自由的现象并不多，学术权力也在一种不自觉的状态中自发形成和保持。

从18世纪开始，受英国工业革命的影响，德国资本主义得以迅速发展。在大学，自然科学逐渐兴起并替代了神学和经院哲学的地位，成为现代新哲学的基础，同时也为德国资本主义的发展创造了现实条件。自然科学的迅猛发展带来的社会生产生活方式的变革，呼唤新型的实用生产和技能人才的出现。德国的高等教育也在此背景下进行了一系列改革，逐渐冲破了神学对大学的束缚，大学逐渐成为启蒙运动的重要阵地。哈勒大学率先引入近代哲学和自然科学，确立了教学和科研两方面的学术自由原则。虽然这一时期学生数量并没有大幅增加，但自然科学被引入大学也是一个巨大进展。1810年洪堡（Humboldt）在普鲁士国王的授意下创办了柏林大学，由此开创了一个全新的大学理念，将德国大学推向了另一个新高度。大学科学研究职能的提出，一种强调学术自由的风气更加盛行。在校务管理方面，实行学生自治和教授治校，校长由教授会选举产生，大学的最高权力机构为大学评议会。柏林大学成了德意志统一与自由运动的先锋和进步思想的发源地。到20世纪之后，德国高等教育在规模上有了很大发展，教师和学生的数量成倍增长，德国大学继续在学术权力上保持它的优势，秉承学术自由的理念，在研究型大学的定位下，高等教育逐渐走向成熟。

随着1914年第一次世界大战的爆发，德国各大学也逐渐走下"神坛"，大学的教授和学生放下书本，离开象牙塔，和政府坚决站在一边，支持政府的战争作为。在短时间内，德国高等教育实现了学术权力与政治权力的结合。但战争使得德国的高等教育受到了重创，政府顺理成章担负起振兴国民教育的责任。这一时期，转业军人进入大学学习也使得德国大学在人数上空前繁荣。而后，1933年，德国开始在大学中推行统一化政策，在大学管理和教学中完全进行纳粹在意识形态方面的渗透。传统的学术自治被政府的粗暴直接控制所代替，学术团体的决策权也被剥夺，由政府强力控制所衍生的行政权力也在大学中进一步强化。第二次世界大战后，德国在高等教育领域也采取了多项改革来消除纳粹的影响，如全盘复兴魏玛共和国时期的办学理念和制度，因此这一时期也被成为德国高等教育"复辟"时期。随着联邦德国经济的高速发展，社会对人才素质的要求越来越高，为了应对经济社会发展的需要，联邦德国自20世纪60年代开始尝试在大学治理制度和政府与大学关系上进行改革。经过一段时间的波折和争议，最终国家对高等教育的行政控制加强，这其实在很大程度上剥夺了大学的自治权。1969年联邦德国的第一部《高等教育总法》颁布，与此同时，政府与大学之间的关系也进行了变革，联邦政府分担了大学的基本建设经费。

20世纪90年代后，德国高等教育经历了传统与现代的调整，逐渐实现了基于学术权力的行政权力的理性回归。1990年，德意志民主共和国并入德意志联邦共和国，宣告了德国的统一。德国政府对高等教育领域进行了重大改革，改革的起点是，东西部高等教育治理模式的融合，全面保障学术自治和学术自由。21世纪初期，为了唤醒德国大学的竞争意识，通过促进国内高等教育竞争，不断增强德国大学的国际竞争力，提升德国在学术和科研方面的影响力，重塑德国大学的辉煌。德国提出打造精英大学的计划，后称"卓越计划"。这种来自美国和英国一流大学的经验，有助于德国研究型大学的建设。总之，德国大学治理结构和模式在制度创新中逐渐形成了自己的特色和风格。德国大学治理制度的形成、演变与变革是由德国特定的政治、经济、文化以及军事等内外部环境共同力量作用的结果。其中，德国社会极高的政治化程度、未有文字表述的管理和人们共同遵循的管理以及洪堡大学理念及传统规定了德国大学变革的变革之路。从改革的内在逻辑来看，现代德国高等教育制度改革与洪堡大学传统之间存在着明显的继承性，在德国高等教育改革的表象下，仍存有洪堡精神的本质及与这种精神相联系的管理结构。

（三）美国的高等教育治理模式

美国大学教育起点始于殖民地时期，17世纪初期大量欧洲人移民美国，逐渐建立起殖民地大学，由此正式拉开了美国大学发展的序幕。美国大学治理制度形成和发展阶段大致可以分为：17世纪中期—18世纪中期，殖民地大学时期，大学从行政权力主导到学术权力初步确立；18世纪中期—19世纪中期，建国初期大学，学术权力逐渐增强；19世纪中期—20世纪中期，研究型大学时代，学术权力空前提升；20世纪中期以来，共同治理理念下的大学，学术权力和行政权力均衡匹配。

随着美洲大陆被发现，欧洲开拓者蜂拥而至。17世纪初期开始，美国经济一直处于前工业化时期，农业为其支柱产业，殖民地90%以上的人口从事农业生产。英国为保持其工业垄断地位，对殖民地工业发展采取束缚、限制乃至扼杀政策，禁止技术工人移居殖民地及机器工具等产品的出口①。因此，在此阶段美国的经济发展水平较低。后来随着英国宗教来北美大陆传教，他们也把英国大学的治学理念和制度带到了美国。殖民地第一所学校在1636年成立，当时称哈佛学院，由英国的清教徒建立，主要以教授圣经为主，人才培养目标为牧师。建校初期，从办学理念到培养目标以及课程设计，都体现出浓厚的英国气息和宗教色彩。1650年，借鉴英国的学者自治模式创立了由校内教师组成的管理委员会。这体现了哈佛学院在英国的学者自治模式与哈佛创立以来实行的制度之间的平衡。根据特许状规定，董事会对学院及其财产享有法人的所有权，管理委员会对学院的财产享有托管权和对学院所有事务的监督权，形成了董事会与管理委员会共治学校的局面。由于哈佛学院的教师人数较少，团体力量不够强大，因此由教师组成的管理委员会基本不享有参与决策的权力，更多是由董事会决定着学院的重大决策并拥有否决权。1693年，新大陆又出现了第二所大学——威廉·玛丽学院。这一时期的威廉·玛丽学院基本沿袭了哈佛学院的治理模式，也实行了两院制。学院的董事会由议会议员、校长、牧师组成。总督等行政人员仍然拥有参与学院重大事件决策的主导权，董事会是学院的真正事实管理者。整体来说，这一时期的大学管理仍然是以行政权力为主导，校内负责传授教义的教士组成的管理委员会作为学术权力的代表仅仅是名义上的，保证教师学术自治的大学评议会等制度并没有出现。表面上的双层权力架构体现出来的制衡没能够阻挡行政权力在学校实际管理中的一家独大。

这种学术权力不受重视的局面后被1701年成立的耶鲁学院所打破。耶鲁学院为了避免出现学术权力被压制的情况出现，实行一院制管理体制，仅建立了一个由牧师组成的管理委员会，管理委员会完全由学术权力所控制。耶鲁学院的治理制度奠定了美国大学学术治理的基础，18世纪以后成立的学院竞相效仿。18世纪中期，教授作为一种永久性的教师职位在哈佛学院出现，评议会的雏形则出现在以学术权力为主导的耶鲁学院。尽管学术型治理体现

---

① 王保星.殖民地时期美国高等教育发展的基本特征 [J]. 清华大学教育研究，2000（2）：97.

出乏力的现象，但这并未阻挡新学院的开设。到美国建国前，又先后创办了六所学院。殖民地时期九所学院创办情况如表1-4所示。

表1-4 美国殖民地时期九大学院的创办情况表

成立时间	原名	现名	创办地	教派名称	首次授予学位时间
1636	哈佛学院	哈佛大学	马萨诸塞	加尔文教派	1642
1693	威廉·玛丽学院	威廉·玛丽学院	弗吉尼亚	圣公会	1700
1701	耶鲁学院	耶鲁大学	康涅狄格	公理会	1702
1746	新泽西学院	普林斯顿大学	新泽西	长老会	1748
1754	国王学院	哥伦比亚大学	纽约	圣公会	1758
1755	费城学院	宾夕法尼亚大学	宾夕法尼亚		1757
1746	罗德岛学院	布朗大学	罗德岛	浸礼会	1769
1766	皇后学院	拉特格斯大学	新泽西	归正会	1774
1769	达特茅斯学院	达特茅斯大学	新罕布什尔	公理会	1771

1776年，随着独立宣言的发布，英国对北美13个州的殖民统治宣告结束，联邦政府正式成立。随后，多部关于教育的法律法规颁布。在此背景下，从1800年开始到1860年间，美国各州先后建立了500多所学院。在私立学院实行董事会治校制，董事会成员也由殖民地政府官员和牧师变成了工商业者。1819年在美国第三任总统杰弗逊（Jefferson）的推动下，德国的学术自由理念被引入美国大学。在由杰弗逊创办的公立弗吉尼亚学院里，允许学生在选课方面享有绝对的自由。此后美国开始派遣教师到欧洲各国深造学习，并且允许教师在不同学校之间自由流动。这一时期，教师数量猛增，从讲师到教授职称晋升的程序也逐渐规范。那些希望获得职称晋升和良好学术声誉的学者大都去往欧洲留学，学成归来后，大多成为特殊领域的专家教授或直接担任大学校长。自此，欧洲大学的学术管理理念逐渐在美国大学产生影响。1826年，哈佛学院董事会与管理委员会联合颁布法令，将大学权力分为外部控制权和内部管理权。其中外部控制权交由董事会，主要负责决策和经费分配，内部管理权则交由校长，负责招生和教学指导，并且也赋予了教师在招生、学生管理以及教学方面的控制权。因此，可以说在这一时期的美国大学

因为受到"耶鲁理念"①和欧洲大学学术治理理念的影响，美国出现了以弗吉尼亚学院为代表的新型学院。教授和学生的地位得以提升，学术权力开始萌芽。但在此期间，公立学院的控制权掌握在州政府控制的各州教育董事会手中，拥有私立学院控制权的董事会也转变为由工商业主导。各学院的学术事务决策权虽然在一定程度上呈现出由董事会向教师转移的趋势，但学术权力仍然无法与处于垄断控制权地位的行政权力相制衡。

1862年随着美国政府《莫雷尔法案》颁布，赠地运动正式铺开。法案规定，联邦政府把属于政府的土地赠送给各州，各州拍卖土地，用于发展教育事业，建立一批大学，成为赠地学院。而后进一步规定了联邦政府每年定期向赠地学院拨款。赠地运动满足了美国社会经济发展和人口激增对大学的新需求，在政府资金的支持下，美国大学的数量和规模迅速增长。1865年康奈尔大学建立，1874年霍普金斯大学建立。校长吉尔曼（Gilman）宣布，霍普金斯大学的宗旨是促进所有有益知识的发展，鼓励科研，提高学者的水平。霍普金斯大学的创办开创了美国研究型大学的先河。这一时期，美国的高等教育进入到向德国学习的巅峰时期。一方面，美国前往德国留学的一大批人士返回美国，在高等教育领域发挥重要作用；另一方面，大量的德国学者和著名科学家相继到美国大学执教。同时，尽管大学中董事会权力有所削减，但董事会与校长常常可以不经过任何听证，就任意解除教师乃至是教授的职务。在此背景下，美国大学教授协会（American Association of University Professors，AAUP）诞生了。该协会积极致力于确立学术自由和教师聘任的一般原则，倡导大学教师参与大学治理。而后的几十年，大学教授会对教授聘任不断进行完善，不仅对大学教授应该享有的学术自由和终身聘任权利、范围和责任义务进行了明确规定，而且对解聘教授的原因和程序也做出了具体要求。这些原则得到了大学校长以及行政人员的认可，为美国法院系统所接受，被广泛运用于各种有关大学和学院组织尤其是教师地位的判决中。除了

---

① 1818年在耶鲁大学校长杰里迈亚·戴的领导下逐渐形成的一种理念。耶鲁大学尊重教授。不利用行政权力干涉教授的职责和权限，如果没有征得教师的建议或同意，即便是代表法人机关的董事会也不能做出任何决策。因此，教授会立法、校长同意、董事会批准逐渐成了耶鲁的治校理念，即"耶鲁理念"。

教授联合会，美国的评议会也是值得关注的。其中以1904年成立的斯坦福大学评议会为最为典型的一个代表。评议会组织章程规定了大学评议会的权限以及内部组织架构。在不断修改完善的基础上，于1977年通过了评议会章程修正案，并且沿用至今。具体构架如图1-2所示。

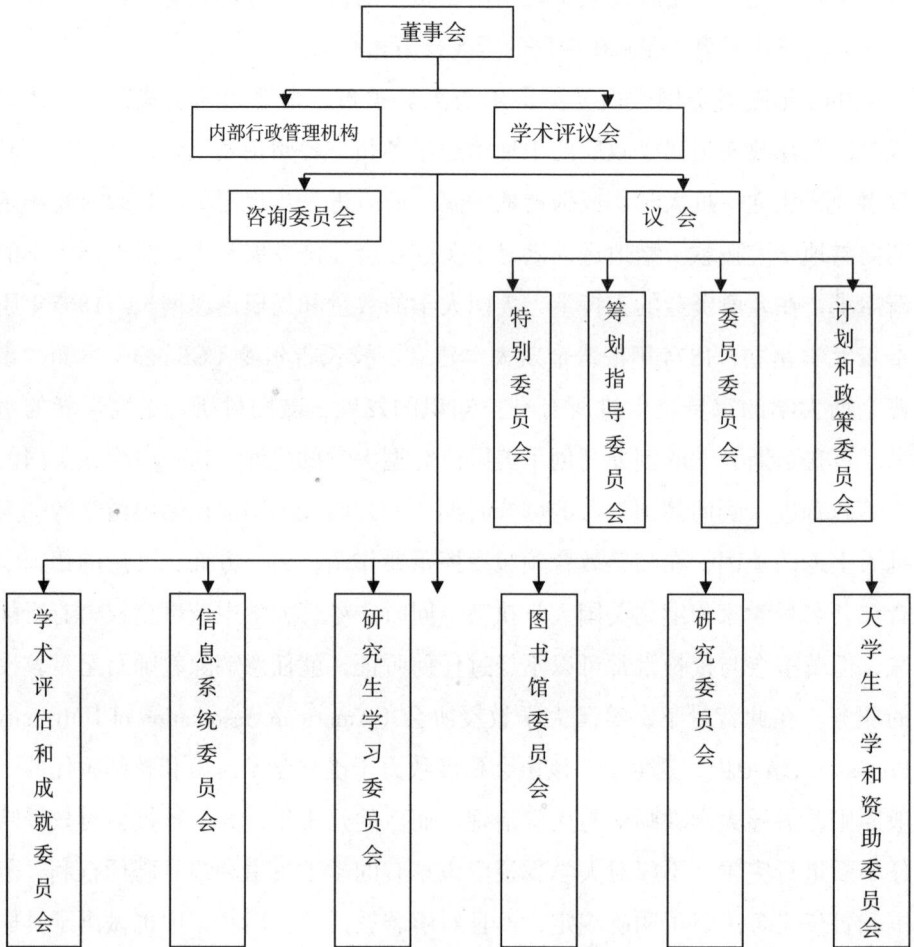

图1-2 斯坦福大学评议会的组织框架

第二次世界大战后，作为赢家的美国，逐渐摆脱了始于20世纪30年代的经济大萧条，保持着较高的经济增长率。经济实力的强大为第二次世界大战后美国高等教育的发展奠定了坚实的经济基础。第二次世界大战后，美国退伍军人人数激增，达到1000多万，退伍军人面临着较大的就业压力。为了避免大批退伍军人返回劳动力市场而引起的大规模失业及社会混乱。1944年，总统罗斯福（Roosevelt）签署了《军事人员重新调整法》，数百万退伍军人涌入高校，1946年前后，美国退伍军人占到全美高校学生总数的一半以上，美国的高等教育规模也由此得到极大扩充。这也在一定程度上促进了美国高校办学的创新发展。到20世纪50年代，受到科技进步和经济增长等方面的影响，美国人对高等教育的作用有了进一步的认识。联邦政府把科学放在国家利益的中心，为基础研究提供了大量的资金支持。而后，伴随着冷战的结束和大批退伍军人陆续毕业离开学校，大学在校生的数量连年减少，直到20世纪50年代中期这一状况才逐渐得到改善。1957年苏联人造地球卫星升天，这对美国政府和民众来说产生了较大震撼，美国高等教育有感于此，正式步入了高等教育从精英教育向大众化教育转型的行列。1958年《国防教育法》颁布，该法案首次将教育与国家安全联系在一起，成为美国后来20年高等教育发展的国家纲领，标志着联邦政府对高等教育投入规模扩大化时期的来临，也意味着高等教育在国家安全和国家政策上的战略地位得到确立。1965年，美国国会通过了《高等教育法》，作为美国历史上联邦政府第一部在高等教育方面最系统最完善的立法，首次明确规定了联邦政府要向公立和私立高等院校提供长期而全面的资助，并要求各州建立协调性机构为此计划服务。

20世纪70年代后，美国的高等教育也进行了多方面的改革，就大学治理而言，许多大学董事会中出现了学生董事。学生开始成为大学的一个重要利益相关者参与到大学治理中，使行政权力有所分化。而教师的集体谈判也使得教师获得了一定的学术自由。同时，人们开始关注教授终身制以及教授终身制带来的阶层固化和创新的弱化问题，在此质疑下，底层教师提升了其在大学治理中的地位，也使得大学学术评议会由单一的教授治校向各方共同治校转变，学术治理参与权的下放使学术权力得到了进一步提升。在多方利益相关者参与和博弈下，美国大学逐渐形成了包含政府、工商业者、校友等多方利益体的共同治理模式。这种共同治理模式至今仍然保持，未产生较大变化。

总体来说，美国高等教育是在与英国及欧洲大陆国家相当不同的条件下发展起来的。具有历史较短、发展迅速和自成体系等特点。美国大学从诞生到共同治理制度的形成，是在其特定的社会和经济条件下，为了满足社会对大学的需要而不断发展壮大的。从美国大学治理的发展路径来看，在美国大学发展早期，模仿和移植了他国大学制度，特别是受到欧陆模式的影响较大。但后来却在大学发展过程中结合了自身特点，尤其值得一提的是探索出了一条依托董事会和学术评议会的权力制衡治理制度。这一制度为美国大学的繁荣提供了坚实的制度保障，也成了后来其他各国大学治理制度改革的有益借鉴。

综上，通过对英国、德国和美国大学治理模式的比较分析似乎可以得出一个结论：大学治理制度本身是一个国家社会文化的再现，大学治理在很大程度上是与一个国家的政治制度、社会经济发展状况相匹配的，不同的社会文化为大学治理之路提供着不同的文化背景。比如，美国以董事会和学术评议会作为权力制衡制度的路径，其背后隐含了美国社会民主、分享和参与等文化观念。在此观念影响下，美国大学治理中的各方相关者都通过这种制衡制度来表达和维护自身权益。受个人文化传统影响，美国大学的教师通常不过度相信学术权威，通常能坚守自己的思想和价值观念。具体而言，表1-5为英国、德国和美国大学治理制度的特征及其变迁的影响因素分析。

表1-5　英国、德国和美国大学治理制度特征及其影响因素分析比较 [1]

比较维度	英国	德国	美国
治理特征	国家体制中的自治	政治化的墨守法规	分散控制和市场体制
治理主体	校长、教授、校友等	校长、教授等	校长、教师、校友等
治理机制	校务委员会、理事会和评议会	大学评议会	董事会、评议会
政治体制	议会君主制	议会内阁制	两党制
经济体制	自由市场经济	社会市场经济	自由市场经济
文化特征	自由主义	集体主义	自由主义
资本主义兴起方式	盎格鲁—撒克逊式	日耳曼式	盎格鲁—撒克逊式
法律渊源	普通法系	大陆法系	普通法系
历史路径	依存	依存	依存
契约机制	明确的契约体系	惯例与契约之间	明确的契约体系

---

[1] 李维安，王世权.大学治理[M].北京：机械工业出版社，2013：117.

第三节 治理理论与高等教育质量评估的耦合

全球治理委员会1995年发布了一篇名为《我们的全球伙伴关系》研究报告。报告中提到：“治理”是公共性或私人性的机构管理其共同事务的方式的总和。它是为了调和矛盾利益冲突而采取的措施及行动的过程。从制度的分类角度讲，既包括具有强制性的正式制度及其规则，也包括非强制性的非正式制度和规则。“治理”所遵循的原则是重过程轻形式、重协调而非控制。因此，“治理”严格意义上说并不是一种正式的制度，而是一种非正式制度，强调的是利益相关方的持续互动[①]。治理理论下，政府不是唯一的管理主体，被管理者、社会民间组织、中介机构以及普通公民都应承担管理的主体角色。治理作为一种管理理念，强调的是一种多元互动和协商，而不是一种固化的管理模式。因此，它不具有自上而下、单行和强制性，强调的是各方的对话和沟通，因此是一种双向的责任意识。治理的最终目标是实现善治（Good Governance），即实现资源效益和公共利益的最大化。

治理理论适用于高等教育质量评估，其合理性可以从高等教育哲学和经济学中得到印证。布鲁贝克在《高等教育哲学》中指出高等教育存在的两种形式分别是基于认识论和基于政治论的哲学。基于认识论的哲学在高等教育质量评估中强调内在适应性，对大学的学术性和精英性更加重视。基于政治论的哲学则在高等教育质量评估中强调外部适应性，更加重视大学的社会需求性。大学的存在既是认识论上的又是政治论的。在高等教育人才培养质量评估问题上，应该体现认识论和政治论的双重诉求，既体现社会需求又体现政治目标。从经济学视角出发，高等教育可以被视为一种“准公共服务”，提供这项服务的成本由受教育者、政府和社会共同承担，受教育者和社会国家皆能获益。因此，在质量评估中理应体现成本承担者和收益者的各方诉求。作为一种准公共产品，高等教育质量评估涉及政府、高校和社会（市场）三方的共同参与。高校人才培养质量观各方都有不同的侧重点。高校秉承着学术至上的质量观；以用人单位为代表的市场一方则以市场需求为导向；政

---

① 王凤春. 治理理论视野下的高等教育质量保障问题研究 [J]. 内蒙古师范大学学报，2006（11）：34.

府则更多强调宏观的有效性。各方对于高校人才培养质量观点的认识应当全部纳入质量评估的考量范围。因此，高校人才培养质量评估的主体也应当体现出上述各方的诉求，基于沟通和协商确定最终评估方案。治理理论的多元协商管理模式即是强调利益相关方的多方参与和平等协商。

一、高等教育质量评估的治理诉求

质量作为高等教育的永恒主题在当今世界受到了越来越多的重视。就我国高等教育事业而言，进入21世纪，我国高等教育事业发展已经从单纯的数量扩张向数量与质量两手抓，尤其强调质量提升转变。而保障和提升高等教育质量也逐渐从高校使命上升为一种国家意志。高等教育治理的现代化体现的是有关大学治理结构、权力分配、大学制度以及治理能力的综合性概念。实现高等教育治理的现代化同样也在提升高等教育质量上产生重大作用。而另一方面，要实现高等教育治理的现代化又同样依赖高等教育质量的提高。因此，构建多元、全面、科学和客观高效的高等教育质量评估体系，持续提升高等教育质量，也是实现高等教育治理现代化的重要保障。习近平同志在谈到我国教育工作时提到，要在我国发展具有中国特色，世界水平的现代教育。这充分体现了治理现代化背景下我国高等教育事业发展的一种必然趋势。因此，与以往强调教育质量监控不同，现在高等教育质量评估更多转向了如何促进高等教育质量水平的提升。高等教育质量评估体系建设的应然诉求，首先应当立足满足经济全球化，国家层面建设世界一流大学的质量需求，实现治理上的单向管理到多元治理的转变，体现多元利益主体的平等参与和合作协商，最终将各方面的优势转化为效能①。

（一）评估主体多元化，职能分工精细化

多元共治下的高等教育治理现代化，其核心在于多元，这里的多元首先指的是评估主体的多元。目前高等教育质量评估的主体显示出日益多元的特征，政府、高校、社会用人单位、学生和家长等逐渐成为质量评估的主体。在过去，高等教育质量的监控和评估的主体更多是来自政府和大学自身，社会和学生方面的评估极易受到忽视。但目前，随着社会经济的发展，迫使高等教育人才质量观需要听从政府和大学之外的声音，社会以用人单位为代表对人才的现实需求，学生群体日渐崛起的自我价值实现诉求，使得社会和学生日渐成为高等教育质量评估的重要力量。因此，基于治理现代化的背景，高等教育质量评估的主体必然要实现从一元、二元转向多元化。多元化的评估主体才能使高等教育接受更加全面客观的市场和社会的检验。

高等教育评估主体的多元化也意味着高校评议权和监督权更多回归到了社会。权力的回归从另一方面也会导致各方职权的细化，因此，也就引发另一个问题，即评估主体之间的职能分工如何进一步明确和细化。由于各主体对高等教育质量的理解和价值取向各不相同，因此在评估高等教育质量时更多关注符合自身利益诉求的方面，因此难免存在主观性和复杂性的特点。比如行业企业在关注高等教育质量上更加看重高等教育的科学研究及人才培养能够为社会行业需求做出的现实贡献，即是高校的科研成果和培养出的人才能在多大程度上满足行业需求。政府则不同，政府从国家利益出发，更加关注高等教育质量能在多大程度上为国家发展做出贡献，在多大程度上维护了国家利益。高校更多地关注高等教育质量能在多大程度上维护学校良好的学术声誉。当然不同主体的考量维度本身也是高等教育目标和功能多元化的体现，但这也要求高等教育评估主体间的职能分工更加明确化和精细化。这其实也是高等教育质量评估科学化和专业化的体现，有利于实现高等教育质量的整体全面提升。

（二）评估模式多样化，评估过程主动化

从世界范围内的高等教育质量评估来看，目前国际上已经形成的较为成熟的质量评估模式主要有两种：认证模式和审核模式。而我国近年来所形成的高等教育质量评估模式，我们称为分类评估模式。多种类评估模式的出现也体现出了高等教育评估模式多样化的趋势。其中认证模式最为典型的代表是美国。美国的高等教育认证模式也逐渐在重心上发生了一些变化，其认证标准从过去的一成不变的量化标准向关注学生在学校的生活及学习多方面转变。审核模式最为典型的代表当属英国，英国在审核模式下，从专业教学、学业支持、评估与反馈、学生的学习资源以及学生的个人发展等多个维度进

行综合评估，并且特别加入了从学生角度出发的综合评估。我国的分类评估模式中评估方案的一级指标中新加入了"学风"和"教学效果"等一级指标。由此可见对于学生为中心的主动性的强调。除了在评估中需要体现学生的主动性，高校自身参与评估的主动性也应该被强调。高校开展自省自查式的自我评估也是十分必要的，这比被动参与评估更加具有有效性，能够切实为质量提升发挥实际作用。

（三）评估程序规范化，评估方式信息化

教育评估程序是在教育质量评估中所遵循的步骤、方法以及顺序等一些规则的总和。从评估的程序步骤来看，规范化的评估程序是特别重要的。从程序化的步骤和方向来看，目前包括美国和德国在内的国家采取的是自下而上的教育质量评估程序，而中国目前采取的是自上而下的教育质量评估程序。二者的相似处在于都重视学校评估，但不同之处也十分明显。前者的学校更多是主动评估，后者则是被动由教育主管部门确定评估对象和范围。探索出高效合理的高等教育质量评估程序也是高等教育质量提升的重要前提，在科学的程序下，才能使评估工作更加高效地开展。

同时，高等教育质量评估还应当结合当前大数据的背景，实现评估手段和方式的信息化以提高评估效率。信息化是现代化的一项重要特征，在高等教育评估手段上实现信息化绝不单指运用计算和互联网来采集、分析和处理数据。随着大数据时代的来临，传统评估中的抽样样本被总体代替，从关注微观数据的变量关系开始转变为关注宏观的大数据相关性。面对着海量的数据信息，只有更加信息化和专业化的质量评估分析，才能真正实现与国家教育质量评估标准接轨，使教育质量评估结果更加客观和科学。

二、高等教育质量评估的治理困境

当前我国高等教育进入了转型的关键时期，高等教育治理现代化的提出为高等教育质量评估提供了重要理论指导和依据。然而，现阶段我国高等教育质量评估的主体、评估指标和评估过程方面的实际现状仍有诸多不如人意之处，距离实现治理的现代化尚有差距。

（一）第三方评估主体权力受限

我国自20世纪90年代开始借鉴国外经验和模式，开始出现一批由中央或地方政府主导建立的第三方高等教育评估机构，如学位与研究生教育发展中心、高等教育教学评估中心，以及地方如上海市教育评估院、辽宁省教育评估所等。虽然第三方评估机构进行了有益的评估实践探索，包括高校 ISO 认证、大学排行榜和专业认证等，但是第三方评估机构在现实中仍然存在主体权力受限的问题。主要表现在，目前对高校教育质量的评估主要还是教育主管部门所委派的权威专家构成的评估主体，而教师、学生、家长以及社会中介机构和雇主等重要利益相关者的参与却十分有限，这与多元共治所强调的多元主体的共同参与明显相违背。其背后的原因主要是，一方面，多元主体参与评估的法理依据不足，受到诸多限制。在我国《普通高校教育评估暂行规定》中明确规定"我国高等教育评估由各级人民政府及其教育行政部门组织实施"。《高等教育法》也规定了"高等教育的办学水平、教育质量、接受教育行政部门的监督"。这其中并未明确规定其他评估主体的明确责权。另一方面，其他评估主体，尤其是第三方评估主体专业性和独立性较为欠缺，导致评估权威性遭受质疑，许多三方评估机构对政府部门具有较强依赖性，评估方案往往由教育行政部门制定。因此，第三方评估机构在评估过程中权力受限，权威性受损。

（二）评估重形式轻特色

在治理现代化背景下，高等教育质量评估主体和模式的多样化已成为一个必然趋势。然而在我国目前的质量评估过程以及指标体系建设中，存在着一个很大的问题那就是多样性不足，即特色不足。尽管指标体系制定的各项指标权重因学校不同会有所差异，但总体来说形式化的量化指标是目前评估指标体系的共同特征。与之相对的，描述性的定性指标相对较少。但现实往往是定性的描述性指标比起定量的量化指标更加能够体现出一个学校的办学特色。不仅如此，在评估指标体系制定之时，存在指标体系不均衡的状况。比如在教学方面，对于教学条件、师资队伍学历的定量指标。诚然这可以在一定程度上反映一所学校的质量水平，但量的提升并不一定意味着质的飞跃。过多偏重简便的定量指标，把教育保障质量视为教育质量本身就是一种误判，会导致教育质量的评估停留在表象和结果的层面，而忽视了对过程的评估，使评估效度大打折扣。

（三）评估方法合理性欠佳

现行的高等教育质量评估方法主要采用的是定性评判与定量分析相结合的综合评估方法，这种方法由于受到评估指标权重设计的科学性的限制，因此评估的权威性和效度常常遭受质疑。在过去传统教育管理环境下，高等教育质量评估的结果只要政府认可即可。但在教育治理现代化背景下，这种思路已经明显行不通。高等教育为多元化的全体服务的公共服务功能已经日渐增强。而高等教育评估也从过去的以政策决策为中心转向以公共服务为中心。尤其是在信息化时代，教育质量评估承担了更多的信息载体的功能。高等教育质量评估结果已经成了高校开展教学改革、政府决策和拨款、学生报考、民间投资、社会声誉方面的重要参考。在此背景下，评估方法的科学性更加值得推敲。

（四）评估过程监督及问责制度不完善

虽然我国已经出台了一系列提升高等教育质量的政策制度，但是从目前情况来看，我国高等教育质量提升之路仍然任重而道远，我国高等教育质量提升的速度和进展明显缓慢。究其原因，还是因为缺乏行之有效的过程监督和问责制度。早有机构指出，我国高等教育质量监管和评估工作没有相关的指标体系来监测实施过程。近几年在高等教育的监管和评估问题上同样如此。许多学校在接受评估时花大量时间精力应付评估检查，工作整体流于形式，这也是评估的过程监督和问责制不到位的重要表现。

三、高等教育质量评估的治理路径

在治理现代化背景下，我国高等教育质量评估的未来出路应当从高等教育质量评估的应然诉求与实然问题出发，并结合我国具体国情而制定方略。

（一）明确多元评估主体的角色和分工

明确高等教育质量评估主体的角色和分工是构建多元主体共治的高等教育质量评估工作的基础，同时也是高等教育质量评估体系建设的重要前提。从国际标准的教育指标标准核心要素来看，可以将目前教育质量评估划分为三个重要维度：内容标准、评估标准和保障标准[①]。依据这一标准，多元主体的角色和分工应当根据不同的差异化特点和需求分别有所侧重，以实现教育质量评估效果和功能的有效互补。高等教育质量多元评估主体功能如表1-6所示。

表1-6　高等教育质量评估多元主体的角色、目标、功能、侧重点一览表[②]

评估主体	角色	目标	功能	评估侧重点
政府	监督者 协调者 决策者	提高教育质量，因应国家战略	元评估 组织协调 技术支持	保障标准
高校	被评估对象	维护学术声誉，提升教育质量	自我评估	内容标准 评估标准 保障标准
第三方评估机构	独立评估者	公正评估高等教育	专业评估	评估标准
教师	教育者 高校雇员	人才培养、科学研究创新、维护自身权益	自我评估 雇员评估	内容标准 评估标准
学生	受教育者	获取所需知识技能，实现个人全面发展	用户评估	内容标准 评估标准 保障标准
行业企业	终端评估者	选择适应市场需求的高端人才	用户评估	内容标准

　　首先，政府教育主管部门应负有引导监督的职责。在高等教育质量评估体系中，政府是不能直接干预高校具体的教学和管理工作的。政府部门承担的角色主要是过程监督，多主体的协调以及教育政策的制定和决策。基于此前提，政府应当采用多元评估的手段对高校质量评估和质量提升过程进行监督检测，而非横加干预，以保证能够在保障标准所涉及的范围内及时发现问题，并且敦促校方采取措施加以改善。

　　其次，高校和教师的角色主要是自我评估。自我评估作为高等教育评估的关键环节，是促进高校质量提升的内在动力。自评的内容大致包括对学习

①　中国教科院教育质量标准研究课题组.教育质量国家标准及其制定[J].教育研究，2013（6）：18.

②　龙献忠，龚汪洋.治理现代化背景下高等教育质量评估体系构建[J].中国高教研究，2016（5）：55.

效果、学习效果评估、学习机会保障等多个方面。其中，教师和教育质量之间的紧密关联，主要表现在教师群体是教学内容和效果实现的策划者，对于教学效果的达成有着重大关切，因此在进行评估的时候，教师一方的诉求和态度可以较为真实地反映教学质量。而同时，教师作为高校的雇员，从行政角度来讲，能够较为客观地评判学校在治理层面的整体质量和水平。因此，教师群体的自评是特别关键的一方，因为他们既了解学生，又了解学校的管理。学生作为高等教育的接受者，对高等教育的质量评判也有其发言权。虽然学生对教育质量的评判受制于年龄和社会阅历，但是从长期来看，学生会从时间和阅历的积淀中对高等教育质量有一个较为公正客观的判断。鉴于此，学生对高等教育的质量评估可分时段进行，以保证评估结果的真实有效。

最后，第三方评估机构和行业企业需积极介入。第三方评估机构和行业企业都为代表社会一方诉求的评估主体。其中，第三方评估机构是一种专门性的评估机构，为高校提供评估中介服务，在教育服务的输入和输出环节承担着需求反馈和用户评估方面的纽带作用。第三方评估机构在国外发展程度较高，但在中国独立的第三方评估机构尚不健全，对政府的依赖性较高，独立开展评估工作的能力不强。因此，建立和健全第三方评估机构的准入和激励机制十分必要，以利于前期政府扶持和后期市场化自营之间实现良性过渡。除此之外，发挥行业企业的作用，吸收行业企业参与高等教育质量评估，把企业评估作为社会评估的重要维度，也能从根本上解决毕业生就业中遇到的供需结构性问题，切实提高高等教育人才培养的社会适应性。

（二）构建分层合理的质量评估指标体系

从高等教育质量评估体系指标分类来看，目前可将高等教育质量评估指标体系划分为三种，一是以教育质量为核心的指标，即直接衡量和描述教育质量的指标。二是过程监督和结果评估的指标，即监测促进教育质量持续改进和提升措施实施情况的指标。三是元评估指标，即保证教育质量评估工作本身的操作规范的指标。多元评估主体可以根据各自的评估目标以及侧重点，选取相应指标并赋予权重。高等教育质量评估多元主体评估参考指标如表1-7所示。

表 1-7 高等教育质量评估多元主体评估参考指标一览表 [①]

评估主体	一级指标	二级指标
1. 教师评估	A1 教学条件	B1 教师教学能力
		B2 教师知识素养
		B3 教师科研能力
		B4 教师授课能力
		B5 教师授课内容
	A2 教学过程	B6 教师教学特色
		B7 教学内容学生适应性
		B8 学生兴趣培养
	A3 教学效果	B9 学生知识掌握程度
		B10 学生实践能力与自我发展能力
2. 在校学生评估	A1 教师水平	B1 教师教学水平
		B2 教师职业操守与师德
		B3 教师对学生关爱程度
	A2 学习过程	B4 学习环境和学习氛围
		B5 课程设置合理性
	A3 学习效果	B6 个人学习收获与能力提升
		B7 学习满意度
	A4 学校管理	B8 管理效率
		B9 管理人员素质
		B10 生活保障
	A5 教学满意度	
3. 毕业五年以上学生评估	A1 知识水平	B11 专业知识深度
		B12 知识面广度
	A2 自我发展能力	B13 学习能力
		B14 获取和利用信息能力
		B15 批判性创造性思维能力
		B16 分析问题和解决问题能力
		B17 理论联系实际

[①] 龙献忠,龚汪洋.治理现代化背景下高等教育质量评估体系构建 [J]. 中国高教研究,2016(5): 56

续表

评估主体	一级指标	二级指标
3.毕业五年以上学生评估	A3 身心素质	B18 心理素质
		B19 适应能力
		B20 组织协调能力
4.第三方机构评估	A1 人才培养	B1 在校生全面发展质量
		B2 毕业生质量
	A2 知识创新	B3 基础教育实力
		B4 知识创新
		B5 知识转化
		B6 专业与学科建设
	A3 社会服务	B7 教育输出服务
		B8 产学研结合
		B9 其他社会服务功能
5.行业企业评估	A1 专业设置与人才培养	B1 专业筹建与市场需求契合度
		B2 人才培养方案制订
	A2 人才培养过程	B3 课程体系设置
		B4 职业能力与职业素养培养
	A3 人才培养质量	B5 职业能力
		B6 岗位胜任
		B7 可持续发展能力

（三）加强质量评估管理的信息化建设

大数据时代的来临逐渐改变了过去高等教育评估受制于信息技术，受限于时空限制和费时费力等问题，评估者甚至不用全部亲临现场，就能通过互联网对数据信息进行采集、处理及分析，使得对高校的质量评估更加客观公正。但是基于信息化建设的高等教育质量评估平台仍有诸多需完善之处，未来可首先从搭建多元主体的高等教育质量信息共享平台着手，不断充实和丰富教育质量相关信息和数据，包括高校综合信息、专业评估机构和专业人员信息，以及行业企业对毕业学生质量评估等内容；其次，政府应当鼓励和扶持专业评估机构实现规范化和信息化。同时逐渐淡化政府的角色，逐渐由政府主导的评估模式向由第三方评估机构主导，多元主体共同参与评估的新型模式转变。

（四）健全高等教育质量监督反馈和问责机制

基于治理理论，要实现高等教育质量评估的善治结果，除了在质量评估范围内的工作外，建立行之有效的高等教育质量监督反馈和问责机制也十分必要。将高等教育质量评估结果与高校的绩效评估以及政府、社会对高校的财力物力支持挂钩，高校必须通过提高教育质量来实现获得更多人力财力支持的目标。当然高校除了接受政府的评估和检验外，还必须获得包括教师、学生、社会用人单位、行业协会等方面的认可，才能获得更好的学术声誉。这种有效的监督管理机制以及问责制的建立也必须基于这样一个前提。当通过监督和反馈发现问题时，及时启动问责机制。要达到此目的，首先，评估主体应当及时向高校提供信息反馈，帮助学校及时发现和了解问题，并进行整改。其次，教育质量应该作为高校、教师以及行政管理人员的绩效责任，时刻将教育质量作为工作的自我检测标准，多方共促教育质量的改善和提升。最后，建立政府与高校和社会等多方评估主体的平等对话机制，多方共商问题，各自承担相应责任。

我国正值高等教育处于全面深化改革的特殊时期，亟须用相关理论来指导高等教育质量评估工作，这是全面推进高等教育治理现代化的现实需求。同时，提升高等教育质量也是高等教育治理现代化的出发点和归宿。多元治理的现实关照与高等教育质量评估契合度较高，可用于指导高等教育质量评估工作以及高等教育质量评估体系建设。在进行高等教育质量评估的过程中，不仅要依靠政府教育主管部门和高校的力量，更需要充分调动诸如教师、学生、第三方评估机构和行业协会等多元主体力量的发挥。尤其是发挥各个主体在评估方案设计和评估过程中的优势和专业性，构建系统科学的评估指标体系，并且运用先进的技术手段和评估方法保证全面高效的评估工作开展。本书侧重关注的是高等教育中的专业学位研究生教育质量评估，因其应用性强和市场化明显的特征，在探讨专业学位研究生教育质量评估问题上，更适合采用多元治理关照的视角来进行研究。有关专业学位研究生教育质量保障问题与多元共治的契合和实践问题，将从第二章开始论述。

第二章 治理视角下专业学位研究生教育质量评估的理论意蕴

我国目前正值从人力资源大国向人力资源强国迈进的关键时期，社会对教育质量的更高层需求使得教育质量问题的受重视程度日益增强。《国家中长期教育改革和发展规划纲要（2010—2020）》指出，要把提高质量作为教育改革发展的核心任务，提出树立以提高质量为核心的教育发展观，制定教育质量标准，建立健全教育质量保障体系。研究生教育作为高等教育的最高层次，研究生教育质量评估问题涉及教育理论、制度及实践层面的综合性问题。专业学位研究生教育作为研究生教育中的一种重要类别，在对其质量评估系列进行探讨前，首先应从逻辑起点层面对专业学位研究生教育质量评估与治理理论多元共治的机理进行深层思考。

第一节 专业学位研究生质量评估问题缘起

专业学位（professional degree）是社会进步与时代发展的产物，专业学位研究生教育适应了社会分工的细化和社会职业发展对新型人才的需求。专业学位是在经济、科技快速发展下，为满足社会和经济的特殊职业需求而培养的具备专业性、职业性、创造性等能力特点的高层次应用型专业人才的一种学位类型。《教育大词典》将专业学位定义为"相对于学术性学位（Academic degree），美国对诸如：管理学、教育学、商学、法学、医学、农学及工学等这些在人文和自然科学以外的学科领域所授予学位的称谓。"①《学位与研究生教育大词典》将专业学位定义为"专业学位是学位类型之一，也称职业学位。专业学位在培养目标、教学方法、授予要求及标准等方面与学术性学位均有所区别，对所授予的专业学位学生进行高水平的专业训练，使之掌握扎实的专业理论知识，并具有从事某种专门职业业务工作的能力。"②

一、专业学位研究生教育质量评估的历史缘起

从学位的内涵演变和专业学位与学术型学位的异同点梳理专业学位的理论渊源是对专业学位研究生教育质量评估逻辑起点分析的基础。

（一）学位内涵演变历程

专业学位内涵的溯源需要在对学位和学位制度进行历史追溯的基础上进行归纳和总结。学位发展至今其内涵演变经历了执教资历、科研资历和职业资历内涵的变迁和延展。通过对学位的历史演变的梳理可以对学位内涵进行深刻的把握。学位是授予个人的一种称号，通常由高等院校根据修读课程的完成情况以及在科学研究上的成就授予。高等教育的学位有三级，即学士、硕士和博士。但在名称上，各国学位的名称是多种多样的，这和各国对学位授予的标准、修学完成时间以及对学位的估价各不相同相关联。向毕业生颁发正式证书的历史已经很长，而学位授予却是从中世纪开始。埃及的艾尔—艾扎（Al-Azhar）（创立于970年）和摩洛哥的艾尔—夸拉维因（Al-Qarawjyin）（创立于859年）曾为伊斯兰学者授予过一种名为 ijazah 的任教资历证明，这是最早的文凭，没有得到的学者不能从业③。中世纪的欧洲大学里，行业协会规定成员的标准：大学生经过一段时间的学习后，会经历一种资历考核，若符合要求则将其介绍给校长，并通过基督教教会当局批准其毕业和从事教学工作，由此便获得了硕士学位，可以入职当教师。到14、15世纪，硕士学位成为一种最高学位。学位的内涵也随着大学的发展和完善而逐渐丰富，学位

---

① 顾明远．教育大词典（3）[Z]．上海：上海教育出版社，1990.74.

② 秦惠民．学位与研究生教育大词典 [Z]．北京：北京理工大学出版社，1994.14.

③ 北京师范大学外国教育研究所．国外学位制度 [M]．北京：地震出版社，1981：2.

主要包含三个方面的含义：学位作为一种执教资历、学位作为一种科研资历、学位作为一种职业资历。其发展的轨迹与大学功能丰富与扩展的轨迹是一致的。

1.学位作为一种执教资历

一般认为，研究生教育是学位制度产生的基础。研究生教育制度与古代宗教的"研修制度"存在联系。但现代意义上的学位首先是作为一种"任教资历"或"任教执照"出现，最早可以追溯至意大利博罗尼亚大学（Bologna University）。该大学被誉为欧洲大学之母，最初由基督教教会当局授予毕业生"硕士学位"（master degree），规定这种学位的持有者才具备任教资格。1150年，法国巴黎大学建立后，于1180年授予了第一批神学博士学位。此后学位开始分为低级科（艺术科）、高级科（神学、医学、法学）。其中低级科授予硕士学位、高级科授予博士学位。11世纪中期，学士学位建立。中世纪的学生在攻读硕士学位的过程中，一般修完3到4年课程，便可以教授新生[1]。从此意义上，也可以将其称为学士或实习生，这样他们既是硕士学位的候选人，又是一位学生教师。学士学位作为第一级学位就此建立。在1167年—1168年，英国召回留法国巴黎的学者建立牛津大学，牛津大学建立后学士学位在英国的大学建立起来。大约100年后，剑桥大学建立，继承了学士学位的传统。博士学位建立的标志是巴黎大学授予的第一批神学博士学位。博洛尼亚大学除授予法学博士外，还曾授予教会法规博士、双法博士、神学博士和医学博士。13世纪中期才首次在巴黎授予法语博士和哲学博士。而后，随着大学的进一步发展，博士、硕士和学士学位在称呼和等级上也出现了一些差异。博士学位授予高级系科，如神学、法学、医学等专业；硕士学位称号授予低级系科、如法语、艺术等专业；学士学位授予就读于学士学位课程的毕业生。之后又出现了授予两年学习计划的准学士学位，这种计划主要是职业技术类专业，主要涉及文科、理科、商科、应用科学、工程或其他技术和职业方面的专业。一般文科理科授予的准学士学位是一种中间性和过渡性学位，而其他技术或职业方面授予的准学士学位通常是终结性的学位，学生持此学位直

---

① 北京师范大学外国教育研究所.国外学位制度[M].北京：地震出版社，1981：2.

接获得从业资格。

2. 学位作为一种科研资历

现代意义的学位与研究生教育制度的创立，始于德国1809年柏林大学的创立。柏林大学确立了大学学术自由、重视科研的原则，进而赋予了大学发展人类文化与科学的重要使命。大学在此理念的指导下，必须不断提升自身的学术和科学研究水平，必须将教学和科研相结合，设立"哲学院"和科研所，培养出真正的科学精英。这样为大学的更高阶段开展硕士和博士层次的研究生教育提供了可能。学位在19世纪到20世纪很长一段时间内，硕士或博士学位被视为教师进入大学研究院进行科学研究的必备条件。学位制度的发展史也是大学功能不断拓展和丰富的一段历史，学位作为一种科研资历也是与大学科学研究职能相一致的。

1809年柏林大学的创立重新定位了大学的功能和宗旨。柏林大学的创立者洪堡对现代学位制度的建立产生了重要影响。大学功能在人才培养的基础上，发展出了科学研究这项新功能。大学的学位由此也具备了另一种属性，即作为一种科学研究的资历。在柏林大学的影响下，这一时期的大学强调学位的学术研究特征，学位的学术性属性占主要支配地位。柏林大学时期也出现了现代意义上的博士学位和学位授予制度，并且使文学院（哲学院）等侧重学术研究的学院成为大学的中心和发展科研的发源地。之前人们对学位制度和体系的认识大致也形成了一些概念和印象，如博士学位在层次上高于硕士学位等。为了进一步发展完善的学位制度和适应社会的变化，德国大学开始尝试另一种学位类型的培养，即哲学博士学位（Ph.D）。哲学博士学位是在取得文学硕士的基础上，在哲学院学习并进行科学研究，最终完成相应的学位论文而获得的学位。哲学博士的培养目标相对明确，其目的直接切中了发展科研和传统学科的初衷，旨在培养"科学的接班人"。当然这种培养模式也是有别于传统学科如医学、法学、神学博士的培养。攻读者主要跟着导师在实验室或其他研究场所进行相对独立的科学研究，并且组织和参与各种研讨班，与同行和导师交流科研心得。德国大学对科研的重视发展到后来对所有完成高级研究的学生都授予博士学位。在德国的影响下，英、法、美等国也竞相效仿。

德国大学对学位制度发展的贡献在于发展了学术型学位，拓宽了学术型学位在学位体系中的发展规模和路径。这在当时是适应了德国经济社会和政治生活的需求。当时的欧洲在新人文主义思潮的影响下，社会发展对科学研究人员的需求越来越大，而大学作为培养高层次人才的重要场所在此过程中发挥的作用不言而喻。学位所具备的科研资历属性使得学术型学位的地位得到了空前提高，所授予的学位强调科学研究的价值，培养具有科研能力的高层次科研人才成为当时德国大学人才培养的重要内容。可以说德国对学术型学位的发展和重视为德国培养具有科研能力的科学人才和大学教师发挥了巨大的作用。

3.学位作为一种职业资历

学位是由获得授权的高等教育机构所颁发的一种资历证明，是检验受教育者的学习质量、学术水平以及专业技能水平的标准。从学位的类型上看可以分为学术型学位和专业学位两类。从中世纪大学学位的起源看，最初颁发的硕士或博士学位是作为一种从教资格证书，从本质上看也是为满足一定职业需求所授予的一种学位。大学发展至近代，随着大学社会服务职能的确立与发展，科学技术在社会生产和生活中应用范围不断扩展，一些特定的社会职业在人才需求上已经远远不能满足于一般层次教育的需求，而越来越向高层次的方向延伸。

学位作为一种职业资历的表现使学位的获取逐渐成为学位攻读者就业和从业的重要资历，尤其是在对职业的专门性要求较高的行业，具有应用技能型的专业性学位成为市场对学位的新需求。对学位的这一内涵发展起至关重要作用的当数美国，美国的学位制度的建立是基于英国传统的本科生培养和近代德国研究生教育的基础之上的。17世纪开始，美国效仿英国成立哈佛学院并授予学士学位，直到1861年美国耶鲁大学授予首个博士学位，至此宣告美国学位制度的正式形成。在美国学位制度的发展历程中，体现美国本土特色和创造性，不得不提的便是"赠地运动"的开展。在运动中确立了农业、机械等应用类学科的显著地位，美国高等教育由此进入了实用主义阶段，大学的社会服务职能得到发展，学位，尤其是应用类学位成为从业的基本条件。在吸取德国研究型大学建设的基础上，美国于1876年建立了美国的第一所研究型大学——约翰·霍普金斯大学。在结合德国研究型大学科研培养模式的基础上，引入了与实践相结合和与社会相融合的人才培养理念，形成了独具特色的专业性研究生人才培养模式。后来，为了适应经济社会发展对高等教育的新需求，美国开始对学位制度进行改革，美国于19世纪末20世纪初开始调整高等学校的类型和层次，开展初等学院运动，由此美国学位制度形成了副学士、学士、硕士、博士的格局①。第二次世界大战以后，社会经济的发展对高等教育提出了更高的要求，社会急需大量掌握高层次知识与技能的高级专门人才，于是高等教育开始增加研究生学位的学科领域，出现了大量应用型的学科领域，学位类型由此走向多样化。传统学术型学位占主导地位的学位格局被打破，开始日益重视应用型职业人才的培养，专业学位发展初见端倪。直至今天，美国专业学位经历了大约一百年的发展，形成了结构合理、类型丰富的专业学位格局。美国学位制度的发展历程深受实用主义文化背景的影响，研究生院的标准化培养与专业学位的发展相互辉映，适应了美国经济社会对高等教育的要求。在丰富了学位类型的同时，也将学位的内涵进行了扩展，学位不仅是一种对学术水平的认定，也是对专业技术水平和知识能力的鉴别和认定。学位由此也发展出了其作为一种职业资历的内涵。

（二）学位类型异同辨析

随着经济社会发展对高层次人才的需求日渐增长，研究生教育规模逐渐扩大，研究生培养类型也日益多元化。在我国，随着20世纪90年代专业学位的出现，打破了单一的学术型学位一统天下的局面，一种强调应用实践性的学位类型就此迅速发展起来。由于目标定位的差异，使得学术型学位与专业学位在人才培养目标、培养模式以及质量标准和评估方面均呈现出差异性。在此背景下，需要界定和区分专业学位有别于学术型学位的重要特点。图2-1为我国目前本科层次以上高等教育学位结构图。2016年是我国专业学位研究生教育实施25周年，自1991年工商管理硕士正式招生以来，我国在25年间，由国务院学位委员会先后批准开设了40种硕士专业学位，6种博士专业学位。其涵盖范围涉及国家经济和社会发展的主干领域，在培养模式和管理模式上经历了创新，专业学位研究生教育质量逐步提升，社会影响力也正在日益增

---

① 北京师范大学外国教育研究所.国外学位制度[M].北京：地震出版社，1981：8.

强。尤其是从2010年开始，专业学位研究生教育在我国发展步伐逐渐加快，国务院学位委员会再次批准新增了3600多个硕士专业学位授权点，数量和过去19年的学位授权点数量基本持平。可以说我国专业学位研究生教育的培养能力得到了较大提升，有力支持了我国研究生教育结构的优化调整。2015年，我国授予硕士专业学位31.27万人，占全部硕士学位授予人数的49.3%[①]。几乎已经占到我国研究生教育的半壁江山，形成了我国研究生层次应用型人才与学术型人才并重的格局。

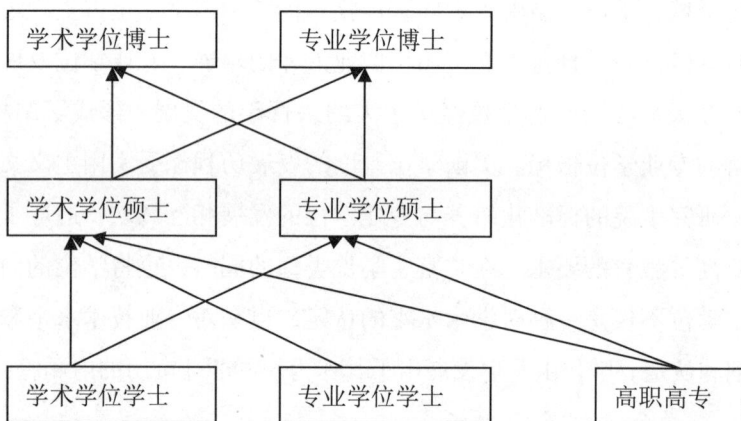

图2-1 我国本科以上学位结构图

1. 专业学位与学术型学位的相同点

专业学位与学术型学位是同一层次学位的不同类型，二者的相同点体现于学科体系、学位层次以及对知识的传承性和发展性方面。

（1）基于成熟的学科体系

我国学位类别分为学术型学位与专业学位。学术型学位按照学科门类授予，分别为哲学、经济学、法学、教育学、文学、历史学、理学、工学、农学、医学、军事学、管理学、艺术学学士学位／硕士学位／博士学位。专业学位从学科门类看，主要在经济学、法学、教育学、文学、历史学、工学、农学、医学、军事学、管理学和艺术学设置有。哲学和理学门类暂时没有设置专业学位。无论是学术型学位还是专业学位，均是建立在成熟的学科体系基

---

① 黄宝印，唐继卫，郝彤亮.我国专业学位研究生教育的发展历程 [J].中国高等教育，2017（2）：18.

础之上。学术型学位的这项特质不言自明，而专业学位经常被人们误解，认为它可以脱离理论知识，而专攻应用型知识。现实则不然，专业学位的应用性和职业性特征并不排斥学术性。专业学位授予学位的一项重要标准是衡量学位获得者在特定的职业领域的学术水平和动手实践能力，以学术为依托，是一种最高学位的职业性教育。如果体现不出学术的高深性，那么专业学位便和包括中等职业教育在内的一般层次职业教育没有区别，体现不出其最高学位的特征。无论是学术型研究生教育还是专业学位研究生教育，其学科体系都是明确而成熟的。学生在学习期间需要首先掌握和自己专业相关的理论知识。无论是何种专业，在设立专业学位之初都考量了其职业的高度专业化程度以及知识体系发展的高深基础[①]。如我国专业学位中历史最悠久的工商管理硕士，它的诞生是伴随着管理科学的发展和完善，社会对工商管理类高层次应用型人才需求而出现的。工程硕士的诞生则是基于在新知识、新技术、新材料和新工艺不断发展的背景下，工程领域所涉及的复杂性日益增强，由此需要既懂理论，又懂得实践的高层次工程类人才而出现。教育硕士的出现则是在现代教育科学技术日益发展的背景下，学校对更高素质的一线教学人员和学校管理人员需求日益增长，从而需要更多高层次懂教育会教育的复合型人才。

（2）学位层次定位一致

这里讲的学术型学位和专业学位均特指研究生层次的教育，因此，在学位层次上，无论是学术型学位还是专业学位都是一致的。对学术型学位和专业学位攻读者的教育均需要符合研究生教育的高层次性。虽然二者在高层次人才的类型定位不同，但其作为高层次学位的高深性是相同的。学术型学位旨在培养能够从事科学研究的学术型高层次人才，而专业学位则是定位于培养应用实践能力较强的专业型高层次人才。从学位评定标准来看，无论是学术型学位还是专业学位，对研究生是否达到学位授予标准的评判，即学位论文或结业考试都会要求学生在研究能力上体现出创新，具有独立承担科学研究或专业高层次领域工作的能力，整体符合研究生层次教育所要求的较高学

---

① 邓光平，郑芳. 专业与专业学位的设置 [J]. 江苏高教，2005（5）：46.

术水平和知识能力。因此，二者在质量评估的标准上具有同等要求。学术型学位和专业学位均分为硕士和博士两个层次，在同等层次下，学术型学位与专业学位并无高低等次之分，只体现出特征的差异。

（3）具有知识传承性和发展性

研究生教育有别于一般高等教育的重要一点即是研究生教育是与知识的产生、发展以及运用和创新最为紧密相关的一种高等教育层次。在厘清知识产生的理论和历史脉络的基础上，它关注的重点是知识的发展和创新。这在对知识的认识和学习中处于最高层次。其中，知识的发展包括对新知识的探索和研究，同时也包括对知识的运用。知识的运用往往更为重要，因为在知识运用的过程中可以产生更多知识，扩展知识的内容和层次，对已有知识的运用范围也能进一步扩展和创新。学术型学位强调知识的学术性特征，注重对知识的创新和发展，因此，对于学术型学位获取知识的途径来说，它对新知识的探索通常是从知识到知识的基础研究来实现的。通过已有知识的内容、发展现状等来产生更多新知识，这是学术型学位的一项重要特征。而与学术型学位有所区别，专业学位更加重视知识本身所具备的潜在价值的挖掘，即对学生运用知识的灵活处理能力十分强调。专业学位研究生教育更加强调的是学科知识的开发、应用以及技术的开发和运用。因此，学术型学位和专业学位均具有知识的传承性和发展性的特征，但区别仅在于对知识发展方式的追求方式和使用侧重点不同[①]。

2. 专业学位与学术型学位的差异性

学术型学位与专业学位两种类型的差异性主要体现在人才培养目标、培养模式以及质量标准和质量评估方面。

（1）培养目标的差异

学术型学位研究生教育与专业学位研究生教育培养目标不同，对人才需求的领域和侧重点也不相同。学术型学位更加侧重理论研究，培养学生以学术研究为导向。在人才培养过程注重理论知识的学习以及发展知识能力的培养。人才培养的终极目标是从事高深学术的科研人员和教学方面的高层次学

---

① 史雯婷. 专业学位研究生教育的基本属性探讨 [J]. 学位与研究生教育，2014（10）：33.

术型人才，即学者。学术型学位研究生教育人才培养的终极目标即是培养以高深科研和教学为专业方向的学术型人才。人才培养过程也始终贯穿这一目标，特别强调学生的理论知识储备、训练学生掌握熟练的科学研究方法、为学生科学研究和教学方面的过硬水平把关，使学生能在毕业后的科学研究和教学工作中具备较强的素质和能力。因此，从就业方向看，学术型学位硕士或博士研究生毕业后大都进入大学或者科学研究机构从事科研和教学方面的相关工作。

专业学位研究生教育的人才培养目标定位于培养特定职业领域的高层次技能型人才或管理类人才，其学位在性质上兼具学术性和职业性的双重属性。专业学位获得者将来从事的是一些具有显著职业背景的工作，如工程师、医师、教师、律师、会计师等。专业学位研究生教育的培养目标是：培养具有职业背景的，在掌握所学专业领域的基本理论基础上，具有独立承担专业领域相关技术工作和管理工作的高层次应用型人才。基于这一定位，专业学位研究生教育在人才培养过程中侧重培养和考查学生对于理论知识的应用和创新能力，强调学生实践能力和专业技能的获得。因此，在学生学业成就考评中，不一定是以学术论文为唯一考核评估标准，也可以是发明和设计类考评。在专业学位研究生教育中注重培养学生的实干精神，强调培养学生的高水平专业技能。

（2）培养模式的差异

基于学术型研究生教育与专业学位研究生培养目标的差异，在培养模式上的不同旨在服务于不同的人才培养目标。具体而言，在培养模式中，学术型研究生教育与专业学位研究生教育的区别主要体现在学位授予对象、人才培养目标、师资力量、课程设置、教学方法、学业测评等方面。学术型研究生教育与专业学位研究生教育应当在上述几个方面均体现出差异，才能与各自的人才培养目标相匹配。如在师资力量方面，从事专业学位研究生培养的教师应当和学术型研究生教育教师不同，更加强调讲师队伍的"双师型"建设。在课程设置方面，专业学位应更加重视和强调学生动手实践能力的培养。因此，在我国目前公布的多种专业学位人才培养方案中，均规定了对学位攻读者实践教学以及去企业参加实习的时间大多要求在半年以上。且在教学过程中，对于案例讨论、实训锻炼的环节已经明确写入了诸如护理专业、医学专业在内的专业学位研究生教育培养方案中。在学位攻读者招生对象上，许多专业也已经明确规定了需要招收有一定年限工作经验的专业学位攻读者，如工程管理硕士专业。此外，在学生学业测评标准上也有差异，学术型研究生大多以发表学术论文和撰写毕业学位论文的方式进行测评，而专业学位在学生测评标准上更加灵活多样，可以是论文也可以是毕业考试、毕业设计等。在专业学位较发达的美国，目前许多专业学位研究生毕业只需要修完规定学分即可获得学位证书，但前提是许多课程在学习过程中就要求进行合作学习，并且做出符合课程要求的相关成果，包括编程、建模、设计方案等。学术型研究生教育人才培养模式与专业学位研究生教育人才培养模式的差异比较详见表2-1。

表2-1　学术型与专业学位研究生教育人才培养模式比较

比较要素	学术型研究生教育	专业学位研究生教育
培养对象	科研工作人员	职业领域高层专业人员
培养目标	以科研为职业方向的人才	专业领域高层次应用型人才
师资力量	高层次研究型教师	双师型教师
课程设置	侧重理论知识	基于理论的知识运用
教学方法	课程讲授为主	突出实践教学
学业测评	研究论文	毕业考试、毕业设计、毕业报告等

（3）评估标准的差异

从质量标准来看，学术型研究生教育与专业学位研究生教育在质量标准上具有显著差异。学术型学位更加强调对学位攻读者的理论研究能力，对研究能力的评判主要是通过学位攻读者发表的科研论文和撰写的毕业论文作为依据，并且特别重视学术论文的理论研究水平。因此，从人才培养过程来看，学术型研究生教育主要是培养学生从事科学研究的能力。而专业学位研究生教育则是重视对学位攻读者实践和职业技能的培养，除了专业方面的理论知识外，也还需要掌握某一领域或相关领域的高深技能，具备较强的解决实际问题的能力，并且要在实际应用中进行知识的应用创新。基于二者在培养质量标准上的差异，对于学术型学位和专业学位教育质量的评估也应该体现出差异。

学术型学位研究生教育的质量评估主要是以高校为主体而构建出的一个多方参与的质量评估系统，系统包括了大学或科研单位以及同行专家的积极参与。专业学位研究生教育的质量评估比起学术型学位研究生教育来说，更强调评估主体的多元性，是在多元主体共同参与和相互协作的基础上，由高校、企业、政府等主体共同参与的一种评估体系。因为专业学位比起学术型学位对社会和市场评估的沟通和反馈更加重视，专业学位培养的是面向社会实际需求的应用型人才，因此社会用人单位的评估是专业学位质量评估的重要维度。整个评估标准也是在多方评估主体协商下共同制定。

二、专业学位研究生教育质量评估的理论缘起

专业学位研究生教育作为研究生教育的一个重要类型，它和研究生教育一样都是反映了教育主体需要与客体满足需要的能力和水平之间的必然联系。专业学位研究生教育的质量标准体现出了研究生教育的时代性和发展性特征。一方面，研究生教育的质量评估是一种具有主观价值判断，揭示主客体之间价值关系的过程。因此，教育质量评估具有较强主观性。另一方面，教育质量评估又是一个以社会环境为基础的，基于事实判断的教育规律的客观反映，因此它同样具备客观性特征[①]。专业学位在我国诞生于20世纪90年代，这也正是我国由计划经济向社会主义市场经济过渡的重要转型期。对于研究生教育质量评估来说，其内涵也较之于前一时期有着显著差异。差异之处主要在于：教育质量观由绝对质量观逐渐转向相对质量观、从内部质量观转向外部质量观、从一元质量观转向多元质量观。在考察专业学位研究生教育质量评估问题前，需要首先从理论和定位层面进行厘定。

（一）专业学位研究生教育质量评估的价值导向

对专业学位研究生教育质量评估问题提供理论依据的主要有如下几种理论：多元共治理论揭示专业学位研究生教育质量评估主体、评估过程和评估

---

① 王战军.学位与研究生教育评估理论与方法 [M].北京：高等教育出版社，2012：9.

结果的多元化特征；系统论揭示专业学位研究生质量评估体系的有机整体性；生物多样性理论揭示专业学位有别于学术型学位质量评估的独特差异；高等教育社会服务理论揭示专业学位研究生教育质量评估对来自市场和社会反馈的独特诉求。

1. 多元共治性：专业学位研究生教育评估的目标确立和过程优化

如前所述，多元共治是治理理论的核心要义。治理理论适用于以教育为代表的公共服务领域。治理理论的一个核心内容便是，政府不是唯一的管理主体，被管理者、社会民间组织、中介机构以及普通公民都应承担管理的主体角色。治理作为一种管理理念，强调的是一种多元互动和协商，而不是一种固化的管理模式。因此，它不具有自上而下、单向度和强制性，它强调的是各方的对话和沟通，是一种双向的责任意识。这也正好契合目前高等教育质量评估的目标确立和过程优化。

首先，专业学位研究生教育的质量评估应体现主体的多元。专业学位研究生教育是高等教育的一种重要形式，因其独特的市场性和应用性特征，在对其进行评估的主体层面首先应当体现的就是多元性特征，需要更多倾听来自社会和市场方面评估主体的声音。这也与过去政府或高校一言堂评估的时代相去甚远，将评估主体交给市场或者说由政府、高校和社会（用人单位、第三方评估机构、学生和家长等）共同担当评估主体才是专业学位研究生教育质量评估的首要任务。

其次，专业学位研究生教育质量评估还应体现评估维度的多元。如美国的"社会声誉和行业标准"维度和德国的"通用专业标准"维度等。其中，美国的"社会声誉和行业标准"维度所指的是，在专业学位研究生教育质量评估中通常由校内和校外人士的共同评估作为判别标准。社会声誉不仅成为教育质量评估的重要维度，而且为学生选择或申请专业学位时提供了有益的参考。行业的用人标准是指按照行业对人才需求的规格和标准，制定各个培养单位和学院在开展专业学位研究生教育时的标准，以此作为专业学位研究生教育质量评估的维度。

最后，专业学位研究生教育质量评估应体现评估指标体系的多元。评估指标体系的选取是任何一项评估活动的基本准则和标准，即对评估过程中评什么，各项指标占多少权重的客观规约。离开了客观公正的指标体系，评估过程也便成了空谈。因此，指标体系的选取和确立是教育质量评估的核心环节。在选取和确定专业学位研究生教育指标体系时，也应体现出指标体系维度的多元。基于专业学位研究生教育的重要利益相关方，选取代表各方诉求的指标，纳入到整体指标体系中，并且确定好各项指标权重。

2. 系统整体性：专业学位研究生教育评估的布局与系统设计

系统论是研究系统的模式、原则和规律，并对其功能进行数学描述的一门科学。在系统论中，系统是指相互作用着的若干元素的复合体，或者是处于一定的相互联系中的与环境发生关系的各组成部分的总体。系统中最本质的要素是它的"组织联系"。这种联系，一方面是各个部分的情报渠道，另一方面是它们动态的相互作用的结果。故系统作为一个整体来看，同其单独的组成部分和子系统在性质上完全不同，不能简单地把它看成是所包含的各个要素的总和[①]。基于系统论，每个人都是置身于一个大系统中的。家庭、学校、工作单位、国家、世界整体就是一个无法割裂的系统。在现实生活和理论研究中，凡是着眼于处理整体和部分、差异和同一、结构和功能、个体与环境、有序与无序、合作与竞争、行为与目的、阶段和过程等相关问题，都是系统论范畴研究的问题[②]。对系统的定义和讨论早已有之。恩格斯（Engels）认为，"世界不是既成事物的结合体，而是事实过程的集合体。"[③] 这里的"集合体"即系统，"事实过程"则是系统内部各要素、层级之间的相互作用，以及整体过程的发展变化。黑格尔（Hegel）也曾提出，真理的要素是概念，真理的真实形态是科学系统，而且只有作为系统时才是现实的[④]。钱学森认为，系统是由相互作用和相互依赖的若干组成部分结合成具有特定功能的有机整体，而且这个系统本身又是他们从属的更大系统的组成部分[⑤]。

由于系统论强调任何系统都是一个有机的整体，因此它不是各个部分机

<hr />

① 刘善慧，刘炳学，房泽岱，等. 英汉药理学辞典 [Z]. 北京：中国医药科技出版社，1993：100.

② 苗东升. 系统科学大学讲稿 [M]. 北京：中国人民大学出版社，2007：4.

③ 马克思，恩格斯. 马克思恩格斯选集：第四卷 [M]. 北京：人民出版社，1995：244.

④ 乌杰. 系统哲学 [M]. 北京：人民出版社，2008：2.

⑤ 钱学森. 社会主义现代化建设的科学和系统工程 [M]. 北京：中共中央出版社，1987：221.

械组合或者简单相加。系统的整体功能是各要素在彼此孤立条件下所无法实现的，即整体大于各部分之和。在研究专业学位研究生质量评估时，也应该遵循系统的整体性原则，把它作为一个整体系统来进行设计和应用。首先，要以系统论的指导思想来统筹专业学位研究生教育质量评估的整个过程。包括质量观、评估目标、评估指标体系、评估组织、评估方法和评估结果反馈等诸多环节。在评估过程中应当统筹和协调各个环节，任何一个环节的问题和疏忽都会影响到评估效果。只有在各方协调统一和相互促进的基础上，才能最大限度发挥评估整体的系统功能。其次，以系统论来统摄专业学位研究生教育质量评估体系的设计和构建。这就需要把专业学位研究生教育作为一个有机整体来看待。全面总结和分析专业学位研究生教育质量的影响因素，并且深入分析各个影响因素的重要程度以及各因素之间的逻辑关系，使专业学位研究生教育质量评估体系成为一个内容全面、逻辑严密的有机整体。最后，把专业学位研究生教育评估放到专业学位研究生教育这一宏观系统中进行考量。研究生教育质量评估离不开招生、人才培养、专业设置、课程开发、师资队伍建设、学生就业等多方面问题。同理，研究生教育质量评估也无法回避本科教学评估、学科专业评估以及学科综合竞争力评估等问题。因此，需要将专业学位研究生教育质量评估放置于一个更宽泛更高位的系统之下进行系统考察。

3. 评估多样性：专业学位研究生教育评估的多样内涵与体系完善

多样化理论的出现最初是源于生物的多样性理论。生物多样性理论包括了生命形式的多样化、各种生命体之间和生命体与环境之间的多种相互作用、生态系统和环境的复杂性等内容。生物多样性理论强调的是生物存在的合理性，即无论强弱、大小或进化程度高低，所有物种在生态系统中应该享有同等的地位，对生物圈有着同样重要的贡献[①]。多样性理论放置于教育领域也是同样适用的。伯顿·R·克拉克在《高等教育系统——学术组织的跨国研究》中对高等教育系统进行了详细的分析，在通过详细分析和比较的基础上总结出高等教育系统结构的多样化特征。高等教育系统结构的多样化对高等教育

---

① 金以圣. 生态学基础 [M]. 北京：中国人民大学出版社，1988.12.

教学活动的开展具有重要意义：首先，它能及时对政府和市场的不同需求做出正确的应对；其次，在出现突发状况时能够根据不同的情况做出相应的调整，体现方案的多样性[①]。

一方面，专业学位研究生教育质量评估体系的建立有利于实现研究生教育质量评估的多样化；另一方面，研究生教育质量评估实现多样化又能反作用于高等教育质量评估体系结构，使得整个高等教育质量评估体系更加丰富和多样。我国现行的高等教育质量评估体系从根源上看，主要是受到计划经济体制的影响，对研究生教育的质量评估标准而言，设立之初对于研究生层次教育的培养目标也是弥补科研人员不足的状况，因而在培养目标的制定上走入了相对单一的状态之中，且评估标准偏重理论性与学术性的测量。随着我国市场经济体制建立与完善，这种单一性的研究生教育越来越难以适应社会需求多样化的趋势。因此，实现研究生教育质量评估的多样化已经成为高等教育发展的必然趋势。教育的多样化理论对于专业学位研究生教育质量评估体系的建设具有较强的适用性。

4. 社会服务性：专业学位研究生教育评估的市场回归与社会责任

高等教育的目的是求真还是求用的问题是基于对以认识论为基础的哲学和以政治论为基础的哲学两者的不同认识而得出的。而以政治论为基础的哲学也衍生了高等教育社会服务这项重要职能。第二次世界大战以来，大学这一社会机构已经越来越多地参与到社会活动之中，成为为国家和社会发展服务的重要机构。这种以政治论为基础的高等教育哲学，赋予高等教育在公众中的全新印象，高等教育成为推动国家社会发展的重要力量。大学的社会服务职能的提出最早始于美国，以1862年美国国会通过的《莫雷尔法案》为标志。国家以开展赠地运动的方式，鼓励农工学院的创办，培养具有专业能力的高层次人才，该法案为美国高等教育的社会服务职能的产生与发展提供了重要的政策依据。威斯康辛大学是大学直接服务社会这一理念的首创和实践者。1904年，威斯康辛大学校长范安斯（Vannes）就首次提出大学要为整个州的社会经济发展服务，以便将知识传授给广大民众作为办学理念。

---

① 伯顿·R. 克拉克. 高等教育系统——学术组织的跨国研究 [M]. 杭州：杭州大学出版社，1994：287.

专业学位研究生教育与高等教育社会服务功能十分契合，因为专业学位培养目标即是满足社会现实需求的高层次应用型人才。在专业学位研究生教育质量评估中，回归市场需求、担当社会责任是其本质诉求。首先，在专业学位研究生教育质量评估主体选取上，尤其需要考量市场一方主体的范围，包括雇主、第三方评估机构、同行评估、学生家长等。其次，在选取质量评估指标体系时，也应将市场一方的考评指标作为一项重要依据来进行选择和构建。这是专业学位的本质与内涵所决定的，离开了社会诉求的真实反映，专业学位便无法完成其服务社会和回应社会需求的重要使命。

（二）专业学位研究生教育质量评估的理念定位

理念定位属于"形而上"的理念范畴，对于评估的具体制度安排和实践操作具有更高层次的超前和引领作用。只有在科学合理的评估理念指导下，才能保证评估的实践过程真实高效，提高教育评估实践过程的有效性，以及公众对于质量评估过程与结果的可信度。然而，近年来，包括教育评估在内的现实评估实践中暴露出一些具有挑战性的传统弊病，如管理主义倾向、价值多元主义的缺陷、过度忠于科学调查范式等[①]。这些问题导致了来自社会各方对于评估结果的信任危机。为了适应社会发展对于研究生教育质量评估的更高需求，需要理性审视指导评估实践的评估理念。

1. 评估主客体的平等公正

平等，作为人类社会发展的一种终极理想，属于包括哲学、政治学和伦理学等在内的人文社科研究的范畴。对于评估实践来说，平等在传统与现代体现出的是截然不同的两种地位和状态。在传统的评估过程中，平等是一种被较少提及的词汇，因为在传统的评估中主客体地位似乎并不存在平等。评估的主体和客体在传统的评估过程中始终是处于一种矛盾对立的关系，评估主体在评估过程中得不到客体的积极配合，客体消极应对，甚至隐瞒被评估内容等情况也是存在的。因此，在过去传统的评估过程中，无法找出和平等有关的任何蛛丝马迹。造成这一现象的原因其实并不在于评估本身，而是在于评估理念的偏差以及评估方式的运用。

---

① GUBA E G, Lincoln Y.S. Fourth Generation Evaluation[M]. Newbury Park：Sage Publications，Inc，1989：31-32.

正如杜威（Dewey）所言，评估是在经验上可观察的一种行为方式，是在对评估的存在和性质作验证时可以被观察的实际行为①。这是他对评估所做的名词阐释。斯达福比姆（Staffobim）则认为评估是一项研究，这项研究的设计和实施是协助评估主体对评估对象进行审阅的价值②。无论如何界定评估或开展评估，都是一种事实认定和价值判断的结合体。评估或评估工作就是为了澄清事实，澄清事实需要建立在大量的考察基础上，即事实的获取基础上。获取事实的一大前提那就是利益相关方必须在平等相处的状态下进行，因此平等的评估理念在评估过程中最为重要。平等的教育评估理念具体要求评估开展的非强制性、评估方案的民主运作和评估结果的合理运用。评估的主体与客体之间的平等所指的是法律意义上的平等，即双方必须具有契约意义上的平等性。在平等理念的基础上，近年来有学者先后提出了一些评估新概念。如美国学者马特斯（Mattes）就从平等公正的角度提出了所谓的"包容性评估（Inclusive Evaluation）"，他认为多方的平等参与是评估实施的有效前提。我国专业学位研究生的发展规模日趋庞大，对专业学位研究生教育进行质量评估前，对利益相关各方的价值需求首先要进行平等公正的审视。

截至2015年，我国授予硕士专业学位31.27万人，占全部硕士学位授予人数的49.3%。正如高等教育大众化理论创始人马丁·罗特（Martin Roth）教授所言，高等教育在规模和量增加之后，大学的内部结构也要发生根本变化③。我国研究生教育结构在高等教育大众化趋势下日益复杂化，利益相关方的组成也呈现出日趋多样化特点。在评估过程中，来自政府教育主管部门、研究生培养单位、评估机构、学生、家长和雇主等各方面利益相关方均要协商各自的价值、立场和诉求，只有在平等公正的基础上，表达多元化价值诉求，获得公平的评估信息才能如实反映专业学位研究生教育的现实质量状况。

2. 评估范式的完善融通

研究生教育质量评估范式是质量保障的指挥棒，因为不同的范式其评估

---

① 约翰·杜威. 评估理论 [M]. 冯平，余泽娜，译. 上海：上海译文出版社，2007：59.

② 丹尼尔·斯达福比姆. 评估模型 [M]. 苏锦丽，译. 北京：北京大学出版社，2007：43.

③ 邬大光. 高等教育大众化理论的内涵与价值：与马丁·特罗教授的对话 [J]. 高等教育研究，2003（11）：7.

目标、评估功能和评估方式也截然不同。目前我国研究生教育质量评估的范式形成历经了评估试点到评估制度化两个重要发展阶段。最早的评估范式主要是两种，即合格评估和水平评估①。其中合格评估也叫认证评估，即对研究生培养单位的办学条件、教育质量和教学管理进行的认证，包括学位授权审核、学位点定期评估以及学位论文抽查评估等。水平评估是为了测量教育的发展水平而进行的一系列评估，是对研究生教育培养单位办学水平的综合评估或对学科和学位论文等进行的单项评估，评估后给予等级评定或排名排序。包括全国优秀博士学位论文评选、学科排名、国家重点学科评选和研究生院评估等。近年来，第三种评估范式开始出现，即监测评估。《国家中长期教育发展规划纲要2010—2020》明确指出，要整合国家教育监测评估机构及资源，完善监测评估体系，定期发布监测评估报告。由此，监测评估也被引入到研究生教育质量评估中。监测评估兼有监管和检测两重功能，目的是为了监控研究生教育的发展状况，依赖常态的事实判断对教育质量进行监管、检测及预警。

基于不同的评估范式，在进行质量评估的方法选取上，需要注重的是质性调查与量化调查的交叉运用和相互融通。上述三种评估范式的判定标准各不相同，合格评估是基于标准的事实和价值判断。水平评估是基于比较的事实和价值判断，监测评估是基于常态的事实判断。每种事实判断获得的途径和信息采集方式也各不相同，合格评估是周期性的审核认证，水平评估是通过数据计量和定性分析得出结论，监测评估是通过经济学方法以及现代信息技术的分析和监测得出所需数据。由于各种评估范式本身的特性差异，因此需要质性调查与量化调查的交叉运用。在专业学位研究生教育评估主体多元化的背景下，首先需要考量的是质性的评估因素，即通过质性调查得出利益相关方的评估信息。其次要考虑的是教育质量评估的客观性和科学性，即注重量化调查方法的使用。两者可以在很大程度上实现优势互补。从西方国家研究生教育质量评估发展的趋势来看，目前呈现出教育评估方法量化评估与质性评估相结合的发展趋势。

①　王战军. 学位与研究生教育评估理论与方法 [M]. 北京：高等教育出版社，2012：192.

3. 评估过程的动态变化

首先，教育质量评估各个利益相关方关注点各不相同。教育行政主管部门关注的是专业学位研究生教育体系满足利益相关主体需求的能力和属性，应该满足多方需求，包括：满足学术的需要；满足社会对各行人才的需要；满足受教育者自身教育和自我实现的需要；满足经济社会可持续发展和进步的需要，具有整体性和普遍性的共性评估问题[①]。研究生培养单位关注的是研究生教育服务满足消费者需求的能力与属性，主要包括：个人达到学位授予标准的程度；学生为社会所做贡献程度等，因此在评估中更重视的是个性化和独特化的评估问题。

其次，专业学位研究生教育作为研究生教育的一种重要类型，具有一定的内在普遍性规律。即使它与学术型学位在人才培养类型上存在差异，但也仍然在层次上和学术型学位一致，也存在着共性特征。将这些共性特征综合在一起，变成了一个在一定范围通用的共性评估体系。因此，在进行专业学位研究生质量评估时，应充分考虑研究生教育质量评估的核心或共性因素，继承传统评估方案适应性强、适应面广和评估效率高的特点。同时，在专业学位研究生教育质量评估中，由于不同研究生培养单位在发展基础、优势学科和行业特色方面的差异，因此在专业学位内部也存在着需要个性化区别对待的评估问题，在制定评估方案时候，需要充分调研和吸纳这些问题，增强评估方案的灵活性。

最后，教育发展是一个动态的过程，其质量评估标准和内容也是一个动态的变化过程，因此在进行教育质量评估时应该体现标准变迁前瞻性和时间顺序动态性，对专业学位研究生教育质量评估的标准演变和发展前景进行灵活的动态分析。在评估工作展开前，首先对推动专业学位研究生教育发展的动力机制和制度政策进行动态追因分析，剖析标准变迁的内在规律，突破质量评估标准的规定性和静态性。在制定评估标准时既要反映当前社会发展的现实需要，又要体现面向未来和时代发展需求的预见性。因此，在协调好共

---

① 中国学位与研究生教育发展战略报告编写组. 中国学位与研究生教育发展战略报告（2002—2010）[J]. 学位与研究生教育，2002（6）：16.

性和个性的基础上，基于统一的共性标准，建立动态和弹性化的质量评估标准，并在评估过程中真实体现共性与个性的有机结合。

4.评估结果的公开透明

在专业学位研究生教育质量评估中，不但需要关注培养过程，还需要重点关注评估结果。在评估过程中需要兼顾过程评估和结果评估，从单纯重视鉴定和评级的功能转向兼顾改进和提高功能。即评估结果如何有效反馈到研究生教育的人才培养中。教育评估不是一项单纯追求单项和综合评估结果的工作，而是寻求对研究生教育质量改进和提高有着深刻影响的决策。在此过程中，评估结果的公开透明显得尤为重要，没有全面的透明和开放式的评估过程，尤其是评估结果的反馈，便无法达到教育质量监测和评估的初衷。评估信息的公开透明对于研究生评估单位来说，可以起到很好的督促作用，督促其积极行动采取措施，切实提高研究生教育质量。评估信息和结果的公开也有助于为学生提供有价值和可供参考的有效信息。学科质量评估方面的信息，可以为经费分配与调整、师资力量投入、硬件投入以及科研资源投入等提供决策层面参考。教育评估过程的公开透明不仅使政府教育主管部门践行了教育信息公开的制度，同时，也为多元主体参与教育质量评估提供了较好的前提保障。

第二节　专业学位研究生教育质量评估的治理要素

20世纪以来，伴随着知识的重要性日渐提升，经济社会发展对于知识的依赖性空前高涨，知识作为一种重要生产要素在生产过程中产生了极大作用。随之而来的是大学、政府和市场相互交织，与传统的知识生产方式相比，当下的知识生产方式呈现出一些前所未有的新特点：知识生产更多地置于应用的语境中；知识生产源于实践；知识生产的场所和从业者呈现出"社会弥散"和"异质性"特征；社会责任已经渗透到知识生产的整个过程中；对知识质量的关注已经不限于学术本身，而是要兼顾社会、政治和经济等多重因素，质量由此成为一个综合性的多维度的概念[①]。在知识转型的背景下，专业学位研究生教育契合了当下知识生产方式的新特征。

一、专业学位研究生教育的整体质量观

随着社会发展和社会对知识和人才的多样化需求的逐步增长，我国专业学位在历经30年的发展后，正逐步步入制度化、规范化和快速发展的阶段。我国专业学位类别已经突破40种。尽管不同的专业学位在发展中呈现出不尽相同的特点，但作为高等教育，尤其是研究生教育层次的一种重要类型，具有高等教育整体共性基础上的独特属性。

专业学位研究生教育作为研究生教育的一个重要组成部分，它的质量观确立首先应该建立在高等教育质量观的共性认识基础上，二者不可割裂。在对专业学位研究生教育质量观进行深入了解之前，首先应该了解的是目前在高等教育质量观中较有影响力的几种类型。

（一）高等教育整体质量观

目前高等教育质量观中有代表性的主要有内适性质量观、外适性质量观、目标达成观和绩效观等。每种质量观反映出不同的质量评估价值诉求。

1. 内适性质量观

内适性质量观认为，学术质量属于价值范畴，是应该优先考虑的重要问题，应该按照各学科和高等教育的自身固有的规律来制定标准[②]。内适性质量观强调的是高等教育或大学的学术价值，大学就应当是研究高深学问的场所，大学就是象牙塔。虽然现代大学衍生了社会服务这项功能，但大学为社会服务最根本还是通过前两项职能的发挥来实现的，即科学研究和高层次或精英层次的人才培养。纵观高等教育发展史，这种学术至上的内适性质量观产生了重大而持久的影响力。这与纽曼的观点"大学是探索普遍学问的场所"以及洪堡的观点"大学是教学和科研的统一体"不谋而合。在他们的论著和思想中，将大学的学术至上的内适性质量观进一步强化。因此，内适性质量观体现的核心思想就是学术至上，大学应当坚守的就是学术性，不盲从迎合市场需求，追求自由独立之学术自由的使命才是高等教育的恒久主题。

---

① 陈洪捷.博士质量：概念、评估与趋势[M].北京：北京大学出版社，2010：3.

② 安心.高等教育质量保证体系研究[M].兰州：甘肃教育出版社，1999：64.

2. 外适性质量观

外适性质量观主要是强调高等教育对外部社会的适应和满足，高等教育为国家和地区的经济和社会发展服务。从此意义上讲，外适性质量观与内适性质量观是两种截然不同的质量观，其观点刚好相反。外适性质量观认为，衡量高等教育质量的标准不在于学术本身，而在于高等教育满足外部社会和市场需求的程度，主要以实用为衡量质量的根本。外适性质量观深受杜威实用主义哲学的影响，对于高等教育的社会服务功能特别重视。有学者提出，外适性质量观将高等教育过度异化为一种工具，与传统的学术至上的质量观相背离，因此，将外适性质量观称为"工具性质量观"[①]。外适性质量观目前在以美国为代表的高等教育质量评估中有较强的适用性，并且在高等教育质量评估中特别强调社会和市场诉求的表达。

3. 目标达成观

目标达成观是从制造业和服务业领域借鉴到高等教育质量观的一种新型质量观。20世纪90年代以来，目标达成观开始逐渐应用到高等教育质量解释中来。它主要是通过比较高等教育的行为结果和预先设定的标准和目标实现的一致程度来对高等教育进行评估；行为结果与预期目标越接近，教育质量越高，行为结果与预期目标差距越大，教育质量则相应越低。在这一质量观中，特别关键的问题就在于，首先，高校在办学之初是否有明确的定位和目标。只有在明确目标制定的前提下，才能通过目标达成的质量观来进行质量评估。其次，目标达成观需要建立在合理的目标设定基础上，然后，大学在制定发展目标过程中难免会体现主观性，对于目标是否合理尚无一个特定的标准去判断，这就会导致最终的教育质量与预先设立的目标相符的科学性和客观性遭受质疑。但作为一种全新的质量观，目标达成观仍不失为一种高等教育质量评估的有益尝试，为多样化的质量评估奠定基础。

4. 绩效观

绩效观主要是从高等教育的投入与产出角度来进行质量评估的一种思路。绩效观认为，大学应该面向市场需求的方向确定人才培养目标，并以绩效来

---

① 陈谷纲, 陈秀美. 专业学位研究生教育的质量观 [J]. 学位与研究生教育, 2006（7）：10.

评估教育质量的高低，按照绩效的达成效果来衡量教育质量[①]。绩效观的提出也是基于经济社会发展的现实背景。随着高等教育规模的扩张，需要进行的资源投入日益增长，政府已经无法像过去一样完全包揽所有资源投入，于是社会和市场便逐渐成为投资教育的主体，且市场中的企业或个人的投资积极性越来越高，高等教育的投资主体也逐渐呈现出多元化的趋势。投资者对大学的投资也是抱有一定回报期待的，即高校能在多大程度上回馈社会，实现既定的教育目标，投入与产出是否成正比，这是绩效观的重要内容。

（二）专业学位研究生教育的质量观

质量观作为质量评估的一种价值取向，对于开展教育评估工作具有重要的现实指导。专业学位研究生教育的质量观来源于专业学位这一独特类型研究生教育的特殊性。它需要继承高等教育质量观的一些共性，同时由于它的独特内涵，又需要具备自己独特的个性。在进行质量评估指导时，往往是需要多重质量观共同指引，多管齐下。

1. 首要强调外适性质量观，不忽略内适性质量观

在多重质量观中，与专业学位研究生教育最为契合的当属外适性质量观，这一点是由专业学位研究生教育的应用性和实践性属性所决定的。

首先，从专业学位的设立角度来看，我国在设立专业学位之初考虑的便是专业学位适应我国经济转型背景下政治经济体制改革的现实需要。社会当时需要的就是一种与传统高层人才培养规格完全不一样的新型人才，这类人才所具备的一项重要能力就是应用实践性，即适应社会满足社会所需的高层次人才。其次，从专业学位的攻读者来看，过去多以在职人员为主，虽然近几年全日制专业学位队伍日益庞大，但专业学位攻读者的实践需求很大。基于现实工作中的问题出发来学习，并且要带着解决问题的思路和方法应用到自己的工作中。学以致用是他们秉承的学习理念，这一点无论对于在职攻读者还是全日制脱产攻读者都是一样的，在学习过程中习得了知识和技能必将为了将来的现实工作服务。最后，专业学位研究生教育对市场和社会的反馈最为敏感。从很大程度上说，专业学位能否良性发展在很大程度上取决于市

---

① 安心. 高等教育质量保证体系研究 [M]. 兰州：甘肃教育出版社，1999：65.

场中雇主方的认可。雇主方的认可也是基于对专业学位研究生教育培养出的人才的社会适应性做出的，直接关系专业学位的招生、人才培养方案制订、教学活动开展等多方面问题。只有得到了社会雇主的认可，专业学位才有恒久的生命力和发展潜能。因此，专业学位的独特属性决定了其采用的质量观首先必须是外适性质量观。

此外，专业学位研究生教育也属于研究生教育范畴，因此在强调职业性和实践性的外适性质量观的同时，还必须具备研究生层次的教育对于人才培养在学术方面的要求，具体体现理论指导实践的功用。这是专业学位研究生教育与专科或本科层次的职业教育或应用技术型教育不同之处。在人才培养过程中，要训练学生知其然，并且知其所以然的能力，教授给学生的不仅仅是知识和技能本身，更是理论知识和分析研究问题的方法。这一点与大学的内适性质量观是一致的，也是大学人才培养和科学研究的学术价值的体现。因此，专业学位研究生教育虽然首先强调外适性质量观，但同样不能忽视其在学术上的内适性质量观。将二者有机结合才是质量评估的根本出路。

2. 以发展的眼光审视目标达成观

有学者曾经指出，任何研究生教育质量观都是历史的、具体的、有现实针对性的特殊规定性的集中反映[①]。专业学位研究生教育的人才培养目标不是永恒不变的，因为社会和市场的需求在每个时期均呈现不同的特征。以发展的眼光和思维来看待质量问题十分必要。目标达成质量观在专业学位研究生教育质量中主要表现在，其教育质量参照的是目前的教育活动在多大程度上达到了培养目标，即目标达成的程度如何。这也就要求专业学位研究生教育在人才培养目标定位之初需要充分考虑包括社会在内的各方面综合因素，具备合理性、客观性、科学性及可操作性。当然，专业学位研究生教育发展需要遵循的培养目标，也必须以发展之视角来看待。现阶段出现的一些问题，如社会声誉不佳、质量特色不鲜明等，可能会与设定的专业学位研究生教育目标有差距，背离专业学位质量观之初衷。但是问题的存在绝不会是永恒不变的，现在有问题证明还有很多发展的空间，及时发现问题和解决问题，才

---

① 廖湘阳. 研究生教育质量观演变语言战略选择 [J]. 中国高教研究，2004（9）：25.

能对专业学位研究生教育质量起到监督预警作用。因此，用发展的眼光来强调专业学位研究生教育的目标达成观是一种重要的质量评估观。

3.适度引入绩效观

专业学位研究生教育在质量评估中更加关注培养绩效。政府一方关注的是专业学位研究生教育的产出，即在多大程度上满足了社会和市场的需求，向社会输送的高层次应用型人才的数量和质量如何。研究生培养单位更多考虑的是如何实现教育投入与产出之间的平衡，以实现最小投入获得最大回报的最优化质量效果。专业学位研究生教育攻读者关注的是学习成效，即投入的财力和时间精力在最后学习效果方面的成效收益。社会企业同样关注质量的绩效问题，自己所提供的实训基地和实践环节指导能在多大程度上转化为学生的学业成就。上述任意一方均对专业学位研究生教育质量提出了绩效的要求。但绩效也并不意味着功利，不能逾越绩效的限度将专业学位研究生教育质量观异化为一种功利的教育质量观。因此在引入质量绩效观时应当把握适度的原则，防止出现教育创收等功利性倾向。

二、专业学位研究生教育质量的影响因素

从专业学位研究生教育质量观出发，无论是兼顾内适性质量观基础上的外适性质量观的强化，抑或是从发展和适度的角度引入的目标达成观或绩效观，都是引领专业学位研究生教育质量提升的指挥棒。基于质量观的多重价值取向，可将影响专业学位研究生教育质量的要素划分为内在要素和外在要素两类。

（一）内在影响要素

影响专业学位研究生教育质量的内在要素是专业学位研究生教育的核心，它涵盖了教育的全过程和全要素，任何一个要素的缺失和弱化都可能会影响预期教育效果的达成。影响专业学位研究生教育的内在要素主要包括：培养目标、培养模式、生源质量、师资队伍、课程设置、教学方法、教学条件等。

1.培养目标

培养应用型和学术型兼备的高层次人才是专业学位研究生教育人才培养

目标的出发点，也是影响专业学位研究生教育质量的最核心的内在要素。培养目标的确立对于整个教育环节的开展具有宏观引领性。

首先，职业导向性是专业学位研究生教育人才培养的第一重属性。专业学位是一种以获得某种职业能力为目标的学位类型。专业学位研究生培养模式是建立在职业需求导向的基础上。国务院学位办在2002年颁布的《关于加强和改进专业学位研究生教育工作的若干意见》中对专业学位的人才培养标准和要求进行了界定："专业学位是相对于学术性学位而言的学位类型，旨在培养适应社会特定岗位和实际工作需要的应用型高层次人才。"美国对第一专业学位这种专业性学位的界定："为从事某种特定职业的需要而获得学位，要求在接受完中学后的教育（大学本科教育）后学习该职业所需的基本知识和技能。这类教育是获得行业准入的门槛。"从国际国内对专业学位人才培养定位的普遍观点来看，专业学位研究的培养目标是以行业需求为导向，以获得职业所需的应用性知识和技能。

其次，知识发展性是专业学位人才培养的第二重属性。以高等教育哲学认识论为价值取向的学术知识观是现代大学恒久不变的价值理念。在此价值理念的影响下，大学发展知识是大学人才培养的主要任务。专业学位作为定位于培养高层次人才的教育类型，在强调职业性的同时，不能忽视知识性的习得。专业学位研究生教育通过课程学习的形式实现对所学专业理论认识和知识的建构和铺垫，在一些对科研要求较高的专业，专业学位研究生教育也通过应用型研究的形式实现知识的创新。在具体的转化模式中，知识的传递和转化大致分为：社会化（Socialization）、外化（Externalization）、合并（combination）、内化（Internalization）四种形式实现知识的传递[1]。学位攻读者在知识的传递上通过理论与实践的结合，课堂与社会的交互体现知识的以上四种传递和转化形式，实现专业学位在人才培养中的知识发展目标。

2. 培养模式

"人才培养模式是位于办学模式之下，教学模式之上的一个概念区间。"[2]

---

① 廖文捷.我国专业学位研究生培养模式的系统结构研究 [D].广州：华南理工大学，2010：56.

② 龚怡祖.论大学人才培养模式 [M].南京：江苏教育出版社，1999：10.

人才培养的过程是一项复杂的系统工程，培养模式是由培养过程中的若干要素构成，各要素之间相互独立，但在逻辑和价值取向上却是协调一致的整体系统。专业学位研究生教育的人才培养模式是一种特殊形式的人才培养模式，是在高等教育整体价值观和专业学位研究生教育特有价值观的共同影响下，为培养出符合高等教育发展趋势和专业学位研究生教育发展定位的应用性人才培养模式。专业学位研究生教育在学生的知识能力构建、素质提升、制度保障等方面进行整体的结构性布局和安排。

传统的学术型学位培养的是教学科研方面的理论型人才，但专业学位培养的是具有某一专业领域的理论基础，并且能够满足同专业实际工作需要的应用型复合型高层次人才。在明确目标的基础上，专业学位研究生教育的培养模式应体现出与学术型研究生教育的区别。在培养方案制订环节，包括学制、培养方式、课程设置、教学方法、师资队伍建设等在内的要素均需要重点考量。专业学位研究生教育在学习年限上主要是2年或以上（学术型学位主要为3年或以上）。在培养方式上主要是采用"三段式"培养方式，即课程学习、企业实习和学业测评（包括学位论文、设计发明或结业考试等）。在课程设置方面主要是强调应用实践性课程的比重。在教学方法上注重实践教学、案例教学、专题研讨、团队协作等方式的运用。师资队伍建设方面尤其关注双师型导师队伍建设以及授课教师的理论与实践相结合的能力培养。是否按照上述要求来制定和实施培养模式直接影响专业学位研究生教育质量水平。

3. 生源质量

生源质量作为专业学位研究生教育系统输入环节的关键，是确保教育质量和水平的首要先决条件。生源即潜在的学位攻读者来源，是未来的质量评估主体和受教育对象。生源的学习基础、学习态度、综合能力素质等均在很大程度上对专业学位研究生教育质量产生影响。现行的研究生教育入学考试有两个环节，即笔试和面试（初试和复试）。笔试环节决定是否有资格继续参加面试的依据。笔试环节考查的主要是学生在理解和掌握理论知识的水平，实践方面的考查不多。面试或复试环节主要考查学生的综合素质、专业能力、实践经验、创新意识或专业潜质等。综合素质高、品德好、实践经验丰富且具有创新意识的生源是确保专业学位研究生教育质量的重要前提。此外，生源的毕业院校、本科所学专业、是否跨专业、是否调剂等因素也会在研究生阶段学习中产生较大影响，进而影响学习方法、学习态度、专业的延续性以及思维的深度广度等，这也会进一步对教育质量产生影响。

和学术型学位相比，专业学位研究生教育在生源准入环节更应该对学生的创新意识和实践能力进行深入把关。因为应用型人才的培养定位需要学位攻读者在将理论知识应用到实践的过程中具有更高的能力。但由于专业学位本身发展历史较短，社会对它的认可度还不及学术型学位高，这一点直接影响了专业学位攻读者的生源质量，许多报考专业学位的考生属于在职攻读、调剂或跨专业等情况。这样的生源虽然在本专业的学习延续性上会有欠缺，但是他们也具有自身的独特优势，如跨学科的学术视野、丰富多样的研究方法、扎实的实践经验等。因此，生源是专业学位研究生教育质量的一项重要影响因素，但具体会产生何种性质和程度的影响，需要后期的追踪研究才能揭示。

4.师资队伍

师资队伍建设是确保专业学位研究生教育人才培养顺利实施的保障，合理的师资队伍建设有利于专业学位研究生教育在坚实的指导下进行专门性的人才培养。不同于一般学术型教育的师资队伍，专业学位研究生教育所需要的师资队伍有其自身的特色，因为专业学位研究生教育特别重视和强调实践性课程和教学，因此在师资队伍建设上应当着力打造适应专业学位研究生教育实际的"双师型"教师队伍。我国目前在专业学位研究生教育中对专任教师也提出了相应的要求，即各培养单位要提高专任教师的专业实践能力和教育教学能力，提升师资队伍的专业化水平。来自实践领域有丰富经验的高层次专业人员承担专业课程教学的比例应不低于三分之一。

专业学位研究生教育因其对实践性的强调和重视，在学生的导师配置上应当采取双导师制，所谓双导师制即是每位专业学位攻读者应当配备一名具有实践经验的教师，同时配备一名具有实际工作经验的技术人员作为实践导师。如工程专业学位攻读者须由高校指定一名工程学方面的教师为指导教师，这类教师通常需要具备较为丰富的实践经验，同时需要在工矿企业或者工程建设单位或部门指定一名高级工程技术方面的人员作为兼职导师，这名导师着重对学生的实践课程进行指导。我国专业学位研究生教育在师资队伍建设上虽然进行了与专业学位培养目标相一致的规定，如规定授课教师和导师应当在专业学位人才培养中积极参与实践过程、项目研究、论文考评等工作。对教师自身素质上既强调理论性，又强调实践性，因此在引进人才方案中规定引进的人才必须既有理论水平、又有实践经验。在师资结构的构成上，应当加快形成"双师型"的师资结构；建立有利于激励教师积极投身专业学位研究生教育的评估体系，制定从事专业学位研究生教育的职称评定标准。这是对专业学位研究生教育从业教师在素质结构和评估体系上的要求，也是专业学位研究生教育正常开展的必要条件。

5. 课程设置

学术型学位研究生教育的课程设置目的是加深对学位攻读者学术知识的掌握，掌握和运用科研方法，激发他们的科研潜能。专业学位研究生教育的课程设置却与之有区别，这与专业学位的人才培养目标相契合，即培养面向行业需求、体现专业特色的应用型高层次人才。因此，在课程设置中除了专业理论知识外，还应重点开设的就是突出专业应用性和实践性的课程。在结合多元化人才市场需求的前提下，培养单位需要制定具有特色的实践性课程方案和实施办法，同时兼顾学位攻读者个性发展的需要。在课程内容水平方面，各个培养单位可能在课程设置方案上有所不同，但是有一个前提是一致的，即所开设的课程应反映知识水平的提升、知识的应用和知识的创新，同时所开设课程整体应该面向应用型高级技术和高级技术管理人才的培养。

课程设置作为人才培养的重要载体，在教育质量的保证方面发挥着非常重要的作用。目前我国专业学位虽有一部分是在职人员攻读，但大部分攻读者仍然是以应届本科毕业生为主，且这一趋势仍在不断强化，学生在实践能力和职业素养上会存在较大不足。因此，在课程设置上将学生实践技能的培养加以强化能在最大程度上保证专业学位研究生教育的人才培养效率和效果。在应用实践类课程设置中增加对专业性知识和工具类知识的相关课程。除了在课堂学习之外，更应通过学校实验室或校外合作企业的实训基地开展实践类课程教学和指导，让课堂教学和课外实践有机融合于专业学位研究生教育的人才培养过程中。

6. 教学方法

教学方法是在人才培养过程中由教师所采用的教学手段或教学艺术。合理的教学方法的使用可以在教学过程中起到事半功倍的教学效果。专业学位因其独特的应用实践性特征，在教学过程中所采取的教学方法也应当与应用实践性相契合。专业学位研究生教育属于高等教育范畴，因此在教师进行教学的过程中，首先也应当遵循教育教学的基本规律，采用适当的教学方法来开展教学工作。如课堂讲授法，适用于所有的教育教学活动，课堂讲授能从系统的角度帮助学生了解和掌握所学课程的属性、课程体系以及相关的理论知识，这是教学活动中不可或缺的一种方法。除此之外，案例教学、体验式教学以及实践教学等模式与专业学位研究生教育教学有着天然关联。学生需要学习的除了理论知识外，更多的是实践性的知识和经验。实践类知识和经验的习得显然无法直接从传统课堂获得。在传统课堂之外，需适度开辟第二课堂，通过案例教学、实地观摩体验式教学以及直接深入学校实验室或一线工厂进行实地操作和演示等方式来增加学生实践性知识的习得以及应用性能力经验的获得。

在进行各类教育质量评估的过程中，专家随机抽取课堂听课是经常被采用的一种观察和评估方式。在有关课堂教学的各项指标体系中，有关于课堂教学方法采用的指标，不一定是短暂的一节课就能了解，而是还有后续的跟踪调查和评估。因此，被学校列入人才培养方案，被教师写入教案和教学大纲的多样化教学方式和手段，必须落到实处才能切实起到提高人才培养质量的作用。

7. 教学条件

教学条件即保障专业学位研究生教育教学活动的硬件和软件配备设施。它在教育质量中发挥着极大的保障作用。优越的教学条件能够更好地激发学生的学习潜能、科研实力、实践能力以及创新意识，最终确保合格或优异的教育质量。教学条件主要包括学校的科研设备、教学楼建设、校外实训基地配备、学校图书馆馆藏资源、校内实验室、体育活动场地等硬件资源，还包括学习氛围、学风建设、校规校训、学术环境等软件实力。

其中，硬件指标是专业学位研究生教育中开展理论知识教学、科研活动、实验和实践的重要资源。实验室和实训基地建设情况直接关系到学生实践能力水平的提升。除实践教学以外的资源建设同样重要，比如教学楼和教室设施建设是保障理论教学的重要条件；图书馆馆藏资源直接关系到学生在课程学习和科学研究方面是否具有足够的文献支持；体育运动设施的建设关系到学生学习之余是否享有劳逸结合的场地和资源以提高学习效率。此外，软件环境和水平的提升也是开展教育教学的重要环境支撑。一个学校的学风教风直接关系到学生的学习氛围和环境，良好的学风有助于帮助学生保持良好的学习状态，达到事半功倍的学习效果。学校的校规校训同样可以在潜移默化中规约学生的学习行为，耳濡目染，帮助学生形成正确的学习观和人生观。此外，关注学生实践能力锻炼的一些校园竞赛也能在很大程度上提升学生的学习热情，获得更多来自专业领域和行业协会的指导。

（二）外在影响要素

影响专业学位研究生教育质量的外在要素是专业学位研究生教育的外部保障。专业学位研究生教育的过程并非一个封闭的培养过程，其教育质量除受到内部要素影响外，还会受到来自教育主管部门、用人单位等在内的多方外部要素的影响。

1. 政策导向

教育作为一种准公共产品，其质量管理属于公共事务管理范畴。在教育质量生成的过程中，政府作为管理的重要主体，发挥着重要作用。但政府的作用并不直接显现，而是以政策为载体，通过一定的行政手段对教育质量的保障和管理施加影响。因此，政策导向是影响专业学位研究生教育的重要外部要素。

1999年，教育部和国务院学位委员会下发《关于加强和改进专业学位研究生教育的若干意见》指出，专业学位研究生教育制度是学位与研究生教育制度的重要组成部分，是针对我国国情和教育现实需求而培养应用型高层次专门人才的有效途径。在此基础上制定专业学位研究生教育发展的政策法规。该文件进一步明确了专业学位的地位和作用，确立了专业学位研究生教育发展的指导方针。我国专业学位研究生教育由此进入了一个快速发展的新时期，到2009年年底，专业学位类别达到19个，专业学位授权点达到1481个，专业学位研究生教育年招生规模由1997年的9395人增加到2008年的151869人，年均增长29%左右，2009年开始允许招收应届本科毕业生全日制攻读专业学位。专业学位研究生在规模和质量上由此更上一个台阶。到2015年，我国授予硕士专业学位31.27万人，占全部硕士学位授予人数的49.3%[①]。这些成就的取得都离不开教育主管部门的政策导向的指引。在数量上取得重大突破的同时，国家宏观教育政策近年来也多次强调教育质量的提升。《国家中长期教育改革和发展规划纲要（2010—2020）》指出，要把提高质量作为教育改革发展的核心任务，提出树立以提高质量为核心的教育发展观，制定教育质量标准，建立健全教育质量保障体系。也正是基于提高质量的政策导向，包括专业学位在内的高等教育质量才能得到进一步保障和监管。

2. 市场需求

市场需求方面的要素相比于政府的政策引导具有利益诉求更加多元，出发点更加多样的特点。市场需求对于教育质量产生的影响因素关系较为复杂，因为利益主体的差异带来利益诉求的差异。对专业学位研究生教育质量产生影响的市场主体主要有与培养单位有合作意向的合作单位、社会团体以及毕业生用人单位（雇主）等。各市场主体的利益诉求决定了它们对专业学位研究生教育既有培养的需求，也有干预影响，还有交流与反馈。

社会经济的发展催生不少新兴行业，随之而来的是对高层次人才的需求猛增。专业学位设立的初衷即是为了应对社会经济发展对应用型人才的需求。要培养出这种高规格高层次的复合型人才，需要专业学位研究生教育质量的保障。在人才培养的过程中，与市场准入和执业资历的衔接问题受到越来越多的重视。如何在人才培养过程中体现出与市场的对接成为摆在专业学位研究生教育面前的重点问题。这涉及培养目标的确立、培养方案的制订、课程设置的调整、师资队伍的优化等一系列问题。高校在坚持学术独立的前提下，能否在人才培养过程中体现出市场的现实需求，是高校社会服务职能发挥的重要考量依据。这在专业学位这一职业应用型特别典型的高等教育类型中显得尤为重要。用人单位对于毕业生能力水平的反馈也在一定程度上影响着专业学位

---

① 黄宝印，唐继卫，郝彤亮. 我国专业学位研究生教育的发展历程 [J]. 中国高等教育，2017（2）：18.

研究生教育的质量。学生在读期间学到的许多理论知识，虽然经过了实习和实践，但毕竟都是短期的，理论知识是否能够在现实工作中转化为实践，指导实践需要经过真实情景下的工作加以验证。因此，用人单位的反馈也在一定程度上决定着专业学位研究生教育的人才培养方向和人才培养规格。

三、专业学位研究生教育质量的评估系统

专业学位研究生教育质量评估是一个系统整体，在此系统之下，其质量评估需要从评估主体、评估内容和评估方法三方面进行要素分析，为质量评估的机制确立奠定要素构架的基础。

（一）专业学位研究生教育质量评估主体

传统高等教育质量的评估主体更多是由政府和大学来承担，尤其是政府主体的评估行为是高等教育质量评估的主要方式。随着社会经济的发展以及高等教育质量观多元化趋势的兴起，来自政府和高校以外的市场诉求体现得越来越多。从治理理论角度出发，来自市场和社会的高等教育质量的利益相关方成为评估主体的呼声越来越高。在多元化的相关主体的诉求中，较有代表性的主要是社会以用人单位为代表对人才的现实需求，学生群体日渐崛起的自我价值实现诉求。专业学位作为一种与社会和市场需求联系特别密切的教育类型，在进行质量评估时，主体的多元便显得尤其重要。从内容上看，专业学位研究生教育质量评估主体包括了政府主体、高校主体和市场主体。

1. 政府主体

在我国现行的专业学位研究生教育管理体系中，政府居于主导和决策地位，通过政策制定和质量监管等方式参与研究生教育活动。政府主体角色的发挥主要表现在，首先，专业学位研究生招生是以全国统一的国家考试和招生计划进行，具有较强的政府指令性。其次，在学位授予审批过程中也是政府作为主导。最后，政府是评估专业学位研究生教育质量的实施者，因此专业学位研究生教育质量评估仍然是一种政府行为。我国研究生教育质量评估体系形成于计划经济时期，因而评估模型呈现出政府主导的特征。

2. 高校主体

高校的学术水平和学术素养均由大学自身把控。大学在招生、培养、学

位授予和质量评估中均保持高度的自治。高校在专业学位研究生教育评估中的角色实质是一种对于教育要素本身的评估。在专业学位研究生教育质量评估中，高校的角色是双重的，既是接受评估方，又是开展评估的主体。高校有自主进行内部自我评估的权力。高校自评职能的重视不仅是高校保持高校自治的重要体现，更是体现政府多元共治管理实现的途径。在校内由相关主管部门建立教育质量评估机构，同来自同级的高校组成专业协会共同实施自评。高校对专业学位研究生教育质量的评估主要是通过培养方案的评估展开，其中包括招生政策、课程设置、培养目标、培养过程以及相应的实践教学配套设施和场所的建设、就业指导服务等。高校自评的结果会公开向社会公布。

3.市场主体

专业学位研究生教育质量评估的社会性是为了实现社会从高校获得高素质应用型人才这一现实目标。市场评估向政府和高校传递现实需求，提供咨询以及建议。市场评估的主体主要包括用人单位（雇主）、第三方评估机构等。用人单位（雇主）评估实质就是从用人单位的视角对专业学位研究生毕业后的可雇用能力和程度进行的客观评估。这种可雇用能力主要包括：对专业知识的理解力、对从事岗位的专业和通融应变能力、对于自我效能的元认知能力。在我国，专业学位研究生教育管理中设置有全国性的专业学位研究生教育指导委员会，其主要职责是进行专业学位教学指导和质量认证工作。作为市场评估重要机构的专业学位教育指导委员会，从本质上讲是专业组织在其成员和利益代表的要求下制定相应的专业规范来保障人才培养符合行业规范和标准的民间性组织。

（二）专业学位研究生教育质量评估内容

专业学位研究生教育质量评估的内容是"评估评什么"的问题，是基于质量影响要素而做出的。前面论述过的专业学位研究生教育质量评估的内部和外部要素即构成了专业学位研究生教育质量评估的重要内容。因此，专业学位研究生教育质量评估的内容也可据此划分为内部质量评估和外部质量评估两类。

1.内部质量评估

专业学位研究生教育的内部质量评估贯穿在整个培养过程的全阶段。包括从入学方式到课程设置、师资队伍建设、学位论文评审、学位授予等多个环节。在制定内部评估标准时，尽可能以研究生主体所要达到的培养要求为重要评估依据。在具有可操作性的前提下，制订符合高等教育规律的评估内容和方案。具体来说，对专业学位研究生教育进行的内部质量评估应包括三方面：专业基础知识和能力评估、应用实践水平和能力评估、团队协作与组织管理评估。

首先，专业基础知识和能力评估主要通过两方面来实现。一是考查学生的课程学习成绩来评定学生的专业基础知识掌握情况；二是通过考查课程体系设置的目的性来评定学生所学知识的适切性。即课程设置是否以专业知识为目标突出综合性和复合性，以及是否按照专业特点体现设置的灵活性，体现以应用为价值取向的知识结构。对专业学位研究生的专业基础的评估，主要着眼于课程学习和课程设计，这就需要对专业学位研究生培养的课程体系和课程设置进行健全和完善。已有相关学者对课程设置提出了模块式方案，即依据某一专业应开设的课程划分为若干相互独立的部分[①]。根据专业特点和发展趋势按需更换和组合专业学位研究生的培养需求，体现专业课程设置的灵活性。专业学位因其职业性定位，因此在课程教学方式上主要以案例教学、专题教学和体验式教学等多种方式进行。是否按照这样的教学方法进行教学设计也是专业学位质量评估需要考查的一项重要内容。专业学位研究生课程体系设置的合理性以及多样化的教学方法的采用，对于学生的专业基础和能力掌握情况具有至关重要的影响。

其次，应用实践水平和能力评估主要通过几方面来进行考查。学生校内实践课的课程成绩；案例教学或研讨式教学课堂的参与度及创新潜力；毕业论文的实践知识运用和能力；在实训基地的学业成绩及表现。专业学位研究生培养需要重点体现务实的特征，注重实践经验的教学，重视学生学以致用的潜能开发。考查学生实践能力可根据专业学位研究生工程训练场所的不同和训练内容的不同，分别制订可操作性的合理的考核评估标准，同时参考学生在实践性教学课堂中的表现和创新能力等。在学位论文方面的质量评定，

[①] 甄良，康君，英爽. 专业学位研究生培养质量评估及保障体系的建构 [J]. 研究生教育研究，2012（6）：54.

也可基于不同的学科和专业特色制定具有适切性的评定方案，主要注重考查学生的毕业论文在实用性和创新方面的水平。既能体现综合运用所学专业或相关专业的理论知识及方法手段，分析解决实际问题，又能体现具有创新意识和独立承担专业领域实际工作的能力[①]。

最后，团队协作与组织管理评估是对专业学位攻读学生组织管理和参与专业技术工作能力的评估。这种评估主要是侧重对学生的职业道德和组织协作能力方面的评估，也同样是专业学位研究生教育质量内部评估的重要环节。在培养过程中，对学生的组织管理能力的考核需要与学业知识能力考核同步进行，包括学生在导师或实训基地的工作实践中的现实表现，以及学生对实践工作的组织管理能力和团队协作能力等。不同学科之间需要达到的组织管理能力水平不尽相同，但均需建立可操作的评估标准，引导学生具备从业职业素养和职业能力。

2. 外部质量评估

教育外部质量评估是一种跳出教育系统本身，侧重从社会和企业等用人单位对人才培养质量的一种评估。按照国家对专业学位研究生教育培养目标的规定，专业学位体现的是学位获得者是否具备了特定的社会职业所需要的专业能力素养和条件[②]。其判定的具体依据是学位获得者是否符合职业资格认证的要求。而职业资格所需要的知识和能力素养则是通过行业协会根据实践现实需求进行的总结。专业学位研究生教育外部质量评估与职业需求契合可从"人职匹配"理论中获取一些启发。1908年，美国人弗兰克·帕森斯（Frank Parsos）首次提出"职业指导"的概念，并规定了职业选择的三大原则：对个人能力、兴趣和智能的认识和归因；对所要从事的行业的状况和前景进行了解；分析前两者的关系，实现个人与职业的匹配。这是经典"人职匹配"理论的初步形态，后来这种理论又被发展成了"特性—因素匹配"理论。

"人职匹配"理论要求"人"与"职"之间有双向互动，在专业学位研究生教育评估环节中，这种互动同样适用。根据"人职匹配"理论，应当将

---

① 胡玲琳.学术性学位与专业学位研究生培养模式的特征比较 [J].学位与研究生教育，2006（4）：24.

② 李娟.构建专业学位研究生教育外部质量评估体系 [N].中国教育报，2014-01-13.

专业学位研究生教育的人才评估标准贯穿统一到人才培养的过程之中，以此保障专业学位研究生教育在培养与对应职业之间的匹配。在新的历史时期，专业学位研究生教育面临着如何通过加强攻读者实践能力的方式来提升社会认可度，实现进一步吸引生源的目标问题。专业学位作为一种具有特定的职业指向性的学位类型，需要建立完全有别于学术型学位的质量评估体系。专业学位研究生培养机制与高层次的职业资格制度不仅存在对接的可能，而且有较强的优势。要实现这一目标必须将专业学位人才培养的评估标准与职业资格制度之间实现有效的衔接，由职业资格认证来引导专业学位人才的培养。

（三）专业学位研究生教育质量评估方案

评估方案是按照一定目的和教育评估活动的一般规律，对评估的内容、范围、方法、手段和组织领导等加以规范，做出规定的基本文件，是评估活动的先行内容[①]。因此，教育评估方案是评估工作的重要前提，具体包括了评估设计、评估实施和评估技术的环节，属于方法论范畴。

1. 评估方案设计

专业学位研究生教育的评估方案设计直接关系到评估实施的信度和效度以及评估手段技术的选择，是评估方案环节的重要前提。从内容上看，专业学位研究生教育的评估方案设计包含了质量评估目标确立、评估对象确定、评估原则制定、评估指标体系选取和权重确定、所需信息收集和技术手段的确定、设计评估表格进行数据汇总等。从特征上看，总体来说专业学位研究生教育质量评估与一般教育质量评估方案并无二致，包括了目的性、规范性、可操作性等特征[②]。从设计的过程来看，评估方案的设计需要评估理论的指导，包括选用的评估模型是否与特定的评估实践相契合。评估方案的设计要以评估对象的相关理论为基础，在把握评估对象规律的基础上，保证评估活动的信度与效度。

评估方案设计的前提是评估模型的选取，评估模型具有"先行组织者"的功能。评估模型在20世纪涌现出了许多较有影响力的模型，诸如泰勒

---

① 王景英. 教育评估学 [M]. 长春：东北师范大学出版社，2005：48.

② 陈玉琨. 教育评估学 [M]. 北京：人民教育出版社，1999：32.

（Taylor）的目标达成模型、斯塔福比姆的 CIPP 模型（即背景评估、输入评估、过程评估和结果评估）、斯克里文（Scrivin）的目标游离评估、斯塔克（Stark）的回应性评估、古巴（Guba）和林肯（Lincoln）的第四代评估模型等。进入 21 世纪，教育评估模型种类更加多样，这些模型所具有的特征和功能对于专业学位研究生教育质量评估方案设计具有重要的组织功能。在教育评估方案制订时需要考虑的有如下问题：第一，评估方案要解决的问题是什么，应该基于何种评估范式，以明确评估方案的目的；第二，如何构建评估的理论模型，因为理论要素直接决定了评估方案的针对性；第三，评估方案是由哪些利益相关方参与制订，这关乎评估方案的可信性；第四，评估方案采用怎样的评估方法手段，具体指的是量化评估与质性调查的方式；第五，评估方案要有效回应公众问责，处理好评估结果的公开公正问题；第六，评估专家的专业能力和评估团队的合作协调能力。上述六个环节缺一不可，是制订评估方案的核心内容。

2. 评估方案实施

经过评估方案设计后，进入下一阶段评估方案的实施。教育质量评估方案实施包括以下步骤：宣传动员，包括评估理论和文件的学习培训，预评估，即培养单位的自我评估阶段；外部评估，即评估专家组进驻现场，采集和核实评估数据和信息阶段；评估评议阶段；评估数据后期处理与分析阶段；评估结果的校验阶段；撰写评估报告阶段。专业学位研究生教育质量评估因其多元评估主体的介入，这种传统的线性实施流程可能已无法完全满足评估实践的需求，且在评估过程中引入现代信息技术也已成为一种不可逆转的趋势。

专业学位研究生教育质量评估的实施需要回应来自政府、高校及社会等多个利益相关方的现实诉求。因此，在评估方案实施过程中需要采用全新的方式。此时，第四代评估模型便展露了其优势。第四代评估模型结合了回应性评估和建构主义方法论，使教育质量评估理论与评估实践更加契合[1]。第四代评估模型在步骤上相比传统评估模型要复杂，包括评估代理方与评估委托方或赞助方签订评估合同；组织评估团队制订工作安排；识别评估受益方和

---

[1] 王战军 . 学位与研究生教育评估理论与方法 [M]. 北京：高等教育出版社，2012：203.

受害方及策略；建立解释学辩证圈；发展评估的连接性建构；把利益相关方的关注点、未解决的争论以及共识等进行归类和分析；按照优先顺序排列未解决的争论；进一步推进解释学辩证圈利用新工具收集信息；准备谈判的议程，聚焦未解决的项目以及连接性建构；开展谈判，塑造共同建构；撰写个案报告和利益相关方报告；再循环整个流程①。在此流程中，特别设置了解释学辩证圈环节，这一环节的展开依赖于深度访问等质性方法。深度访问的目的是获取评估对象存在的问题及进行成因分析，同时对利益相关方进行探讨成因和提出意见的双方互动可发挥评估工作应有的诊断功能。在此环节中，对评估团队的要求较高，他们需要掌握评估技能，熟悉量化和质性方法的运用。尤其在数据处理阶段，便需要发挥信息技术的重要作用，将评估数据转化为可用的分析报告，最大限度提高评估工作效率。

3. 评估技术手段

专业学位研究生教育质量评估的技术手段按照分工可分为信息收集技术、信息处理技术和元评估技术②。在质量评估过程中，先进和科学的评估技术的选择和合理使用，可以起到提高评估效率，降低评估成本的效果。

首先，信息收集技术的发展和应用是基于现代信息技术和互联网的普及基础之上。便捷的信息技术手段将给专业学位研究生教育质量评估带来革命性影响。在信息收集方面，随着通信网络的发达，电脑和手机移动终端设备性能逐步得以提升，这使得数据采集更加便捷，通过移动终端设备便能采集到所需要的信息。教育评估者通过电脑和移动终端的方式发布评估信息，教育消费者可以通过电脑和移动终端获取信息并提交被调查的数据。同时，教育评估方也能通过定向信息采集的方式开展更广泛和精确的调查，使包括学生、家长和用人单位在内的多元主体都能广泛参与到专业学位研究生教育质量评估过程中来，以克服传统评估方式局限于教育主管部门和培养单位的缺陷，体现专业学位研究生教育评估主体的多元参与性。

其次，信息处理技术主要包括指数方法、数据仓库技术和消费者满意度

---

① GUBA E G, LINCOLN Y S. Fourth Generation Evaluation[M]. Newbury Park：Sage Publication, Inc. , 1989：186–187.

② 王战军. 学位与研究生教育评估理论与方法 [M]. 北京：高等教育出版社，2012：204.

测评技术[①]。其中指数方法是指一种动态化的监测评估手段，使评估信息的处理结果更加直观。其目的在于通过把握专业学位研究生教育质量中的关键性和普遍性因素，动态反映一定范围的教育质量状况，以克服传统评估中指标过多、周期过长等现实问题。指数方法作为一种通用和标准化的方法，尤其在进行地区间甚至国家间的教育质量比较方面具有重要的应用价值。数据仓库技术是基于传统数据库技术而发展的一项新技术。它的出现同样是基于网络技术的普及，使得不同评估机构和培养单位之间能够实现有效的信息共享和信息并行处理。这就意味着传统意义上数据信息可以整合为一个整体，形成更为丰富全面的数据库，为不同的评估机构提供更加全面的信息服务。消费者满意度测评技术已成为目前研究生教育质量评估的重要发展趋势，尤其在专业学位研究生教育质量评估中的作用更是突出。传统的研究生教育质量评估仍保持一种自上而下分层的指标体系，这种侧重于可见指标的体系对潜在的服务质量等因素无法测量和体现。消费者满意度测评则能有效弥补这一缺陷，有效对研究生个人、家长和用人单位对教育质量的认可程度进行测评。比如采用直接的顾客调查并运用数理统计的方法来对消费者群体的认可度进行跟踪调查，以客观测量专业学位研究生教育质量评估指标中的隐形市场要素。

最后，元评估技术是指对评估本身的再评估，有效保障专业学位研究生教育质量评估自身的质量。元评估技术就是按照研究生教育理论和多元化质量观对专业学位研究生教育评估的方式方法以及结果的再次评估。美国国家标准协会与教育评估标准联合会共同制定的"教育方案、计划与教材评估标准"被公认为是元评估的基础。其中包括了对效用性标准、可行性标准、适切性标准、精准性标准等方面的规定。在此基础上元评估包含了对评估理论原理、评估结构功能、评估方法体系、评估监控机制、评估实践、评估效用方面的综合性评估。

---

① 王战军.学位与研究生教育评估理论与方法[M].北京：高等教育出版社，2012：205-206.

第三节　专业学位研究生教育质量评估的治理机理

基于专业学位研究生教育质量评估的理念、要素及方案，专业学位研究生教育质量评估工作还需要基于运行机制的实施，将评估理念贯穿于质量评估的过程中，考量质量评估的各个影响要素，结合科学合理的评估方案，为教育质量评估的展开奠定前期基础。运行机制则是包括基于前期基础的指标体系构建、质量评估的相关制度安排和具体运行流程。

一、专业学位研究生教育质量评估的指标体系

在专业学位研究生教育质量评估过程中，指标体系是把抽象的、复杂的研究生教育质量细化为具体的、可观测的一组指标。专业学位研究生教育是一个多层面和复杂的过程，因此需要对教育质量影响因素进行归纳和分析，排除无关或相关性不高且难以收集的指标，保留相关程度高且能够获取和收集的指标，再进行权重赋值后，形成科学和可操作性强的评估指标体系。

（一）指标选取原则

不同学位类型在进行教育质量评估时需要构建能够反映不同类型教育质量评估的指标来表征其不同的质量观。在专业学位研究生教育质量评估指标体系选取前应当首先确立以下选取原则。

1. 科学性与导向性

科学性原则是指在专业学位研究生教育质量评估方案制订、实施过程中既要符合评估对象的实际状况，又要符合教育活动的客观规律。在指标体系选取时特别强调各指标与整体质量评估目标的一致性。在此前提下，充分体现指标体系的科学性原则，为质量评估的实施奠定科学的指标体系基础。与此同时，各项指标体系在整个专业学位研究生教育质量评估中应起到积极的导向作用。这就要求在指标体系选取时必须始终明确目的，指标体系的选取和评估目标的确立之间有着密切的相互关联。科学性和导向性是选取指标体系最宏观的原则，保证了指标体系的科学性和导向性才能有效对下级指标体系的选取和构建起到合理解释的作用。

2. 可靠性与可比性

可靠性是指评估指标中所涉及的资料和数据来源真实可靠。统计数据最好是来源于有关管理部门的官方数据库，而非评估工作展开前临时填报的数据。如采用评估对象直接提供的数据，则需要经过逐项核对或抽样核对后方可采用。可比性是指指标体系是否公正合理，可比性高会增加评估结果的说服力，可比性低则反之。可比性还指指标体系应当是在同类学校和同类学科中具有的可比性。如应用性学科和基础性学科在学术水平方面和经济效益方面无法同等进行比较，需要区别对待。在进行跨专业评估时，评估指标体系则更应该考量是否具有可比性的问题。如可比性很大程度是需要依靠权重来体现，权重反映了各指标间客观存在的不平衡性，从数量上平衡各要素之间的差距，有效减少可比性差异较大的问题。

3. 客观性与独立性

客观性是指评估指标应该能对评估对象做出客观的衡量。一般而言通过统计数据来表征的指标具有较强的客观性，而非量化的评估指标更容易受到主观评审专家的个人因素影响。但这并不意味不需要质性指标，量化的指标和质性指标的有机结合是选取指标体系的一个重要原则。但在质性指标采用时需要尽可能降低人为主观因素的影响。独立性是指指标之间不能相互包含或者存在逻辑上的因果关系。此外，各项指标之间也应避免相互矛盾的情况存在。

（二）指标选取考量

专业学位作为一种应用型学位类型，反映高层次的专业化水平和职业水准，这一点突出反映在了学位获得者的从业领域中。获得专业学位的人大多并不从事学术研究，而是从事具有特定职业指向的职业，如医师、律师、建筑师等。即便如此，专业学位与学术型学位在层次上并无高低之分，且专业学位攻读者也需要学习相应的理论知识，在此基础上夯实和提升职业技能。正是由于专业学位与学术型学位的这种差异，因此在进行质量评估时应当充分考虑的指标侧重点也应当与学术型学位有所区别。与学术型研究生教育相比，专业学位研究生教育质量评估的指标选取的侧重点主要在于以下几个方面。

1. 生源质量

如前所述，生源质量是专业学位研究生教育系统输入环节的关键，是确保教育质量和水平的首要先决条件，也是专业学位研究生教育质量的重要内在影响因素。高质量的生源是保障专业学位研究生教育质量的一大前提。通过生源录取比例，即录取学生数与报考学生数的比例对生源状况进行分析；此外，对学生质量进行分析，即通过对录取学生的分数以及学生的相关实践背景来判断学生是否具有专业学位研究生教育生源所必备的实践能力储备。这一点是专业学位有别于学术型学位的一项重要指标。

2. 师资队伍

专业学位研究生教育的师资队伍除了具备较高的理论和学术水平外，更应当具有高水平的专业能力，尤其是实践能力和经验特别重要。因此，师资队伍应成为一项重要指标。专业学位研究生教育导师需要根据相关行业领域对专业学位人才的知识和能力结构进行有效指导。最优化的方案是适当比例的具有实践经验的专职教师与一定数量的企业熟练专家共同合作指导学生，即双导师制度应当在师资队伍结构中有所体现。首先，通过观测教师的实践经历，统计具有实践经历的教师的比例进行观测；其次，对教师队伍结构进行分析评估，高校专职教师与社会行业专家兼职教师的比例可作为师资队伍这项指标的重要观测点。

3. 教学方式

专业学位研究生教育在教学方式上应当体现出灵活多样的特点。在教学过程中，除传统讲授外，采用案例教学、观摩教学和多媒体教学等方式的采用，体现出教学与实践的有机结合，尤其突出实践取向。到实训基地参与见习或实习的时间和强度应成为实践教学方式考察的重要内容。真正营造学生为主体的自主式发现型教学组织方式的教学氛围。通过观测教师在课堂中多样化教学方式的运用程度来评估教师的教学方式的运用情况。

4. 实践教学

实践教学作为专业学位研究生教育特别强调的重要教学环节，是指标体系设置的又一侧重点。在导师的指导下，到实训基地实习或实训，帮助学生加深知识运用程度。学校需要与企业实训基地建立密切联系，保证学生能够按照培养计划按时进入实训基地实践，并且在此过程中需要得到经验丰富的技术过硬的实践老师的指导。在实践教学环节除了对培养计划中实训环节的学时数等进行观测外，实训基地的建设规范性也应纳入评估指标体系观测范围。

5.论文质量

学位论文可以从一定程度反映学生的知识运用能力和解决实际问题的能力。因此，对学位论文质量的评估也应被纳入到专业学位研究生教育质量评估指标体系之中。对学生在论文中体现的理论应用水平和实践创新能力是论文质量指标体系下的重要观测点。

6.社会评价

最后，专业学位因其天然的应用性属性，与社会之间的关联尤其密切。社会用人单位以及来自家长的评估也是反映专业学位研究生教育质量的一项重要内容。因此在设置指标体系时，来自社会的评估也应被纳入评估体系范围内。

因此，专业学位研究生教育评估指标体系应当体现上述侧重点，详见表2-2。

表2-2　专业学位研究生教育质量评估指标与观测点 [①]

一级指标	二级指标	观测点
生源质量	录取比例	录取学生数与报考学生数的比例
	生源质量分析	录取分数与学生专业背景
师资队伍	教师的实践经历	具有实践经验的教师比例
	教师队伍结构	双师型和兼职教师比例
教学方式	多样化方式使用情况	激发学生积极解决问题兴趣的能力
实践教学	实训环节教学安排	实训基地建设和实训教学情况
论文质量	学生的理论应用水平	论文是否体现学生的应用实践创新力
社会评估	社会用人单位评估	毕业生所在单位人力资源部门评估

二、专业学位研究生教育质量评估的制度安排

制度安排属于顶层设计范畴，是开展一切活动的基础。制度从内涵上看又可划分为正式制度与非正式制度。20世纪80年代以来，西方制度理性选择

①　王战军.学位与研究生教育评估理论与方法[M].北京：高等教育出版社，2012：137.

理论（Institutional Rational Choice）将公共政策视为一种典型的制度安排，认为制度安排是以公民和公共官员的名义要求或者禁止行动的准则。政策的变迁则是由理性个体通过改变制度安排来改变现有的状况而采取的行动。制度理性选择聚焦于制度规则如何改变受物质自利推动的特别理性的个人行为[①]。首先，个体是根据预期成本和收益的分析追求自我利益最大化的理性人。制度理性选择理论以经济理性来设定政治人的固定自利性偏好和计算理性，认为人是在特定的约束条件的制约下选择对自身最有利的选择来实现个体追求自我利益的最大化。在选择策略时也是优先选择收益大于成本的行动策略。由于在不同的制度约束下所预期成本和收益的分析结果存在一定差异，个体的行为策略就具有一定权变性，因此人们通过改变制度来影响和改变个体理性行为的前提。其次，个体行动者之间的策略性互动导致的集体行动困境对政治产出具有重要影响。不同行动者策略性行为之间存在着相互影响和相互制约，这被称为是"策略性互动"（Strategic Interaction）。再次，制度对个人理性算计及相互间策略性互动具有关键性的制约作用。"个体的动机虽然被设定为个体效用的最大化，但是其选择方案却受到固定的约束，因为它们是在一套或几套制度所设定的规则之下展开行动的。"[②]制度分析被制度理性选择学派作为考察行动者理性选择及其制度约束的认识视角和分析工具。最后，人们通过改变制度来改变其他行动者的行为以实现利益分配目标。无论是个体行动者仅仅是为了满足自身利益而建立合作机制，还是政策部门未改变政策目标群体行为和自身状况而改革中央集权制度，都是在理性算计驱动下的一种制度变革和政策调整结果。

在专业学位研究生教育质量评估的制度安排问题上，首先应当关注的是政府的法律法规，这是正式制度的典型代表。目前在我国高等教育质量评估领域，除了散见于我国《高等教育法》等法律法规中的关于评估的条款外，系统专门的有关评估的正式规章是由原国家教委在1990年颁布的《普通高校教育评估暂行规定》。但此规定由于年代较为久远，因此计划体制色彩较为浓

---

① 保罗·A.萨巴蒂尔.政策过程理论[M].彭宗超，译.北京：三联书店，2004：12.

② 盖伊·彼得斯.理性选择理论与制度理论.新制度主义政治学译文精选[M].何俊志，译.天津：天津人民出版社，2007：76.

厚且缺乏具体的实施细则，这与当下高等教育质量评估所要求的标准有一定差距。今后，包括提高评估制度效力和可操作性，以及制度创新方面的问题应当成为研究生教育质量评估制度安排需要重点解决的问题。

同时，专业学位研究生教育质量评估作为质量保障的重要途径，也需要质量保障方面的相关制度安排作为行动支撑。专业学位研究生教育质量保障体系的主体主要是指专业学位培养单位和相关质量监管保障部门，在运行上主要是指各专业学位培养单位和相关质量监管保障部门在专业学位研究生教育的质量保障中所形成的相互协作和相互制约的运行机制，是一种均衡政府、大学和市场各方诉求的有效机制。专业学位研究生教育遵循高等教育的一般规律，但同时专业学位研究生教育又因其特殊的培养目标和人才规格有一套特殊的人才质量和办学的评估标准。因此，在质量保障监管机制上，专业学位研究生教育既需要得到高等教育普遍人才培养监管机制的约束，同时也在此基础上有其自身独特的监管保障机制。专业学位研究生教育的特殊规律决定了专业学位人才培养和办学质量的保障不仅受到专业学位研究生教育内部运行管理环节的影响和制约，而且受到外部环境的制约，包括政治、经济和文化等各个要素的影响和制约。我国专业学位发展至今30年，在经历了确立，发展和调整的过程后逐步建立和摸索出一套教育质量评估保障机制。

从专业学位研究生教育质量监管保障机制的范围和主体来看，可以将监管保障机制分为外部监管保障机制和内部监管保障机制。其中内部质量监管保障体系主要是各专业学位培养单位内部对于专业学位办学和人才培养质量的监管保障体系。外部监管保障体系主要是政府相关机构和来自社会的行业组织机构在监管专业学位研究生教育中形成的监管保障机制。我国在专业学位质量监管保障体系建设中，初步形成了国务院学位委员会领导、各专业学位研究生教育指导委员会直接指导和监管、培养单位自律相结合的质量保障机制。在专业学位研究生教育的质量保障体系中，培养单位内部的质量保障体系和质量评估模式发挥着重要的作用。培养单位对质量保障的重视和质量保障体系的完善程度决定了专业学位研究生教育办学质量的高低和人才质量的高低。国外的专业学位研究生教育质量很多都是建立在各个培养单位自身所形成的质量保障体系基础之上的。培养单位在整个监管保障机制中承担着核心的关键作用。从学科和专业的设立到具体的人才培养实施，高校都非常重视专业学位的人才培养质量，在与外部保障机制有效融通的基础上，发挥高校自身在质量监管保障中的积极作用。

三、专业学位研究生教育质量评估的政策措施

在宏观制度安排的基础上，专业学位研究生教育质量评估的展开还应建立在全面统一的政策体系之下。合理有效的政策措施对于完善研究生教育质量评估乃至整个质量保障体系都将起到重要引领作用。政策措施可视为制度安排的一种重要载体，在制度安排之下，需要具体化的政策文本对其进行表述与规约，使其具有执行效力。专业学位研究生教育质量评估的政策措施需涵盖几个方面的内容：规范的学位授予标准或国家质量标准、参与评估各方主体的权责与义务、参与质量评估的政策激励、评估工作实施守则等。

首先，由教育行政主管部门制定的清晰规范的学位授予标准或研究生教育质量国家标准是质量评估政策措施的引领性措施。学位授予标准和教育国家标准是指导教育评估的方向标，教育评估工作的开展必须首先建立在质量标准的基础上。不同层次、不同类别的学位类型，其质量观也不尽相同。专业学位有别于学术型学位的质量标准决定了专业学位研究生教育的学位授予标准与学术型学位的不同，由此也决定了专业学位研究生教育质量评估标准的差异。因此，专业学位研究生教育质量评估相关政策的关键便是对专业学位授予标准或者质量标准的规范界定。比如，目前已有欧盟和英国拥有了较为完整的学位授予标准，并将其作为在质量评估或质量认证时的质量基准。英国的 QAA 高等教育学术质量标准，通过审核内部质量保障体系和机制的有效性进行院校课程质量评估、制定奖励标准并制定改进措施，同时以上信息均向公众开放[①]。

其次，参与专业学位研究生教育的各方在权责义务上也应该通过政策给予明确规定。基于培养单位自我评估才能充分发挥评估功能，研究生培养单位应当积极参与到质量评估中来。社会用人单位同样应当积极参与到质量评

[①] 方鸿琴. 英国高等教育质量保证署的院校审核 [J]. 高等教育研究，2005（2）：105.

估中来，对用人单位在评估中的具体权责和义务也应当进行政策上的规范。我国出台的《关于进一步改革和加强研究生工作的若干条例》明确了研究生培养单位要按照国家教育主管部门的规定，逐步建立和完善本单位研究生教育和学位授予质量的自我评估制度。基于国家出台的政策，培养单位也需要构建出一套规范化和制度化的政策体系来保证评估工作的顺利开展。

再次，对于积极参与质量评估的研究生培养单位应当给予政策上的鼓励。需要从政策层面积极引导和调动培养单位加强自身教育质量评估工作的积极性。将具体的办学决策权和质量管理权交给学位授予单位，充分保障培养单位的利益。通过政策规约将研究生培养单位教育质量评估的范围和职能定位于内部质量评估，确保真正基于研究生培养单位的学术评估自主权。同时，根据不同高校参与质量评估的情况，建立相应激励机制，推动研究生培养单位参与质量评估的意识提升。

最后，评估实施守则也是必不可少的政策依据。依据评估实施守则建立合理的评估工作制度，吸纳多方社会主体参与，实现评估主体的多元化。在参与各方权责义务明确后，具体实施环节的相关规定应当明确。同行评估、培养单位评估、社会用人单位评估等的具体操作规则应当在评估实施细则中明确列出。

第三章　专业学位研究生教育质量评估现状及问题分析

　　自1991年我国第一个专业学位——工商管理硕士（MBA）正式招生以来，至2016年，我国专业学位研究生教育整整实施了25年。在这25年间，国务院学位委员会先后批准设立的硕士专业学位种类为40种，博士专业学位6种，涵盖了我国国民经济和社会发展的主干领域。我国专业学位研究生教育制度正在逐渐形成和不断完善，有力适应了社会经济发展对应用型高层次人才的需求。尤其自2010年以来，我国专业学位研究生教育发展速度加快，新增的硕士专业学位授权点多达3600多个，数量基本与过去将近20年专业学位授权点的数量总和持平。2015年，我国授予硕士专业学位31.27万人，占全部硕士学位授予数的49.3%[①]。这也标志着我国专业学位达到了与学术型学位同等的规模。在数量提升的同时，专业学位研究生教育质量的社会关注度也正逐渐提升。

第一节　专业学位研究生教育质量概况

　　自《国家中长期教育改革和发展规划纲要（2010—2020年）》提出"加快发展专业学位"以来，专业学位研究生教育作为研究生教育的一个重要突破口，发展势头迅猛。无论在规模还是质量上，专业学位研究生教育均取得了较大发展。

[①]　黄宝印，唐继卫，郝彤亮．我国专业学位研究生教育的发展历程[J]．中国高等教育，2017（2）：18．

一、规模持续增长，社会适应性逐渐增强

在我国研究生教育结构的调整过程中，专业学位研究生教育规模的增长是其中一项重要内容。专业学位研究生教育规模的增长整体提升了我国研究生教育对于社会需求的适应性。专业学位因其独特的市场适应性，它体现出了知识经济时代大学与市场行业之间的紧密联系。培养出更多理论知识与专业技能兼备的高素质人才，是增强研究生社会服务能力的重要途径。专业学位规模的扩张也是与世界科技发展趋势和高等教育发展趋势相一致的。世界高等教育发达的国家，其研究生教育中较大一部分是重视实践能力的专业学位教育。因此，专业学位规模的扩大适应了高等教育发展的国际趋势。我国近年来研究生规模增长较大程度体现在专业学位研究生的规模增长上。从我国2015年的在校生规模上看，在校研究生超过190万人，比2010年增长了24%，其中，在校专业学位研究生超过67万人，占在校研究生总数的35.2%。硕士专业学位达到40种，博士专业学位达到6种，高层次应用型人才培养的覆盖面更加广泛，更加适应了社会发展对人才的需求。从招生规模上看，我国目前每年招收研究生数量超过64万，其中招收博士超过7万，招收硕士57万名。在硕士层次，专业学位硕士占比为45.9%。从学位授予规模上看，2015年我国授予硕士专业学位31.27万人，占全部硕士学位授予数的49.3%。以上数据表明，专业学位研究生教育在我国的发展规模有了较大突破。面向行业发展和职业需求的专业学位研究生教育的快速发展，有力推动了研究生教育结构的调整以及研究生培养目标的优化，满足了各行各业对应用型人才的需求，实现了整体提升研究生教育社会适应性的目标。2009—2015年专业学位研究生规模增长情况如表3-1所示。

表 3-1　2009—2015 年专业学位研究生规模增长情况表 [①]

年份	招生数			在校生数		
	合计 / 人	专业学位 / 人	专业学位占比 /%	合计 / 人	专业学位 / 人	专业学位占比 /%
2009	510953	72239	14.1	1404942	128325	9.1

---

① 研究生教育质量报告编研组 . 中国研究生教育质量年度报告（2016）[R]. 北京：中国科学技术出版社，2016：121.

续表

年份	招生数			在校生数		
	合计/人	专业学位/人	专业学位占比/%	合计/人	专业学位/人	专业学位占比/%
2010	538177	119299	22.2	1538416	221664	14.4
2011	560168	159942	28.6	1645845	338042	20.5
2012	589673	198883	33.7	1719818	449674	26.1
2013	611381	228578	37.4	1793953	546386	30.5
2014	621323	240762	38.7	1847689	612854	33.2
2015	645055	263642	40.9	1911406	673000	35.2

二、综合改革铺开，内涵式发展逐步推进

在体系和规模发展的同时，专业学位研究生教育内涵发展也在深入推进。专业学位研究生教育的发展与研究生教育质量综合改革步调一致。在推进专业学位研究生教育的过程中，进行培养模式改革与创新是研究生教育改革的一大趋势。在政府宏观政策的引导下，建立完备的专业学位质量保障体系、教学体系以及创新型培养模式是增强专业学位吸引力和提升专业魅力的现实诉求。教育部于2015年专门针对专业学位研究生教育案例教学和联合培养基地建设提出了17条指导性意见。在专业学位研究生教育改革方面，教育部于2010年在北京大学等64所高等学校，开展专业学位研究生教育综合改革试点工作。2015年再次遴选了北京大学、清华大学、中国农业大学、南京大学等12所部属高校，上海市、江苏省和广东省3个省市教育主管部门，以及工程硕士、法律硕士、会计硕士3个全国专业学位研究生教育指导委员会，开展深化专业学位研究生教育综合改革试点工作。

案例教学是以学生为中心，以案例为基础，通过呈现案例情境，将理论与实践紧密结合。案例教学在专业学位研究生教育中的运用有利于引导学生发现问题、分析问题和解决问题。加强案例教学有利于强化高校对专业学位研究生实践能力的培养。基地建设也是定位于加强专业学位研究生实践能力培养，与相关合作单位共同建立的人才培养平台，是专业学位研究生进行专业实践的主要场所。在加强案例教学环节，由各培养单位和全国专业学位研

究生教育指导委员会组织授课教师进行案例编写，同时行业企业共同参与。组织授课教授参与案例教学培训，将案例教学切实用到课堂教学中。同时将国际化的一些优秀案例也引入了案例教学体系中。在实训基地建设方面，也通过加大资源投入，加大实训导师培训等方式，结合培养单位和合作单位的资源共同建设实训基地，确保了专业学位研究生实训基地的完善，有力促进了专业学位研究生教育质量的提升。

三、地位逐渐扭转，学生满意度逐年提升

调查显示，专业学位研究生满意率近三年均高于学术型学位研究生满意率。2012—2016年，专业学位研究生对研究生教育的满意率呈逐年升高的态势。其中2012年和2013年，专业学位研究生对研究生教育的满意率低于学术型学位研究生。但此局面从2014年开始扭转，专业学位研究生满意度超过学术型研究生。到2016年，专业学位研究生已经连续三年保持满意率的优势。专业学位研究生满意度逐渐提高是我国专业学位研究生教育发展的必然结果。自2009年专业学位开始全面招收全日制研究生以来，专业学位研究生规模迅速扩大。但专业学位研究生比例在初期并不高，且社会对专业学位有认识上的偏见，专业学位在身份认同上遭遇尴尬，社会认可度普遍较低。这也直接导致了专业学位研究生生源质量低下，在培养环节并未体现出自身特色，学生学习兴趣不高，导师重视程度不够。在此背景下，学生对专业学位自身的认同也就不会高，这也是前些年专业学位研究生对研究生教育满意度低于学术型学位研究生的原因。但近年来，随着专业学位研究生比例的逐步提高，在教育主管部门的引导下，培养单位对专业学位研究生教育越来越重视，积极探索专业学位研究生教育独特的培养模式与方法。政府、行业和企业纷纷积极参与到专业学位研究生教育中来。专业学位研究生教育独特的培养模式逐渐成形，并且优势也逐渐体现出来，社会认可度逐步提升，生源质量也明显好转，整体教育质量自然更上一层楼。专业学位研究生的满意度达到并超过学术型研究生满意度具体数据详见表3-2。

表3-2 2012—2016年学术学位与专业学位研究生满意度对比 ①

年份	学术型学位研究生 /%	专业学位研究生 /%
2012	63.5	61.9
2013	67.5	66.5
2014	66.2	67.0
2015	71.5	72.0
2016	70.4	71.2

四、身份认同转变，社会认可度明显提高

我国专业学位研究生教育的社会认可度近年来有明显改观，相关媒体评论和社会舆论对专业学位从持普遍的怀疑态度逐步转化为广泛的认同态度。自2009年我国开始招收应届本科毕业生攻读全日制硕士专业学位以来，专业学位研究生教育的质量问题逐渐受到越来越多的关注。过去人们对专业学位有认识上的偏见，诸如认为专业学位是"山寨学位"，生源多为在职攻读人员，生源素质较差等，专业学位由此遭遇了严重的身份认同危机。从2009年开始，这一尴尬局面逐渐得以扭转。2011年是专业学位研究生教育高歌猛进的一年，从招生规模上看，从两年前的7%猛增到30%。同时2011年又是大规模扩招全日制硕士专业学位研究生首届学生毕业走入社会的第一年，因此社会舆论对于专业学位可谓更加关注。社会舆论开始从多方面关注专业学位研究生的人才培养、制度设计等问题，并且对专业学位如何摆脱长期的身份认同尴尬提出了设想。随着首届专业学位硕士研究生走入社会，以及专业学位研究生教育在人才培养方面大刀阔斧的改革的推进，其社会认可度正在逐渐提升。尤其是专业学位与市场之间密切对接的特性，逐渐受到了毕业后有意愿马上就业的考生的青睐。不仅可以直接就业，而且毕业之后的升学道路也被打通，专业学位硕士研究生与学术型学位研究生一样可以继续读博深造。一时之间，对于专业学位的积极评价在各大主流新闻媒体中得以报道。

---

① 数据来源：研究生教育质量报告编研组. 中国研究生教育质量年度报告（2016）[R]. 北京：中国科学技术出版社，2016：136.

第二节　专业学位研究生教育质量评估现状

2000年4月，国务院学位委员会办公室正式下发《关于开展中国高校工商管理硕士（MBA）学位教学合格评估工作的通知》，拉开了我国开展专业学位研究生教育质量评估的序幕。在当时的评估内容中主要包含了教学设施、师资队伍、教学管理、教学组织、教学效果以及办学特色六个方面。随后，其他专业学位也陆续采用此方法进行专业学位研究生教育质量评估。

一、我国研究生教育质量评估实施概览

《21世纪高等教育展望和行动宣言》中提到"高等教育的质量是多层面的概念"。研究生教育作为高等教育重要组成部分，同样具有多层面多维度的属性，因此在研究生教育质量评估过程中同样体现了这种多维度的评估标准。我国研究生教育质量表征的多层次性主要体现在以下几个方面：从学位层次上看，分为硕士研究生教育和博士研究生教育两个层次；从学位类型上看，可划分为学术型学位和专业学位两种学位类型；从学科范围来看，涵盖了哲学、经济学、法学、教育学、医学等多个学科领域；从管理层面上看，包括了国家、省市、学校、院系多个层面；从研究生教育发展水平来看，又可分为设有研究生院的大学、博士学位授权单位、硕士学位授权单位等。基于以上多层次性划分，也形成了针对不同评估对象的多样性研究生质量评估类别。在我国研究生教育质量评估实施过程中，每种类型评估的开展程度不尽相同。

在进行研究生质量评估时，为了对质量概念的多层次属性进行厘定，已有学者通过相关理论框架模型分析，将研究生教育质量评估划分为微观质量评估、中观质量评估和宏观质量评估三层。其中，微观质量评估是指对研究生质量的评估，即研究生个体质量的评估；中观质量评估是指对学位授权单位的评估，即机构质量评估；宏观质量评估是指对整体研究生教育质量的评估，即对研究生教育体系的评估[①]。我国在2007年进行的首次博士质量调查即属于微观质量评估，评估的对象是博士研究生是否达到了学位授予标准和要

---

① 王战军. 学位与研究生教育评估理论与方法 [M]. 北京：高等教育出版社，2012：87.

求。采用的评估方法主要包括利益相关方的主观评估、定量评估等。我国自2005年开始的6年一轮的学位授权点定期评估，以及学位授权点审核评估属于中观层面的学位授权点质量评估。采用的评估方法主要包括统计调查法和社会声誉评估等。对研究生教育进行的体系评估则是对研究生教育系统的功能和活动满足利益相关方需求的程度进行评估。通常采用的评估方法有满意度问卷调查、绩效数据统计等。

（一）基于学位层次的研究生教育质量评估

我国的研究生教育分为硕士和博士两个层次。分学位层次进行的评估即是一种微观层面的个体质量评估。从逻辑关系上看，微观的个体质量评估属于中观层面的学位授权点质量评估，并且被全部包括在宏观层面的研究生教育质量评估之中。因此，分学位层次的研究生教育质量评估需要关注的也是中观和宏观层面评估的一些阶段性特征。进行学科层次评估的原因在于，首先，博士学位与硕士学位的规模和结构不尽相同；其次，博士学位和硕士学位培养模式也不相同；最后，我国博士学位和硕士学位质量审核的主体不一样。以上三点均决定了需要分层次进行质量评估。

既然基于学位层次的研究生教育质量评估属于微观的研究生个体评估，那么最能够真实反映研究生个体质量的标准便是研究生的学位论文。因为学位论文在某种程度上可代表研究生个体质量的高低。除此之外，每所研究生培养单位每年进行的优秀硕士研究生和优秀博士研究生评选也是对研究生个体质量的重要评判。其评估标准主要是研究生在读期间的学业表现和科研成果的数量和质量。对硕士论文和博士论文进行评估是分开进行的，硕士学位论文主要是在省级进行评选，博士学位论文则是在国家教育部层面进行评选。

1. 优秀硕士学位论文评选

目前全国至少有20个省、自治区和直辖市在进行优秀硕士学位论文评选。其中评选开展最早的省份是黑龙江省和江苏省。省级优秀硕士学位论文评选结果反映的是学位授予单位和学位授予点的学科发展水平和研究生培养质量，尤其是对研究生个体质量进行检验和监督。每年一评可以实时监测本省研究生个体质量的发展变化。以下以辽宁省优秀硕士学位论文评选为例，详细阐述省级学位委员会优秀硕士学位论文评估标准及程序。

评估标准包括三点。第一，选题。选题要求具有一定理论意义和现实意义，且具有创新性和应用价值，具有一定的社会效益和应用前景；选题符合本专业及研究方向的特点。第二，研究理论和方法的创新。研究方法需要具备创新性和独特性，学术观点和结论鲜明且具有创新性，在读期间或学位获得后一年内取得与论文研究内容相关成果。第三，内容清晰、资料翔实、文献丰富。论文把握本研究方向最新学术动态，论证充分准确，反映出一定的理论水平及学术研究功底。评选流程包括以下几个方面。第一，初选。初选由各学位授予单位进行，推荐符合要求的优秀论文。第二，报送。由各学位授予单位根据名额和要求，按时规范报送材料。第三，评审。召开优秀硕士学位论文专家组会议进行评审，初步确定优秀学位论文名单。第四，公布。由教育厅、省人民政府学位委员会公布评审通过的优秀硕士学位论文名单，经公示后正式确定优秀论文作者及导师名单。

2. 博士学位论文抽检

博士学位论文抽检是检验博士生质量的重要方式。其抽查方式是对已经获得博士学位的博士毕业生的学位论文进行随机抽样，并进行合格性评估，这种评估方式属于一种动态监测性评估。博士学位论文抽样开始于1999年，由教育部学位管理与研究生教育司负责，军事学门类的学位论文抽检工作委托中国人民解放军学位委员会办公室组织进行。其余学科门类委托教育部学位与研究生教育发展中心组织进行。博士学位论文抽检所采用的指标主要包括论文选题、论文创新性、论文基础理论知识和科研能力，以及论文规范性。抽检按照人文社会科学类和自然科学类两种指标体系进行分类评估，抽检结果按照A、B、C、D四个等级进行打分，抽查结果不仅要反馈给学位授予单位，而且需要在网上向社会公布。对于抽查结果较差的学位论文要通报至学位授予单位。并且抽检结果将作为博士学位授权点定期评估的一项重要指标。如所在学科有多篇学位论文抽检不合格，则暂停或取消其博士学位授予权。

3. 博士质量调查

2007年国务院学位委员会、教育部和人事部联合开展了全国博士质量调查研究。调查包括两部分：博士培养质量调查和博士发展质量调查。其中，博士培养质量调查涵盖了全国289家博士学位授予单位，汇集了289份博士质量分析报告。博士发展质量调查涵盖了我国16个省市200多家事业单位和100多家企业。两项调查一共访谈了60个单位，将近400人次[①]。博士培养质量评估的指标体系包括：基础专业知识掌握情况、相关学科知识水平、外语能力水平、创新能力、科研能力、学位论文质量、组织协调能力、使命感与责任感、思想道德水平等。博士发展质量则主要通过已毕业博士的工作状况和职业发展潜力等作为评估指标[②]。

4. 全国优博论文评选

全国优秀博士论文评选始于1999年1月，第一次全国优博论文评选共评出了94篇博士学位论文为全国优秀博士学位论文。当年8月，教育部、国务院学位委员会发布了《全国优秀博士学位论文评选方法》，使全国优博评选工作走向了制度化和规范化。优博论文评选同样分人文社会科学类和自然科学两套评估体系。通讯评议采取相关学科专家分组评议的办法进行。每篇论文分送7名本学科领域专家，每名专家评议4 ~ 6篇论文，专家从专家库中随机抽取。评分标准主要包括选题的理论意义与现实意义、理论方法的创新性、预期社会效益和应用前景、材料翔实程度、文字表达、逻辑思路等。评选过程包括了推荐、初选和复评三个阶段。

（二）基于学位类型的研究生教育质量评估

我国研究生学位类型包括了学术型学位和专业学位两种。针对不同学位类型开展的评估方式有相同也有差异。其中，教学合格评估适用于两种学位类型、学位授权点专项评估同样适用于两种学位类型，而质量认证以及执业对接主要适用于专业学位研究生教育质量评估。

1. 学位授权点合格评估

我国学位授权点合格评估遵循科学、客观、公正的原则，以人才培养为核心，重点评估研究生教育质量和学位授予质量。从主体来看，博士学位授权点合格评估由国务院学位委员会办公室组织实施，硕士学位授权点合格评估由各省级学位委员会组织实施；其中，军队系统学位授权点合格评估，由

---

① 中国博士质量分析课题组 . 中国博士质量报告 [M]. 北京：北京大学出版社，2010：2.
② 王战军 . 学位与研究生教育评估理论与方法 [M]. 北京：高等教育出版社，2012：100–101.

中国人民解放军学位委员会组织实施。学位授权点合格评估是我国学位授权审核制度的重要组成部分，每6年进行一轮，获得学位授权满6年的学术学位授权点和专业学位授权点，均须进行合格评估。学位授权点合格评估分为学位授予单位自我评估和教育行政部门随机抽样评估两个阶段，以学位授予单位自我评估为主。每一轮评估的前5年为自我评估阶段，最后1年为随机抽样评估阶段。因此，从实施过程看，合格评估又可划分为两个阶段：培养单位自我评估和教育行政主管部门随机抽样评估。

学位授权点单位的自我评估是一种诊断性评估。自我评估的开展目的是对本单位学位授权点的一项全面检查，基于检查反馈的问题，及时发现问题，解决问题，在保持特色的基础上，保证本单位研究生教育质量的提升。自我评估的流程主要包括：第一，制订自我评估实施方案，提出本单位自我评估的基本要求；第二，学位授权点在总结分析的基础上，按照本单位自我评估基本要求组织自我评估材料；第三，聘请外单位同行专家对学位授权点进行评议，提出诊断式评议意见，专业学位授权点评议专家应有部分行业专家；第四，学位评定委员会根据同行专家评议意见，提出各学位授权点的自我评估结果，自我评估结果分为"合格"和"不合格"；第五，学位授予单位可根据自我评估结果，结合社会对人才的需求和自身发展情况，按学位授权点动态调整的有关办法申请放弃或调整部分学位授权点；第六，学位授予单位在自我评估的基础上，按抽评部门的要求撰写各学位授权点的《自我评估总结报告》，并在指定的信息平台上向社会公开。

教育行政部门随机抽评是在学位授予单位自我评估的基础上，随机抽取一定数量的学位授权点进行评估。各一级学科和专业学位类别的抽评比例一般不低于20%，覆盖所有学位授予单位。抽评材料主要是学位授予单位公开的《学位授权点自我评估总结报告》，从信息平台上直接调取。抽评采用通讯评议的方式进行，个别学位授权点可进行专家实地评估。博士学位授权点的评议专家为国务院学位委员会学科评议组和全国专业学位研究生教育指导委员会专家；硕士学位授权点的评议专家，由各省级学位委员会和中国人民解放军学位委员会自行确定。评议实行本单位专家回避制。抽评专家根据抽评材料和本学科或专业学位类别的《博士硕士学位基本要求》，对学位授权点提出评议意见。评议意见分为"合格"和"不合格"。随机抽评的学位授权点按专家评议意见认定：1/3（含1/3）至1/2（不含1/2）的参评专家认为"不合格"的学位授权点属于限期整改的学位授权点，1/2（含1/2）以上的参评专家认为"不合格"的学位授权点属于不合格学位授权点，其他学位授权点属于合格学位授权点。未抽评的学位授权点按学位授予单位自我评估结果认定。自我评估为"合格"的学位授权点属于合格学位授权点，自我评估为"不合格"的学位授权点属于限期整改的学位授权点。

最终，结合自我评估和抽样评估的结果，省级学位委员会和中国人民解放军学位委员会将学位授权点合格评估结果和处理意见报国务院学位委员会办公室，由国务院学位委员会办公室报国务院学位委员会审批。国务院学位委员会根据学位授权点合格评估结果和处理意见，依据《中华人民共和国学位条例》第十八条之规定，分别做出限期整改或撤销学位授权的处理决定，处理决定向社会公开。撤销授权的学位授权点，5年内不得申请学位授权，其在学研究生可按原渠道完成学位授予。

2. 学位授权点专项评估

专项评估是指新增学位授权点获得学位授权满3年后，须接受专项合格评估。专项合格评估由国务院学位委员会办公室统一组织，委托国务院学位委员会学科评议组和全国专业学位研究生教育指导委员会（下称"教指委"）实施。就专业学位而言，全国各专业学位研究生教育指导委员会为专项评估的实际实施方，负责出台具体评估细则和组织实施专项评估。专项评估从本质上讲也是一种合格性评估。因此在实施环节也大致和一般性合格评估一致，包括了培养单位自我评估、"教指委"专家通讯评议、"教指委"会议评审及表决。"教指委"评议结束后，全部评估材料报送国务院学位办，由国务院学位办分情况做出继续授权、限期整改、撤销学位授权的处理决定。处理决定向社会公开。虽然不同专业学位分别由各自所属"教指委"组织实施专项评估，但其检查和评估的目标和基本内容大体一致。主要是检查学位授权点研究生培养体系的完备性，包括师资队伍（队伍结构、导师水平）、人才培养（招生选拔、培养方案、课程教学、学术训练或实践教学、学位授予）和质量保证（制度建设、过程管理、学风教育）等。

3. 质量认证

所谓认证（accreditation）是西方国家在高等教育质量评估和质量保障中常用的一种方式。认证起源于20世纪，是一种社团非官方性质、高校自愿参与保障质量和接受监督的途径。其中可以将认证分为院校认证和专业认证两类，院校认证主要是针对培养单位教学质量的整体认证，专业认证则是相对于院校认证而言，主要对那些公认为进入某种特定专业或职业做准备的教学计划的质量进行的认证，比如对某种特定专业学位的认证即属于此类认证。主要是考察培养单位对所开设的专业取得的教学成果是否达到预先设定的标准，认证活动主要由专业的行业协会和该专业的教育者和专家构成，为进入该行业的未来从业者进行把关提供质量保障。

目前在我国专业学位研究生教育质量评估过程中能够鼓励有条件的单位和学位授权点开展国际评估或专业资格认证的已有工商管理硕士、会计硕士等。其中，高质量MBA教育认证由教育部学位与研究生教育发展中心和全国工商管理硕士教育指导委员会于2012年启动。该认证致力于敦促商学院在不断的自我反思、自我总结中，实现教育质量的持续改进与创新，认证流程在借鉴国际认证评估体系的基础上，更加强调适合中国国情及创新与特色两个要素。2014年12月25日，教育部学位与研究生教育发展中心（学位中心）与全国工商管理专业学位研究生教育指导委员会（MBA教指委）联合召开中国高质量MBA教育认证工作委员会会议。会议审议通过华东理工大学商学院、南开大学商学院的中国高质量MBA教育认证（Chinese Advanced Management Education Accreditation，简称CAMEA）结果，认证有效期为五年。加上之前已获得认证的清华大学经济管理学院、复旦大学管理学院、上海交通大学安泰经济与管理学院、同济大学经济与管理学院、上海财经大学商学院五家单位，已有七家单位通过CAMEA认证。全国会计专业学位研究生教育指导委员会（简称"会计教指委"）也于2014年选取了6家培养单位开展会计专业学位教育质量（简称"AAPEQ"）认证试点工作，2015年年初正式启动了AAPEQ认证工作。

4. 执业对接

专业学位研究生质量评估中的执业对接实质是一种外部质量评估。外部质量评估的本质是在教育外部质量观基础上，跳出教育系统本身，通过社会、企业等用人单位对人才培养质量的一种评估。对专业学位进行质量评估时考量的一个重要外部条件就是学生是否具备了从业的基本条件，即专业学位教育的最低目标是否达到特定行业执业资格认证的要求。执业资格是由行业主管部门或行业协会对实践工作需要的知识和技能进行的标准总结，是检验学生进入从业领域的重要标准。在专业学位研究生教育质量评估中引入执业对接已成为一大趋势。如目前工程硕士领域引入了执业对接，并进行了详细规定：取得工程硕士（设备监理）专业学位，且取得注册设备监理工程师执业资格并经有效注册，承担过2项设备监理项目且业绩优良者；或取得工程硕士（设备监理）专业学位，且在设备监理岗位工作满5年，承担过3项设备监理项目且业绩优良者；无须参加中国设备监理协会组织的培训考核，只需参加该协会组织的有关面试，且成绩合格，可获得高级设备监理师资格；取得工程硕士（设备监理）专业学位满1年者，无须参加中国设备监理协会组织的培训考核，只需参加该协会组织的有关面试，且成绩合格，可获得设备监理师资格 [1]。

（三）基于学科类别的研究生教育质量评估

世界范围内学科评估实践最早始于20世纪初的美国。到20世纪末期，随着美国国家研究理事会学科分类的研究型博士教育质量评估以及《美国新闻与世界报道》大学排名的出现，学科评估在美国日趋成熟，其评估模式和规模日益扩大。中国自1985年开展学科评估以来，相继开展了回家重点学科评选、一级学科选优评估、学位授权点定期评估、一级学科整体水平评估等。

1. 国家重点学科评选

国家重点学科评选始于1986年，原国家教委开展了首轮国家重点学科评选工作。国家重点学科评选基于定期考核，对符合要求的由教育部按照有关程序经过考核重新确定为国家重点学科。一级学科国家重点学科由教育部按照相应指标和程序，从符合条件的二级学科国家重点学科中直接确定。二级学科国家重点学科的增补，需要结合国家和区域发展的现实需求，经过选优

---

① 7个工程领域设备监理方向教育认证职业资格对接条件 [A/OL]. 全国工程专业学位研究生教育网，2013-06-08.

推荐后，通过专家评审后正式增补。其中，一级学科所覆盖的二级学科均为国家重点学科。在国家重点学科评选和建设推动下，省部级重点学科的评选和建设也相应开展，形成了相互支撑和滚动发展国家、地方、学校三级重点学科的建设体系。

2. 一级学科选优评估

为了突破二级学科授权的学位授权制度和管理办法的局限，提高学位授予单位进行跨学科培养研究生的主动性，进行宽口径培养研究生，国务院学位委员会在第十三次会议上提出了按照一级学科进行博士学位授权和培养工作试点的设想。1995年国务院学位委员会决定在数学、化学、力学、电气工程和计算机科学与技术5个一级学科按照一级学科行使博士学位授予权审核试点工作。学位授权审核包括一级学科选优评估和学科评议组审核。其中一级学科选优评估是学科评议组审核的重要依据。一级学科选优评估由国务院学位委员会委托高等院校与科研院所学位与研究生教育评估所实施。一级学科选优评估是一种客观评估和主观评估相结合的评估方法，为一级学科学位授权审核奠定了重要基础。

3. 学位授权点定期评估

国务院学位委员会自2005年开始对博士、硕士学位授权点进行定期评估。评估方式包括自我评估、基本状态评估和学位论文抽查三个环节[①]。进行学位授权点定期评估的目的在于有效监督学位授权点的学科建设和研究生培养工作，巩固和提升研究生教育质量。截至2012年，在已完成的定期评估中，国务院学位委员会一共撤销了博士学位授权点7个，硕士学位授权点25个[②]。评估结果公布后，在社会中产生了积极反响，增强了研究生教育质量意识，对保证我国学位授权点水平，提高研究生培养质量产生了积极作用。

4. 一级学科整体水平评估

学科评估在一级学科范围内进行整体水平评估，并根据评估结果进行排名。2001年3月起草的《学科评估方案（讨论稿）》在征求专家意见的基础上确定了学科评估的方案。学科评估采取主观评估与客观评估相结合，以客观

---

① 王战军. 学位与研究生教育评估理论与方法 [M]. 北京：高等教育出版社，2012：68.

② 王战军. 学位与研究生教育评估理论与方法 [M]. 北京：高等教育出版社，2012：68.

评估为主的评估体系，与国际主流教育排名评估指标体系接轨，结合我国学科建设实际，制定评估指标体系。指标体系包括学术队伍、科学研究、人才培养、学术声誉等。指标体系划分为人文社科、理学、工学、农学、医学、管理学六类，各门类指标体系保持基本结构一致，具体指标有所差异。

二、典型专业学位教育质量评估案例分析

在我国40种专业硕士学位中，本研究选取了几种具有代表性的专业学位类别进行质量评估的个案分析。分析包括评估实施背景、评估方案、指标体系、评估流程、结果反馈以及成效问题等方面的内容。以对我国专业学位研究生教育质量评估现状有较深入的认识。

（一）工程硕士专项评估

工程硕士是目前我国专业学位中规模和影响力均较大的学位类型。工程硕士质量评估标准主要体现在复合型、应用型和创新型人才的培养上。工程硕士在我国的发展可追溯到20世纪80年代。1984年11月，教育部研究生司在西安交通大学召开座谈会。会议主要针对研究生培养类型单一，研究生教育不能适应经济建设的需要等问题进行了研讨。会上，清华大学、西安交通大学、上海交通大学、华中工学院、天津大学、浙江大学、北京航空学院、北京钢铁学院、华东水利学院、武汉水利电力学院、西北工业大学11所工科院校提出了《关于培养工程类型硕士研究生的建议》。国务院学位委员会于1997年第十五次会议正式审议通过"工程硕士专业学位设置方案"，由此标志着中国工程硕士专业学位的开设。工程硕士是与工学硕士处于同一层次，但类型不同的学位类型，前者是专业学位，后者是学术型学位。

1998年12月，国务院学位委员会、教育部发出《关于成立全国工程硕士专业学位教育指导委员会的通知》，全国工程硕士专业学位教育指导委员会正式成立。2002年4月，教指委成立工程硕士教育质量分析与跟踪调研小组，开始研究工程硕士专业学位研究生教育评估指标体系。2003年1月，机械工程领域、电子与通信工程领域开始工程硕士培养质量试评估。2005年4月24日，教指委发出《关于全国工程硕士研究生培养质量评估实施办法（试行）》，各领域工程硕士培养质量评估工作全面展开。而后，经过十余年的发展，工

程硕士研究生教育规模逐步增大，人才培养质量直线提升。截至2009年，全国有工程硕士专业学位授予权的培养单位223所，招收88009名工程硕士研究生。教育部于2009年起在专业学位中招收全日制研究生，在招收的88009名工程硕士研究生中有21755名全日制工程硕士研究生。2015年11月，全国工程专业学位研究生教育指导委员会完成工程博士、工程硕士专业学位专项评估工作。本研究主要选取的是2015年工程硕士专业学位专项质量评估作为案例进行分析研究。

1. 评估方案

工程硕士专业学位人才培养目标主要是为工矿企业和工程建设部门等培养应用型、复合型、高层次的工程技术和工程管理人才。因此，工程硕士的培养标准应体现出复合型、实用型和创新型标准。首先，复合型质量标准是指工程硕士不仅需要掌握工程领域的基础专业知识和解决问题的实际方法，而且需要掌握跨学科领域的相关性知识，尤其是在新技术和新方法的运用上，应当具备较为广泛的知识储备和学科视野。其次，实用型质量标准是指工程硕士应在学习过程中体现出理论与实际的紧密结合，运用所学知识和技术解决实践工作中面临的现实问题，学会活学活用，具备将综合知识转化为解决实际问题的能力。最后，创新型质量标准是指工程硕士应当不断改进已有的生产技术、更新产品设计和开发新技术、新产品的能力。在质量评估实施过程中体现上述质量标准。

2005年4月，全国工程硕士专业学位教育指导委员会会议审议通过了《全国工程硕士研究生培养质量评估实施方法》，公布了《全国工程硕士研究生培养质量评估方案》。各工程硕士领域的专业学位研究生教育质量评估活动按照此方案实施。在评估方案具体实施中，采取分工程领域组织专家进行评估的方式进行。评估专家根据本领域的特点，依据该评估方案列出的二级指标的具体评分细则，由专家打分，然后采取参评专家个人评分的加权平均值作为专家组的最终得分。对于评估效果好的，进行总结和鼓励，并进行推广；对于评估结果差的进行批评教育，指出改进的方向；不合格的要限期整改，屡次不改的严重者会被取消工程硕士专业学位授权资格。工程硕士专业学位研究生培养质量评估方案是一个具有指导意义的工程硕士教育质量评估体系。

具体工程硕士专业学位研究生培养质量评估方案见表3-3。

表 3-3 工程硕士专业学位研究生培养质量评估方案

一级指标	二级指标	评估内容	最高得分	实际得分
招生（20分）	报考条件（4分）	考生全部符合基本报考条件。考生中每出现一个不符合基本报考条件者扣1分，最多扣到20分为止。	4	
	考生来源（4分）	录取的考生来自企业或研究院所，且地域相对集中；考生的专业背景及现在从事的专业与申请学位的领域对口。要求学员有工程背景与经验，尽量按行业分别组班培养。	4	
		录取的考生分散，不便于组织教学且无有效措施，考生的专业背景及现在从事的专业与申请学位的工程领域不对口。学员不具备工程背景与经验，没有按行业分别组班培养。	0	
	专业基础与综合考试（6分）	考试科目体现专业特色，命题、评卷与管理规范，考试成绩分布合理。必须有书面的专业考试和综合面试，内容应含有工程、管理和经济等方面的基础知识，综合面试还应包括对考生管理经验、潜质、沟通和表达能力等的考核。	6	
		考试科目不体现专业特色，命题、评卷与管理不规范。不按要求进行书面的专业考试和综合面试，或内容没有包含工程、管理和经济等方面的基础知识，或综合面试没有包括对考生管理经验、潜质、沟通和表达能力等的考核。	0	
	全国联考课程成绩（6分）	全国联考课程成绩（GCT成绩）均在平均分以上，且未录取超低分考生。	6	
		全国联考课程成绩（GCT成绩）均在平均分以上，成绩排位不属于后40%，录取超低分考生人数低于录取总数的1%。	4	
		全国联考课程成绩（GCT成绩）均在平均分以下，且成绩排位都不属于后20%，录取超低分考生人数低于录取总数的3%。	2	
		全国联考课程成绩（GCT成绩）均在平均分以下，且成绩排位都不属于后10%，录取超低分考生人数低于录取总数的5%。	1	
		全国联考课程成绩（GCT成绩）平均分过低或录取超低分考生人数超过录取总数的5%。	0	

续表

一级指标	二级指标	评估内容	最高得分	实际得分
课程教学（30分）	教学文件（4分）	培养方案、培养计划、教学大纲等文件齐全规范	4	
		教学文件不齐全、不规范。	0	
	课程设置（6分）	课程设置合理科学，体现研究生水平、专业特色和工程性、实践性、应用性。	6	
		课程设置不合理不科学，不能体现研究生水平、专业特色和工程性、实践性、应用性。	0	
	课程建设（4分）	具有适合于工程硕士生教学的教材、课件、实验环节等。	4	
		不具有适合于工程硕士生教学的教材、课件、实验环节等。	0	
	授课教师（6分）	授课教师工程实践能力强且多数具有高级职称，聘有企业的高水平教师开设课程，开设固定规范的学术前沿及应用课程或讲座。	6	
		授课教师工程实践能力一般，高级职称少；基本没有聘请企业高水平教师，没有开设固定规范的学术前沿及应用课程或讲座。	2	
	教学组织与实施（6分）	教学条件好，有适合于工程硕士特点的授课方式，开设有高水平学术讲座，在校学习累计半年以上，执行工程硕士教学计划，考核严格。	6	
		未能执行工程硕士教学计划，考核不严格。	0	
	教学效果（4分）	考试严格，成绩分布合理；专家评判、学生反映、企业评估好。	4	
		考试不严格，成绩分布不合理；专家评判、学生反映、企业评估差。	0	
学位论文（30分）	选题（5分）	80%以上论文选题来自企业实践，工程背景明确，应用性强。	5	
		65%以上论文选题来自企业实践，工程背景较明确，应用性较强。	4	
		50%以上论文选题来自企业实践，工程背景较明确，应用性较强。	3	
		35%以上论文选题来自企业实践，工程背景和应用性一般。	2	
		80%以上论文选题不是来自企业实践，工程背景和应用性不明确。	0	

续表

一级指标	二级指标	评估内容	最高得分	实际得分
学位论文（30分）	指导与研究条件（5分）	实行学校和企业双导师制，且导师认真负责，研究经费充足，工作条件好，时间可以保证。	5	
		未实行学校和企业双导师制，指导力量弱，研究经费不足，工作条件差，时间难以保证。	0	
	工作环节（5分）	开题报告认真，中期检查落实，答辩程序规范，有企业专家参加，把关严格。	5	
		开题报告、中期检查和答辩等环节不完备，把关不严格。	0	
	质量（15分）	技术先进，有一定难度；内容充实，工作量饱满；综合运用基础理论、专业知识与科学方法；格式规范，条理清楚，表达准确；社会评估好（已在公开刊物发表、获奖、获得专利、通过鉴定，应用于工程实际等）。	15	
		学位论文达不到工程硕士的基本要求。	0	
管理（20分）	管理机构（5分）	管理机构健全，责任落实。	5	
		管理机构不健全，责任不落实。	0	
	规章制度（5分）	规章制度健全，文件齐全，执行好。	5	
		规章制度不健全，文件不齐全，执行不好。	0	
	档案管理（10分）	招生、教学、学位档案齐全，管理规范。	10	
		招生、教学、学位档案不齐全，管理不规范。	0	
特色与创新（附加5分）		办学方式、培养模式、课程设置和培养效果等有特色与创新。	5	

注：

制定原则：导向性、指导性、可操作性。

评估体系：包括基本部分（招生、课程教学、学位论文、管理）。

评估方法：由本领域专家组对各项评估内容分别打分（可在最低分与最高分之间根据实际情况多级打分），最后取平均分。

2. 评估实施

从2006年开始，各工程领域分别开展工程硕士研究生教育质量评估工作。2006年10月，机械工程领域进行了工程硕士研究生培养单位自评估，总共有 87 个培养单位参与了评估，评估目的基本达到。对于未参加此次自评估工作的单位，该领域协作组要求其按照评估程序继续完成评估工作。此外，工程硕士专业学位教育指导委员会对部分单位进行自评估抽查。2007 年 8 月，电子与通信工程领域中的 97 家单位中的 66 家单位完成了试评估、调研及自评估工作①。

2010 年 5 月，国务院学位委员会发布了"关于开展新增硕士专业学位授权点审核工作的通知"，其中工程硕士专业学位授权点的基本要求包含了学科条件、师资条件、教学条件、实践条件以及培养模式的要求等。学科条件方面，要求工程领域的支撑学科须具有硕士学位授权点，其中至少一个为 2003 年第九批或之前获得的硕士学位授权点。在师资条件方面，要求工程领域的支撑学科应具有较高水平或较丰富的工程实践经验的师资队伍，或与企业高级工程技术和工程管理人员组成校企联合指导教师队伍。在教学条件方面，要求工程领域的支撑学科具有开设工程硕士研究生专业实践类课程的教学条件。实践条件方面，要求工程领域的支撑学科在科学研究、技术开发以及人才培养等方面与企业有比较稳定的合作关系。全日制工程硕士研究生的教学实践不少于半年，应届本科毕业生不少于一年。在培养模式方面要求工程硕士研究生培养采取课程学习、实践教学和学位论文相结合的培养方式，在课程教学方面须注重理论和实践的结合，学位论文要求与工程实际相结合，解决工程实际中遇到的问题。

（二）教育硕士专项评估

1996 年 4 月 13 日，国务院学位委员会第十四次会议审议通过《关于设置和试办教育硕士专业学位的报告》，教育硕士专业学位由此诞生。2009 年，国务院学位委员会下发〔2009〕8 号文件，批准在我国设置和试办教育博士专业学位，全国有 15 所高校获得培养教育博士专业学位研究生的授权，在教育领导与管理、学校课程与教学、学生发展与教育 3 个专业方向招生。它的招生对象是具有硕士学位、有 5 年以上教育及相关领域全职工作经历、具有相当成就的中小学教师和各级各类学校管理人员。2010 年全国教育博士招生人数为 159

---

① 王战军.学位与研究生教育评估理论与方法 [M].北京：高等教育出版社，2012：144–145.

人，2011年为161人，2012年为172人，2013年为158人，2014年为156人，2015年为146人，2016年为170人，目前总招生人数为1129人，其中90人获得教育博士学位。

从1996年到现在，教育硕士专业学位试点单位的规模由最初的国务院学位办〔2009〕25号文件发布的第一批16所院校，到2016年教育硕士研究生培养单位已达到147所院校（再加3所教育博士培养单位，教育专业学位共有150所），通过2014年专项评估和动态调整，教育硕士研究生培养院校数量定格在142所。招生对象涵盖了基础教育各级各类学校的专任教师和教育管理者，以及各级教育行政部门中具有（或相当于）中小学、幼儿园技术职务的管理干部和中等职业学校各类教师和管理干部，形成了一个全方位的服务于基础教育和中等职业教育战线的教育硕士专业学位的招生体系。

从招生学科领域看，到目前为止，已初步形成了我国教育硕士专业学位专业设置框架。现有教育管理、学科教学、现代教育技术、小学教育、科学技术教育、心理健康教育、学前教育、特殊教育、职业技术教育9个专业，20个领域。截至2016年6月，累计录取各类教育硕士研究生296010人。截至2015年年底，各类教育硕士获学位人数约15万人。攻读类型的形式和项目也呈现多样化，有在职和全日制攻读教育硕士专业学位两种基本形式。在职攻读教育硕士专业学位内，还包括农村学校教师、特岗教师和"免费师范教育生"在职攻读教育硕士专业学位的形式。另外，在多样化的形式内，还包括中国科协与教育部的合作项目，在6所院校借助"科学与技术教育"专业开展科普方向教育硕士的培养工作；还有，在7所院校开展"服务国家特殊需求"人才培养项目（本科院校开展教育硕士研究生培养工作），教育专业学位教育呈现开放、立体、多元化的发展态势。

1. 评估方案

作为一种新型的学位教育，教育硕士学位是一种具有教师职业背景的专业性学位，它在学位设置的依据、具体的培养目标、培养模式与规格、培养的途径和方式方面与教育学硕士学位有明显的不同。其培养目标坚持硕士学位教育的质量，坚持教师教育理论与教师教育实践的有效结合，对教育硕士研究生进行专门的、高水平的教师职业专门训练，使其树立科学的现代教育观，具有较高的教育学科的理论素养及从事基础教育教学的能力，并掌握现代教育教学技术与方法，成为面向基础教育教学和管理工作需要的高层次人才。教育硕士专业学位应掌握相关基本知识、专业知识和基本技能。在基础知识方面，需要掌握教育专业的基本知识、基本理论和基本方法。在完成规定课程学习之外，密切关注当代教育思潮、学科教育和研究新进展。专业知识则包括各学科教学教育管理等专业直接相关的专业课程知识，包括教学法、学科教学和教育情境方面的知识。除此之外，教育硕士还应当接受与专业发展需求相适应的实践训练和案例教学。学位论文环境应当立足基础教育实践，注重学以致用，运用科学理论和方法分析解决基础教育领域教学和管理工作中存在的实际问题。

2015年，教育硕士专业学位授权点的专项评估工作展开，其评估对象是2009—2011年批准的25个教育硕士专业学位授权点，不含承担服务国家特殊需求人才培养项目的7所院校。专项评估由全国教育专业学位研究生教育指导委员会聘请相关领域的专家具体实施相关工作。专项评估主要是检查学位授权点研究生培养体系的完备性，包括师资队伍（队伍结构、导师水平）、人才培养（招生选拔、培养方案、课程教学、学术训练或实践教学、学位授予）和质量保证（制度建设、过程管理、学风建设）等。教育硕士授权点专项评估指标体系详见表3-4和3-5。

表 3-4　评估指标体系简表

一级指标	二级指标
A1培养保障	B1教师队伍
	B2教学资源
	B3教学管理
	B4社会合作
A2培养过程	B5招生选拔
	B6培养方案
	B7课程教学
	B8实践教学

续表

一级指标	二级指标
	B9学位论文
A3培养成效	B10专业素质
	B11社会声誉

表3-5 评估指标体系详表

一级指标	二级指标	主要考评点	合格标准	主要参考指标
A1培养保障	B1教师队伍	● C1导师队伍专业背景	专职导师具有基础教育理论知识和实践能力，胜任教育硕士专业学位研究生论文指导工作。	专职导师原则上均应具有教育学科背景或基础教育科研和实践经历，45岁以下者均应具有硕士及以上学位。
		C2任课教师	任课教师具有较高的学术水平和较为丰富的基础教育实践经验。	近3年内，任课教师中具有高级职称者不低于70%，专业课教师具有教育学科背景或基础教育科研和实践经历者不低于60%。
		C3兼职教师	兼职教师的教学和指导能力较强，能胜任教育专业硕士培养工作。	兼职教师均具有中学高级教师职称和公开发表的研究成果或在某一方面具有突出的工作成果，其占全部专兼职教师的比例不低于20%。
		C4基础教育科研	专职导师队伍具有基础教育科研能力。	80%教育硕士专业方向的专职导师近三年有省级以上基础教育科研项目，或100%导师近三年有地、市级以上（不含校级）基础教育科研项目；或100%导师在核心刊物（CSSCI或北大中文核心期刊）上发表基础教育方面的论文或有关基础教育的著作（包括教材），人均至少1篇（部）。
	B2教学资源	● C5培养经费	专项培养经费较充足，能满足培养工作需要。	经费投入不低于学术型硕士研究生，全日制教育硕士生有专项实践教学经费。
		C6实践教学及实验设施	实践教学及实验设施能满足课程教学需要，且设备完好。	有满足人才培养需要的专用教室、实验室、微格教室等。

续表

一级指标	二级指标	主要考评点	合格标准	主要参考指标
A1 培养保障	B2 教学资源	C7网络、图书资料	网络、图书馆、资料室中教学参考资料能满足教师和学生需要。	有较丰富的、能满足教学需要的中外文专业图书资料和数字化资源,且学生校内外使用便捷。
		C8实践基地	所有方向都拥有数量较充足的实践基地。	有数量充足、稳定的教学实践基地或专业实践场所,能够充分满足每一个教育硕士研究生实习实践要求。全日制学生每20人有一个实践基地,具有合格的实践指导教师。
	B3 教学管理	C9管理机构	管理机构健全。	建立相应的教学管理机构,配备教学秘书,院(系)有专人管理,职责明确。
		● C10管理制度制定与执行	管理制度健全,实施情况良好。	在招生、学籍、学生考勤与奖惩、任课教师和导师遴选、教学评估与督导、课程考试、中期考核、论文选题、论文开题、论文指导、论文答辩、学位授予等方面管理严格、规范。
		C11档案管理	档案齐全,管理规范。	近三年学籍、培养方案、教学大纲、课表、试卷(答卷)、成绩,教学质量评估、实践教学、论文开题报告、论文答辩记录等教学和学位申请文件齐全且规范。
	B4 社会合作	C12政府部门合作	积极寻求地方教育行政部门支持,建立良好的合作关系。	与政府部门合作密切,且有地方教育行政部门相关文件,与地方教育行政部门有合作协议或其他形式的合作和支持。
		C13中小学合作	与中小学建立良好的合作关系。	与中小学幼儿园签署合作协议或具有其他形式的合作和支持。
A2 培养过程	B5 招生选拔	C14选拔过程	选拔过程的程序操作规范、科学。	无违反国务院学位委员会办公室和全国教育专业学位研究生教育指导委员会有关规定的行为。
		C15招生录取	按培养方案中规定的专业领域和专业方向招生。	无超范围招生现象。

一级指标	二级指标	主要考评点	合格标准	主要参考指标
A2 培养过程	B6 培养方案	●C16培养方案制订	培养方案符合全国教育专业学位研究生教育指导委员会颁布的指导性培养方案的基本要求，能根据本校特点较好地执行方案。	各专业领域和方向均有以实践为导向、反映不同类型教育硕士专业学位研究生培养工作特点的较为完备的培养方案，执行情况良好。非全日制教育硕士专业学位研究生在校学习时间累计不少于半年。
	B7 课程教学	C17课程开设	能较好地执行课程计划，考核内容和方式合理。	课程设置应符合全国教育专业学位教育指导委员会颁布的关于教育硕士专业学位研究生指导性培养方案的结构要求，符合基础教育课程改革与发展趋势。考核内容合理，形式多样。
		●C18教学大纲	授课有规范的教学大纲。	课程有完整的教学大纲，内容包括教学目的与要求、教学内容、教学进度安排、教学方式、考核方式和参考文献等。
		C19教学方法	教学方式方法灵活多样，符合课程特点。	教学方式方法符合教育硕士的实际需要，注重综合运用团队学习、专题研讨、现场教学、案例分析、教育调查等教学方法。
		C20专题讲座	专题讲座活动丰富。	根据培养方案要求开设专题讲座4次/年以上。
		C21职业道德教育	开展多种形式的职业道德教育活动。	内容丰富，形式多样，效果良好，有专人负责。
		C22学风教育	使学生养成良好的学习风气和学习习惯。	学生尊师守纪、勤奋好学、开拓创新并具有良好的学术规范和道德。
		C23课程教学评估	课程教学质量较高，学生满意度高。	所有课程评估合格，其中优良者三分之二以上，且实地听课评估教学质量较高。
	B8 实践教学	C24实践教学计划	专业领域和方向具有科学合理的实践教学计划，并且明确、具体、富有操作性。	专职导师或专职实践教学指导教师定期指导、监督学生的实践教学过程的措施并有详细的书面记录。
		●C25实践教学计划执行	根据本校特点较好地执行实践教学计划，效果良好。	严格执行实践教学计划（实践教学时间、形式和过程等）。

续表

一级指标	二级指标	主要考评点	合格标准	主要参考指标
A2培养过程	B9学位论文	C26论文选题	选题均符合要求。	选题符合专业培养方向的要求。
		C27开题报告与答辩	开题和答辩程序以及开题报告形式规范。	开题报告、学位申请书、论文评审、答辩委员会人员组成等均符合要求。
		● C28论文质量	论文写作规范，达到质量要求。	抽查论文均符合全国教育专业学位研究生教育指导委员会颁布的论文标准。在有关部门组织的论文抽检中"存在问题的学位论文"比例较低、篇数较少。
A3培养成效	B10专业素质	● C29学生业绩	专业发展良好，教学科研等业绩比较突出。	在学期间或获学位后，学生在职务和职称晋升、获奖和荣誉、发表论文、参与课题，以及教学实践（包括上公开课）等方面具有良好表现。
		C30就业率	全日制学生就业率较高。	培养院校学生就业指导部门对口三方协议者达80%以上。
	B11社会声誉	C31用人单位评估	学员任职单位评估良好。	学生任职单位反馈评估良好，学生任职单位领导反映良好。

注明：

①● C系关键考评点；

②关于教育硕士专业学位授权点专项评估指标考评点的说明——

C1导师队伍专业背景　导师队伍指培养单位（校内）专职导师。专业背景：学历或学位（含师范类本科），进修，主持基础教育科研课题，从事基础教育教学研究等。查阅培养单位统计表，校园网查阅学位论文中信息。

C2任课教师　指教育类公共学位课和专业必修课的任课教师状况，不包括公共政治理论课与公共外语课教师。查阅培养单位统计表，课表或任课单。

C3兼职教师　指从基础教育战线中所聘的教师。公开发表的研究成果，包括公开发行的图书，公开发行的杂志论文，全国性学术会议论文。成果内容应涉及基础教育。查阅培养单位统计表，以聘书为依据。

C4基础教育科研　指按教育硕士专业方向统计的面向基础教育的科研

课题、科研获奖和论文、著作等。查阅培养单位统计表和项目批件等。

C5培养经费　指专门用于教育硕士课程教学与学位论文工作的教学业务费、教学差旅费、学员活动费等费用。通过财务拨款评估。查阅培养单位统计表。

C6实践教学及实验设施　学科教学应有足够的微格教室，含实验教学的学科有完备的基础教育学科实验室。艺体类应有足够的实践设施。查阅培养单位统计表和实地考察。

C7网络、图书资料　通过实地考察和上网实际查阅及向学生调查评估。

C8实践基地　以协议为依据。

C9管理机构　通过查阅组织机构和人事部门文件评估。

C10管理制度制定与执行含招生、学籍、教师（聘任、进修培训等）、课程教学、学生管理（日常管理及奖惩）、实践、学位论文及授予等。通过查阅具体文件评估。

C11档案管理　查阅档案评估。

C12政府部门合作　以政府部门文件或双方协议为准。

C13中小学合作　以双方协议为准。

C14选拔过程　查阅有关文件评估。

C15招生录取　查阅有关文件评估。

C16培养方案制订　查阅培养方案及管理档案评估。

C17课程开设　查阅教学档案及学生调查评估。

C18教学大纲　查阅教学档案评估。

C19教学方法　依据学生评估和现场听课评估。

C20专题讲座　查阅培养单位统计表和依据学生评估评估。

C21职业道德教育　查阅培养单位统计表和依据学生评估评估。

C22学风教育　通过查阅出勤率、现场听课、师生座谈。

C23课程教学评估　依据学生评估和听课评估。

C24实践教学计划　通过查阅档案评估。

C25实践教学计划执行　通过查阅档案及学生调查评估。

C26论文选题　通过查阅报表和论文评估。

C27开题报告与答辩　通过查阅档案评估。

C28论文质量　通过抽查论文评估。

C29学生业绩　学生指在校学生和已经获得教育硕士专业学位者。（若不进行普遍了解，建议各培养单位推荐已获学位的优秀学员，推荐比率2%。若已获学位的学员×2%小于8者，推荐人数不少于8人；若已获学位的学员×2%大于20者，推荐人数不多于20人。）业绩包括职务、职称、获奖、荣誉、发表论文、参与课题、公开课等。查阅培养单位统计表。

C30就业率　此项仅用于全日制学生。以三方协议为依据评估。查阅培养单位统计表。

C31用人单位评估　根据用人单位座谈会评估，学员任职单位调查。

2. 评估实施

为了总结教育硕士教育试点工作的经验，了解各教育硕士培养单位的实际情况，研究和探索进一步提高教育硕士培养质量的有效途径，经国务院学位办研究，决定于2006年开展"中国高校教育硕士（Ed.M）专业学位教学合格评估"工作。第一、二批29所试办教育硕士研究生培养单位（有4所提前进行试评的院校时间提前）应于2006年10月至12月进行自评，2007年3月至7月接受全面评估。在第一次教学评估后，开展了第二次评估。

2008年3月国务院学位委员会办公室、全国教育硕士专业学位教育指导委员会颁布了"中国高校教育硕士（Ed.M）专业学位教学合格评估方案"。在方案中提到，我国普通高校从1997年开始试办教育硕士专业学位教育。十多年间，各培养单位在培养与管理方面积累了经验，为了全面总结教育硕士专业学位教育试点工作，切实提高培养质量和社会声誉，加强国家对教育硕士专业学位教育的宏观管理，国务院学位委员会办公室在对第一批和第二批教育硕士研究生培养院校完成教学合格评估工作基础上，对第三批教育硕士研究生培养院校进行教学合格评估。对试办教育硕士专业学位教学合格评估是国家对高校基本办学条件、状态和教育质量的一种评估。其合格标准是依据国务院学位委员会办公室关于专业学位培养目标和基本规律的规定以及全国教育硕士专业学位教育指导委员会的有关文件要求制定的。

在进行教学合格评估的基础上，2014年教育部开始启动教育硕士新增学位授权点专项评估工作。第一批评估的是2009—2011年批准的25个教育硕士专业学位授权点。评估程序为，首先，由教育专业学位专业指导委员会研制专项评估工作方案，报送国务院学位办，再由学位办转发各参评单位。其次由各参评单位按照文件要求进行自我评估，并将自评报告及支撑材料上传至全国学位与研究生教育质量信息平台，同时纸质和电子档发送至全国教育专业学位研究生教育指导委员会秘书处。最后，"教指委"组织专家对评估材料进行评议，评议专家通过教育部学位与研究生教育发展中心网上评议平台，对参评单位保送的材料进行通讯评议。专家评议完成后，进行会议评议并对参评院校的评估结果进行审议。对有必要进行实地考察的院校由"教指委"确定名单，统一安排。审议结束后，将全部评估材料上报至国务院学位办，由国务院学位委员会根据评估结果做出继续授权、限期整改、撤销学位授权的处理决定。至此，一轮专项评估工作完成。

（三）工商管理硕士质量认证

工商管理硕士（Master of Business Administration，简称 MBA）教育于20世纪初起源于美国，经过百余年的发展，逐渐成为国际上通行的工商管理教育的主流模式。1990年，国务院学位委员会正式批准在我国设立工商管理硕士（MBA）学位，并于1991年开始招生。自2002年起，我国开始培养高级管理人员工商管理硕士（Executive Master of Business Administration，简称 EMBA）。EMBA 教育是面向高层管理人员招生的工商管理硕士教育。

MBA 教育的目标是培养综合性管理人才。MBA 学生在入学前应有一定的实践经验，各种专业背景的大学毕业生都可以报考 MBA，毕业生主要从事企业管理工作。MBA 教育注重理论与实践的结合，强调能力与素质的培养。MBA 培养院校通过与企业建立密切联系或与企业联合培养，保证教学内容紧密联系企业实际，MBA 教育通过各种课程和案例教学、企业实践项目等环节培养学生从事企业经营和管理工作所需要的战略眼光、创新意识、创业精神、团队合作能力、处理复杂问题的决策和应变能力以及社会责任感。MBA 核心课程包括经济与管理理论和方法课程，以及与企业管理职能相联系的专业课程。MBA 教育具有团队学习的特点，强调案例教学与互动教学。

近年来，MBA 教育在全球的发展趋势主要体现在五个方面：重视学生全面素质的提升，注重培养 MBA 学生的领导力和企业家精神，强调沟通能力和团队合作能力训练，强调商业伦理和企业社会责任的教育；强调培养 MBA

学生的全球视野、跨文化沟通与跨文化管理能力；强调MBA教育贴近企业实践、通过与时俱进和改革创新，适应不断变化的形势；开设综合性的整合课程，为MBA学生提供整合多学科知识、解决综合性问题的训练；强调MBA教育的特色、个性和差异化，以适应多元性的市场环境。管理教育与一个国家或者一个地区的制度、文化密切相关。

1. 认证实施

我国自1991年开始试点工商管理硕士（MBA），它是专业学位中历史最为悠久的一种学位类型。目前已有至少246家MBA专业学位授权点，每年招生人数三万以上，是中国规模最大的专业学位类型。在对MBA专业学位开展定期合格评估和新的学位授权点专项评估的同时，专业认证的开展也正在成为关注整个人才培养体系评估的重要评估方式。中国MBA过去参与的认证主要是几家国际认证机构的认证，如美国管理学院联合会（the Association to Advance Collegiate School of Business，简称AACSB）、欧洲质量发展认证体系（European Quality Improvement System，简称EQUIS）和英国国际MBA协会（the Association of MBAs，简称AMBA）。截至2013年，中国内地已有6所机构获得AACSB认证，7所机构获得EQUIS认证，17所机构获得AMBA认证[①]。我国自2007年开始全国MBA教育指导委员会一直致力于倡导建立中国特色的质量评估保障体系。2011年中国高质量MBA（Chinese Accreditation to Advance MBA Program，简称CAAMBA）认证正式启动。

中国高质量MBA教育认证在MBA教育指导委员会的领导下开展，由认证顾问委员会负责咨询、指导以及监督工作，由认证工作委员会负责认证参评资格及认证资格的投票表决，再由认证申诉委员会负责受理申诉。秘书处负责具体组织、协调认证工作的实施和开展工作。中国高质量MBA认证组织结构图如图3-1所示。

[①]　数据来源：根据AACSB（www.aacsb.edu）、EQUIS（www，efmd.org）、AMBA（www.mbaworld.com）三大认证机构的官方网站整理所得。

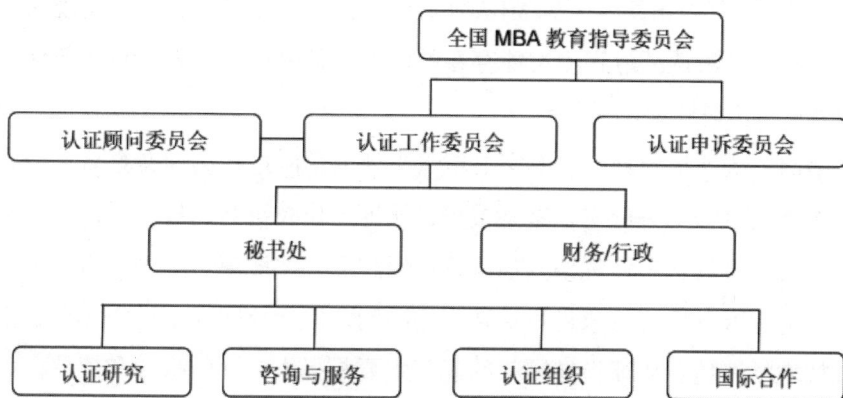

图 3-1　中国高质量 MBA 认证组织结构图

认证过程的完成需要 1~3 年时间，整个认证过程主要包括如下环节。

第一，认证信息咨询。设在秘书处下的咨询与服务部负责向申请认证的学院提供关于认证流程、认证标准的详细信息。咨询与服务部在收到的信息基础上会告知参评院校具有参评资格的可能性。对于符合参评资格的院校，会提出启动认证流程的建议。反之也会说明理由并提出相关建议。但咨询与服务部的建议并不具有正式强制效力，学院仍可以按照自身意愿申请参评，并且认证咨询阶段给出的建议不会成为判断是否具有参评资格的依据。

第二，参评资格申请。参评资格主要包括以下必备条件：必须开设有MBA/EMBA 专业，专业或项目经过国务院学位委员会或其他教育主管部门批准，教育部合格性评估通过并且已满两年以上，学院对于 MBA/EMBA 教育有强烈的质量持续改进意愿，学院与政府有关部门及企业界保持着良好的沟通与合作，学院拥有持续的资源投入以改善师资队伍与教学设施水平，教育指导子项强调创新性思维并已形成一定办学特色。符合上述条件的单位可向认证工作委员会秘书处提交参评资格报告。秘书处在分析报告的清晰度、完整性和一致性基础上，对有必要进行材料补充的单位进行补充说明，并且在接到报告后的 2 个月内组织现场评估，并撰写现场评估报告提交认证工作委员会。委员会进行会议讨论，宣布该学院是否具备进入中国高质量 MBA 质量认证体系的资格。

第三，实地考察。在收到商学院的正式申请后，秘书处审阅参评资格报告，并在2个月内组织专人到MBA所在学院进行实地考察，对学院现状进行实地了解，判断认证过程中可能存在的问题。秘书处工作人员对认证标准和流程做进一步讲解和说明。

第四，认证指导顾问。专家对申请参评的学院进行实地考察后，会向认证工作委员会提交一份实地考察报告，认证工作委员会经过会议讨论，宣布参评学院是否具备参评资格。参评资格通过后，参评商学院可申请聘请一位具有认证专家资格的专家进行认证指导顾问，但指导顾问不得作为专家组成员参加现场评估。认证指导顾问的职责主要是提供参评的指导和建议，由参评院校自行选择。

第五，参评资格。参评资格申请提交后，认证工作委员会每年具有三次会议，申请学院应在每次会议前2个月提交参评资格报告。在宣布学院具有参评资格的同时，认证工作委员会还会就中国高质量MBA教育认证标准给出初步的评估意见。如果未取得参评资格，则需要进行质量改进，再次申请参评资格需在一年以后。取得参评资格后，应在2月内向秘书处汇报，参评资格有效期一般为2年。在此期间，学校启动现场评估程序，一旦学院将自评报告提交认证工作委员会秘书处，即标志着认证自动进入现场评估准备阶段。

第六，自我评估。学院取得参评资格后，应尽快结合中国高质量MBA标准及自评报告指导手册撰写评估报告，报告长度在100页以内。对于虚报瞒报数据的学校将进行惩罚，除了向公众披露信息外，三年内不接受该学校的再次申请。

第七，现场评估。学院需要提前3个月确定现场评估的日期，同时自我评估报告需要在现场评估开始前的2个月内提交。确定好日期后，学院与秘书处协商现场评估的日程安排。所有认证专家将被要求确认与参评学院无利益相关或利益冲突。现场评估一般持续两天左右。在此期间，认证专家将与学院的所有利益相关方代表进行面谈，充分了解学院运作情况。最终，认证专家组小组长口头反馈认证初步结论和建议，并撰写现场评估报告提交给秘书处，然后由学院核对事实，最终的现场评估报告将呈交给认证工作委员会。

第八，认证与再认证。认证工作委员会投票对认证结果进行表决，结论为授予认证或认证未能通过。授予认证的将视改进程度被授予为期三年或五年有效的中国高质量MBA教育认证证书,并进一步提出需要改进领域的说明和建议。未能通过认证的需要在接下来两年内进行教育质量改进,2~5年内再次申请认证。中国高质量MBA认证的授予期限一般为三年或五年。如果想在认证期满后维持认证,则必须在认证期满前再次进入认证程序进行再认证。再认证的程序与首次认证一样,但是认证报告的侧重点主要在于首次认证以来发生的变化和面临的挑战、应对措施和发展方向等。

2.认证标准

在我国工商管理硕士(MBA)教育过去二十年的发展历程中,其质量保障和评估历经了一个持续改进的过程。由学位办和"教指委"组织开展的合格性评估和专项评估对工商管理硕士教育质量的提升发挥了重要作用。在积极敦促培养单位积极主动提升核心办学能力方面,认证体系的建设和认证工作的开展是一项重要内容。在达到基本的参与认证的要求基础上,申请认证的培养单位还需要满足相应的认证标准。它涵盖了包括培养单位的使命和战略、人才培养质量、创新与特色、资源与配置、组织与行政能力在内的五项认证标准。并且在每项标准下具体细化为23项细化标准。中国高质量MBA认证标准详见表3-6。

表3-6 中国高质量MBA教育认证标准

认证标准	标准细化
使命与战略	使命、使命的形成及修订
	市场定位及价值观
	战略目标及其制定
	质量保证
	社会贡献
人才培养质量	课程设计与实施
	学生培养
	师资发展
	持续改进机制

续表

认证标准	标准细化
创新与特色	定位特色与实践
	生源质量
	课程内容
	教学创新和质量改进
	师资创新发展
	资源获取的创新手段
资源与配置	财务资源
	硬件设施
	信息和文献资料设施
组织与行政能力	组织结构
	业务流程
	人员配置
	财务和后勤保障
	外部关系

第三节　专业学位研究生教育质量评估问题解析

在对我国专业学位研究生质量评估实施现状进行分析的基础上，检视评估过程中出现的问题有利于优化我国专业学位研究生教育质量评估。评估主体的角色困顿和评估方式的适切性困扰是问题的集中体现。

一、评估主体的角色困顿

20世纪80年代，美国高等教育家伯顿·克拉克提出了著名的"三角型"模型。他指出，在高等教育系统中存在着国家权力（政府）、学术权威（高校）和市场三种类型。任何一种单一的力量对大学的极端控制都是极其危险的[①]。克拉克将政府与大学的关系划分为两种重要类型：一是以意大利、法国等为

[①] 伯顿·R.克拉克.高等教育系统：学术组织的跨国研究 [M].王承绪，等，译.杭州：：杭州大学出版社，1994：13.

代表的典型欧陆体制，即国家控制模式（State Control Model），二是以美国、英国大学为代表的英美体制，即国家监督模式（State Supervising Model）[①]。在欧陆体制下，政府直接干预大学各方面的运作。而英美体制下，政府的角色主要是监督，大学以自主管理为主，保证了大学的相对独立性。特别是秉承国家监督模式传统的美国大学历来对政府的角色有着独特的定位，在研究生教育管理体制中亦然。在专业学位研究生教育管理中具有分权性、多样性和竞争性的重要特质。

（一）政府主体的过度参与

我国的高等教育体制是在欧陆模式基础上确立的，因此在政府与大学之间的关系上也秉承了高度集权的国家控制模式。在我国现行的专业学位研究生教育管理体系中，政府居于主导和决策地位，政府通过政策制定和质量监管等方式参与研究生教育活动。政府主体角色的发挥主要表现在：专业学位研究生招生以全国统一的国家考试和招生计划进行，在学位授予审批过程中也是政府做主导，在专业学位质量评估过程中也是由国务院学位办组织开展。首先，专业学位研究生招生仍然是以全国统一的国家考试和招生计划进行，具有较强的政府指令性。培养单位大都根据教育主管部门下达的招生指标来制订各自的招生计划，招生指标的确立是一种基于上一年基数进行适当调节的经验判断。培养单位无法根据市场的需求变化以及学校的条件变化对招生规模进行弹性调整。其次，在学位授予审批过程中也是政府做主导。这种以中央政府为指导的学位授权审批模式，导致了地方政府和培养单位的学科设置、学位授予的诉求无法得到及时反馈。最后，在专业学位研究生教育质量评估问题上仍然是政府主导。政府是评估专业学位研究生教育质量的实施者，因此专业学位研究生教育质量评估仍然是一种政府行为。我国研究生教育质量评估体系形成于计划经济时期，因而评估模型呈现出单一的政府主导的特征。高度集中的政府统一管理造成了我国专业学位研究生教育评估主体的单一化。

政府在专业学位研究生教育评估中的职能需转变，政府应当由无所不能

---

① 戴晓霞，莫家豪，谢安邦 . 高等教育市场化 [M]. 北京：北京大学出版社，2004：45.

变为有限和高效。在专业学位研究生教育评估中要改变单一的政府行政性评估模式，与非政府组织以及高校共同协商和参与。政府参与质量评估的角色应当从领导者、组织者向监督和合作者转变。政府首先要做的是权力下放。给予培养单位更多的评估自主权，鼓励和支持社会力量参与质量评估。政府与二者的关系应由自上而下的强制性管理变为协作和委托的关系。政府通过制定规则的方式规范培养单位和社会团体组织开展的质量评估活动，避免造成无规则的混乱状态。在评估功能的发挥中，这些规则既能制衡评估各方的权力又能形成有益的补充。其次，政府仍可以通过财政拨款、信息咨询等措施在质量评估中发挥服务性行政作用，实现管制行政向服务行政的转变。所谓管制行政，即一种特殊的激励机制，以命令性行为或对不服从者予以惩戒威胁的刺激行为。这样的管理性行政做法容易使评估过程中评与被评方产生对立，降低评估的客观真实性。因此，从管制型向服务型的转变，能够有效保障评估的客观真实性。

（二）高校主体权力受限

学术权威（高校）是学术权力的象征，由相关学者和学术组织发挥学术权威。纵观高等教育发展历史，大学历来秉承高校自治的传统。高校的学术水平和学术素养均由大学自身把控，大学在招生、培养、学位授予和质量评估中均保持高度的自治。而在专业学位发展程度较高的现代美国大学中，高校自治仍然是其保持的学术传统。高校在专业学位研究生教育评估中的角色实质是一种对教育要素本身的评估，教育要素包含着教育主体、教育对象、教育内容、教育条件、教育环境和教育保障等多种要素。与之相对应的就是在教育开展过程中的各个要素和环节，包括教育的实施者、学位攻读者、教学内容和培养方案、相应的师资保障等方面。在专业学位研究生教育质量评估中，高校的角色是双重的，既是接受评估方，又是开展评估的主体。然而，现实中高校的权力却受到了很大限制。在专业学位研究生教育质量评估过程中所涉及的高校自评，并非真正意义上的高校自我评估，即是说并非基于高校自身的办学特色和研究生培养的现实需求而制定的评估标准。高校的自评仍然是一种被动的他评，因为自评体现的仍然是政府的决策和意图，是为了能够顺利通过外部评估而进行的自我评估。这与高校学术自由之理念相违背，无法如实反应高校在质量评估中的真实情况。因此，高校在专业学位研究生教育质量评估中的权力直接受到了来自外部评估的限制。

高校有自主进行内部自我评估的权利，高校开展自评的过程实质是高校自我发展和完善的评估机制不断成熟的过程，同时也是高校维护学术自由的重要保证。高校在质量评估中的自评职能需获得更多重视，高校作为自我评估的主体开展的高校自评是政府评估和市场评估的重要基础。高校自评职能的重视不仅是高校保持高校自治的重要体现，更是体现政府多元共治管理实现的途径。高校在开展有效的自评基础上，与社会和市场之间的反馈和沟通渠道也十分必要。高校自评的结果应当及时公开向社会公布，保证专业学位外部评估的客观性。高校需要建立反馈用人单位需求、职业资格制度以及毕业研究生诉求的全方位信息系统。并将这项反馈评估体系指标作为高校进行自评的重要维度。此外，在高校对外部评估结果的公平客观性提出疑问时，高校有权向仲裁机关提起申诉。

（三）市场主体边缘弱化

市场评估的主体主要包括用人单位（雇主）、第三方评估机构等。在我国现行的质量评估过程中，市场主体并未发挥较大作用。我国高等教育领域的第三方评估机构早在20世纪90年代便开始兴起。随后相继涌现出一批第三方评估机构，从性质来看，大部分第三方评估机构属于政府主导，民间评估机构较少。因此，第三方评估机构在运行机制上大都存在依赖政府的状况，因而不可避免打上了政府行政管制的烙印，较难精准客观反映市场的诉求。在我国，专业学位研究生教育管理中设置有全国性的专业学位研究生教育指导委员会，其主要职责范围是进行专业学位教学指导和质量认证工作。作为市场评估重要机构的专业学位教育指导委员会，从本质上讲是专业组织在其成员和利益代表的要求下，制定相应的专业规范来保障人才培养符合行业规范和标准的民间性组织。但现实并非如此，从机构的成员上便能有所体现，其重要成员主要还是来自有关部门和高校的领导，仍然体现的是政府和高校的主导地位。这与设置该机构的初衷相背离，无法客观体现第三方评估机构的权威性。

现代大学在兼顾学术性的同时，必然兼顾市场性。以培养高层次应用型人才为目标的专业学位教育对来自社会和市场的评估和反馈更显适切。市场评估主体的缺失和功能弱化是我国专业学位研究生教育质量评估的一大现状。市场应当从边缘逐渐向中心靠拢，形成政府、高校和市场多元共治的全新格局。首先，雇主的评估属于一种结果性评估，其评估的纬度和向度能够在某种程度上为我国专业学位研究生教育改革发展指明方向。雇主评估包括对学生的基本业务知识和技能的评估、对学生基本职业道德和修养的评估、对学生在行业潜力发展上的评估。其次，作为一种和市场对接最为紧密的教育类型，专业学位研究生教育质量评估中的第三方评估机构的市场角色更应强化。基于治理理论，政府的职能不再是强制的、自上而下的管制，而应当是有限的、服务的治理型政府。因此，第三方评估机构的行政色彩需要淡化。为纠正第三方评估机构的功能被严重弱化的问题，必须将原本由政府主导承担的质量评估机构转移给有资质的社会中介机构去承担，积极引导包括行业协会在内的社会第三方机构积极承担专业学位研究生教育质量评估的任务。

二、评估方式的适切性困扰

我国专业学位研究生教育质量评估方式的适切性困扰主要体现在社会评估的弱化、动态监测评估的缺失、评估指标趋同及评估过程不尽完善等方面。

（一）社会评估的弱化

在我国由于受到专业评估知识缺乏，评估结果反馈机制不健全等因素的影响，在专业学位研究生教育质量评估过程中，第三方社会评估机构功能发挥不足。首先，第三方社会评估机构发展滞后引发其功能性缺位问题。作为一项复杂化系统化的评估工作，其涵盖的内容涉及因子选择、指标体系确立、评估计划实施、评估数据处理分析等多个环节，因此对承担评估工作的机构提出了较高要求。但目前我国具备专业化水平的评估机构较少，无法真正满足研究生质量评估的现实需求。其次，第三方社会评估机构往往独立性不够，其权威性和约束力发挥不够充分。从本质上讲，研究生质量评估过程是利益相关方参与评估并对高校研究生教育进行测评的过程，评估结果将作为制定后续教育政策、教育活动执行规划的依据。但在现实的评估过程中，各利益相关方从各自立场的考量出发，干扰和约束教育评估的现象时有发生。因此社会评估机构在评估过程中容易受到影响，难以坚持真正的价值中立，无法独立自主开展评估工作，使评估程序和过程流于形式。最后，缺乏对社会评估的法律制度规定，从而形成一定的评估风险。由于目前第三方社会评估仍停留在一种自发或半自发的状态，尚没有明确的法律规约评估主体和评估对象之间的权责义务，且对于第三方社会评估机构的资质也没有明确的规定。在这种情况下，可能导致评估主体、评估对象、社会公众等利益相关者之间的角色混乱和冲突。社会评估机构的权利实现需要明确的法律法规加以保护，否则会降低第三方参与评估的积极性。

目前我国第三方参与研究生教育质量评估的监管制度不完善，问责主体不明确。一旦教育质量评估工作中出现重大失误也难以追究相关的责任主体，无法形成对评估主体的有效监督和约束，容易导致第三方受获取利润或维护利益的影响而丧失中立性。如在实践操作中第三方可能出于争取评估业务、谋求更多的评估经费、获得长期合作关系等考量，按照委托机构意愿进行调整评估程序、处理评估结果等不规范操作。外部约束力量将增大第三方评估机构逐利行为发生的可能性。此外，高校自闭性特征导致信息不对称。研究生教育质量评估研究关注教育干预的效果，强调在获得大量真实、有效信息的前提下对研究生教育效果进行情况描述和价值判断。信息、价值和效果是构成研究生教育质量评估的三要素。研究生教育质量评估的过程也是进行信息收集、选择、加工、输出、反馈的过程。高校作为独立运行的组织系统，长期处于相对封闭的运行状态，导致第三方缺乏了解高校工作的有效渠道，对高校研究生教育信息，尤其是对其教学工作和人才培养方面的信息不能全面客观地了解，甚至在评估过程中充斥大量的不确定性数据，评估结论缺乏事实支撑。政府、高校和第三方评估机构存在的信息不对称现象使得第三方评估的科学性和权威性受到较大影响。更有甚者，这一信息垄断局面可能成为高校谋求更大利益空间的充分条件。高校为了维护自身形象、获取更多教育资源而垄断大量真实有效的信息，这将给第三方评估带来较大的障碍。

（二）动态监测评估的缺失

首先，研究生教育质量监测评估是一个动态性概念。研究生教育质量监测评估在时间上呈现一定的滞后性。它必须对其实施连续追踪分析，实现评估过程的持续化和常态化。其次，研究生教育质量监测评估是一个系统性概念。研究生教育质量监测评估必须依据研究生教育的性质和目的，制定监测标准、开发测量工具、抽取适当样本、系统收集有关信息，进行分析诊断与价值判断，从而提出改进行动，促进研究生教育质量持续改进和不断提高。最后，研究生教育质量监测评估是一个战略性概念。一方面研究生教育评估是基于国家战略的需要。随着经济全球化、竞争与责任及技术变革，各国普遍重视对研究生教育质量的评估。另一方面研究生教育质量监测评估反映了大学自身发展的战略需求，大学声誉常常通过其持续提供的能使学生满意的、适应其发展需求的高等教育质量来体现。学生满意成为研究生教育质量的关键要素，学校必须对自身提供的教育质量服务进行积极回应。

教育质量监测评估的实践最早可追溯到第二次世界大战中的美国。教育质量监测评估理论大致经历了教育测验运动阶段、教育评估理论诞生阶段、教育评估专业发展阶段及现代教育评估理论阶段四个不同的发展阶段。目标评估模式、决策导向模式（CIPP）、目标游离模式、应答模式、构建模式以及发展性评估模式均为在不同发展阶段涌现的典型范式[①]。研究生教育质量监测评估的目的在于改进教学效果、提升教育服务水平、培养高素质创新型人才。CIPP 不仅以决策为导向，而且完整地包含了诊断、过程和结果评估，这与研究生教育动态监测评估的目的相一致，反映了研究生教育质量动态监测评估的基本理念。但我国目前专业学位研究生教育质量评估缺乏动态监测评估，没有完整包含诊断、过程和结果评估的全过程。

（三）评估指标趋同

我国当前的专业学位研究生质量评估是一种自上而下的政府行为。评估的指标体系由教育部组织专家制定并统一下达评估指标，缺乏针对性。当前，我国的研究生教育质量评估中，评估指标一般是由政府组织专家制定并统一下达的，而并非由高校根据自身的办学特色和研究生教育发展的实际情况而制定的。这种评估做法既不能考虑到各学科、专业当前与过去的纵向比较，也不能在全国范围内将各学科、专业之间的排名情况体现出来。而且在这种

---

① 许长青.高水平研究型大学研究生教育质量动态监测评估：理念、模型与应用 [J].学位与研究生教育，2016（11）：13.

评估指标体系中，每个指标都有权重，都会影响到评估结果。各被评单位为得到高分，必须争取在每个指标上都得分。这就不利于被评单位发挥自身办学个性和特色，甚至会对学位授权点在加强学科建设时起误导作用。

现有的评估指标体系未能完全体现研究生教育的整体质量。一方面，在对研究生的规模和科研经费进行测评时可观测的明确具体的指标还存在一些欠缺，这些定量指标必须成为研究生教育质量指标体系的一部分。另一方面，在对研究生的素质及创新能力、研究生导师的敬业精神及科研成果的影响力进行评估时就不能使用定量分析的指标。所以，完善的研究生教育质量评估指标应该是定量分析与定性分析的结合。

（四）评估过程不尽完善

研究生教育质量评估过程包括评估信息的采集和评估结果处理两个重要部分，在评估信息的采集过程中一定比例的数据要通过报表来采集，研究生教育的评估结果能够反映出各研究生培养单位综合实力的强弱和研究生教育水平的高低。研究生教育质量评估是一项非常严谨的活动，十分强调所采集的信息的真实性与可靠性，这样才能产生权威、科学、公正的评估结果。在我国，这些数据和信息大多是依靠评估对象自行提供，这其中存在两个问题：一是来自不同公共信息系统的数据，其统计口径和统计数据的截止时间往往不一致；二是人为因素的干扰，有些单位有意或无意地改变某些数据，以达到对自己评估结果有利的目的。这些因素都导致评估结果的真实性和可靠性被削弱。

第四章 国外专业学位研究生教育质量评估的比较与借鉴

现代意义上的高等教育评估始于19世纪末，为了持续保障高等教育质量，世界各国陆续引入高等教育评估制度来保障高等教育的质量。经过100多年的理论和实践探索，一些国家已经形成了较为完善的教育评估理论体系与评估方法。研究生教育作为高等教育的重要一环，保证其教育教学质量不降低是各国高等教育评估的共同使命。

第一节 国外专业学位研究生教育质量评估体系比较

研究生教育质量评估隶属高等教育评估范畴。各国因其教育制度本身的差异在研究生教育质量评估体系上也存在差异性体现。各国基于自身高等教育制度和研究生教育的实际情况实施了各具特色的研究生教育质量评估。本节通过对欧美国家研究生教育质量评估体系中的评估历程、评估机构、评估维度、评估流程等方面对国外研究生教育质量评估体系进行比较分析。

一、国外专业学位研究生教育质量评估历程

整体来说，西方教育评估的发展历程是建立在人们对教育规律不断认识和归纳总结基础之上的。西方教育评估最早萌芽于19世纪末，其发展历程大致可以划分为四个阶段。

（一）测量阶段的教育评估

第一阶段可追溯到19世纪中叶到20世纪30年代，这一时期西方教育评估处于萌芽时期。这一阶段教育评估的典型特征是"测量理论"在教育评估过程中逐渐成形并广泛运用。此阶段教育评估的主要目的是客观测量学生的学习能力。在此阶段前，欧美国家教育教学标准和手段相对比较僵化。有学者指出，在整个18世纪和19世纪，美国最为流行的学习方式是死记硬背。19世纪末，受到进步哲学的影响，传统的教育教学手段和学习方式受到了批判，于是在美国教育界提出了开展有关学生发展的科学研究[①]。至此，美国教育界开始广泛开展教育测量，通过一些量化的测量数据来对学校教育进行评估，包括升学率、退学率等。

（二）目标核心阶段的教育评估

这一阶段从20世纪30年代延续到50年代，其代表人物是泰勒。这一时期也被称为"目标核心时代"。泰勒将教育评估阐释为一种对教学互动达到特定教学目标程度的测量。因此，这一阶段的目标评估实质上也是测量评估的一种延续，只不过这一时期的教育评估更加侧重于科学理性在教育评估活动中的运用。正是在这种影响下，学校成了一种新型的学习型工厂，吸引了无数的年轻人前来学习。在泰勒的评估模式启发下，他的学生布鲁姆在20世纪50年代发表了著名的《教育目标分类学——认知领域》，随之而来的是60年代的情感目标分类和70年代的动作技能目标分类。目标核心评估体系逐步得到发展和完善，这种评估方式由于极强的操作性受到西方各国教育界的青睐。

（三）多元化阶段的教育评估

这一阶段的教育评估是从20世纪50年代至70年代。这一时期西方教育评估理论界出现了百家争鸣的局面。由于受到工业界质量革命的价值观念影响，这一时期出现了多达40多种教育评估模式，每种模式都是基于不同的质量观所提出的。例如学者科隆巴赫（Crobach）把教育评估理解为一种为做出关于教育方案的决策，收集和使用信息的过程。学者斯塔菲尔比姆（Staphelbim）提出，教育评估不是为了证明，而是为了改进。虽然论述各有

---

① 陆有铨.现代西方教育哲学[M].郑州：河南教育出版社，1993：4.

侧重，但是教育评估过程的实质基本是一致的，即教育评估实质上是一个为决策者收集、描述、推荐使用有价值信息的过程。[①] 这一阶段多元化的评估模式将西方各国高等教育评估制度推向了一个相对完善的阶段，形成了一套较为完善的高等教育评估体系。

（四）基于价值判断阶段的教育评估

这一阶段始于1975年学者比贝（Namibe）首次提出的价值判断理论。斯塔克、古巴和林肯的"应答式评估"以及托尔（Thor）和克利夫特（Clift）提出的"发展教育评估"是这种评估模式的典型代表。有别于先前的教育评估模式，他们提出教育评估实质上就是对被评事物赋予价值的过程，其本质是一种心理上的建构。因此，在评估方式的选取上要不仅立足于当下，还应当面向和重视未来，在评估目标上应当特别重视对评估对象发展方向的评估。在评估过程中要听取各方不同意见，把评估看作一个由评估者不断协调各种价值标准分歧和冲突，最终形成一致认可的过程。这种评估模式主要表现为把评估过程的控制与对评估对象的要求协调一致，既注重评估事实的客观科学性，也重视评估方法选取的可持续性[②]。

二、国外专业学位研究生教育质量评估机构

研究生教育质量评估机构的差异主要受到各国高等教育质量评估的组织模式的影响。目前欧美国家高等教育质量评估机构的组织模式大致可划分为三类：政府控制的独立评估机构、民间评估机构及介于政府和民间的中介评估机构。其中民间评估机构的典型代表是美国，政府控制的教育行政单位评估机构典型代表是法国，介于政府和民间的中介机构的典型代表是英国和德国。

（一）美国的研究生教育质量评估机构

美国实行的是教育分权制，各州有着自己的自主权，联邦政府并不直接干预高等教育管理和评估活动。但联邦政府向高等教育机构提供经费，因此，无论是联邦政府还是州政府都十分关注评估组织的资质以及各类评估活动的结果。按照实施评估的主体划分，美国研究生教育评估主要包括了在政府机

① 苏昕，侯鹏生.高等教育评估体系的结构多元化和价值冲突[J].教育研究，2009（10）：61.

② 荀振芳.大学教学评估的价值反思[M].青岛：中国海洋大学出版社，2006：61.

构监管下的三种评估模式：民间机构评估认证、大学排行以及院校内部评估。从评估机构来看，主要包括民间认证评估机构、新闻媒体以及学术机构。美国目前已经形成了政府和社会机构共同参与的评估模式。其中各类民间机构认证和大学及学科排名是最主要的形式。美国的民间机构认证大多数是民间性质，分为全国性和地区性机构，政府不直接参与认证过程，而是根据法律对不同类型的认证机构进行评估以及认可。

1.政府教育主管部门

首先，联邦政府向高等学校和学生提供经费和资助。联邦提供经费和资助的前提是对高校和专业的资质以及质量进行研制。而这种判断的依据也正是高等教育评估的结果，于是在高等教育质量评估与经费审定上便产生了关联。美国教育部对承认的评估机构有详尽列举，被列举出的也正是被认可的正规评估机构。高校向联邦政府提交的质量报告也应当是由这些机构来完成。政府对评估机构的资质严格把关，定期对评估机构进行质量审核和评估，即对评估认证机构的元评估。州政府负责高校具体办学和授权审核的管理，州政府高等教育管理机构与各评估组织之间的关系较为紧密。评估工作开展之时会由评估机构知会州政府机构，并且在评估过程中还可能有共同协作的机会。如果遇到跨州和跨地区问题，双方可进行商讨。最后，评估的结果可作为州政府教育规划部门制订未来发展规划，反思现阶段问题的重要依据。

2.民间评估认证机构

美国的民间教育评估机构最为发达。美国最早的全国性高等教育评估机构是1915年成立的美国大学协会（Association of American Universities，AAO）。作为非官方性质的民间机构，它的评估对象是自愿申请加入协会的高校，由业内同行通过制定分类标准对高校及其专业进行评估。美国高校各专业教育的评估活动是由一个全国性组织体系进行的。1975年美国成立的中学后教育评估协会（The Council on Postsecondary Accreditation，COPA）通过对高等教育评估机构进行资格审查和认可的方式对评估活动起到协调作用。COPA下属的三个联合会，即评估机构负责对全国高校和学科专业进行评估。20世纪90年代，COPA解散，取而代之的是一个临时性组织"高等教育认证委员会"（Commission on Recognition of Postsecondary Accreditation，CORPA）。该临时组织很快被1996年成立的高等教育认证委员会（The Council for Higher Education Accreditation，CHEA）所替代，CHEA自此承担了对全美高等教育评估机构进行审查和认定的责任。在教育评估过程中，CHEA承担了评估信息交流、评估制度研讨以及评估矛盾协调的任务。联邦政府将院校评估的结果作为拨付经费补助的重要依据①。评估总机构下设的众多成员机构中，对教育评估的侧重点各有不同。如在COPA运行期间，其成员中的美国教育理事会（The American Council on Education，简称ACE）主持的教育评估主要是侧重于对美国培养研究生较多的学校分学科进行的教育质量评估，主要是对美国一些著名大学的分学科评比。并且，ACE评估的层次主要是集中在博士层次，尤其是博士学位授予数较多的学校和专业，虽然学位层次较高，但是其广泛的评估学科，使其具备了在教育评估领域较大的影响力。除了ACE之外，还有其他一些评估机构，如美国学会理事会（The American Council of Learned Societies，ACLS）、国家研究协会（The National Research Council，NRC）以及社会科学研究协会（The Social Science Research Council，SSRC）等评估机构。

1996年在美国成立的高等教育认证委员会（Council for Higher Education Accreditation，简称CHEA）作为全国性院校认证和专业认证机构，是一家以评估各中介评估认证机构资质为主要任务的民间机构，从性质上看，属于元评估机构。其成员主要是由各大学的校长、教授、教育专家和科研人员、公众代表等人组成。CHEA成立20多年来，在美国高等教育评估认证领域具有极大影响力，目前有3200多所大学加入并成为其会员，是目前以高校为会员的组织机构中规模最大的一家。②它的宗旨是通过对正式的高等教育评估中介机构的资格认可，来改善包括研究生教育在内的高等教育学术声誉和教学质量，从而更好地服务于学生和家长，以及社会用人单位。目前在美国已有6个地区院校协会下属的8个评估委员会通过了CHEA的最终审核和认可。在全国11所教育评估机构中，有大约一半的机构得到认可，61所专门职业评估机

---

① 刘盛纲. 美国加拿大高等教育评估第一分册：高等教育评估概况 [M]. 杭州：浙江大学出版社，1987：6.

② American Higher Education Intermediary Assessment Accreditation [EB/OL]. Council for Higher Education Accreditation，2005-11-25.

构中也有多达40多家机构得到了CHEA的认可①。CHEA在对评估机构进行资格认可的过程中，有着一套严格的标准和程序，要获得认可的评估机构需要满足三个条件：首先，保证机构的评估目标是致力于改善高校学术质量，必须对公众和被评高校负责；其次，评估机构在性质上必须是非政府性质的民间团体；最后，评估机构必须达到相应的资历标准。在得到了CHEA资格认定后，每10年还要再接受一次资格审查，评估机构每5年向理事会提交一份自评报告。评估机构需要经过三个步骤方能获得认可：第一，提出申请，并进行自我评估；第二，专家实地考察（如材料不全或存在明显问题，不进行实地考察）；第三，举行听证会后，做出是否认可的决定。

3. 新闻媒体

新闻媒体或杂志周刊也是美国开展高等教育评估的一种途径。目前美国高等教育评估领域影响力最大的是《美国新闻与世界报道》（*US News &World Report*，以下简称《美新》）。《美新》自1983年开始对大学教育质量进行评估，最初只是对大学本科教育质量进行每两年一次的评估，自1987年开始周期缩短为每年进行一次。《美新》对研究生教育的评估始于1990年，每年对美国各高校的研究生教育进行评估调查，并于次年公布结果②。《美新》对研究生教育的评估主要侧重于分学科进行。《美新》从1990年到1995年总共进行了六次全国性评估，评选出了美国最佳研究生院和专业学院（America's Best Graduate and Professional Schools）以及最佳的专业学位授予点（Best Specialty Programs）。《美新》进行高等教育评估的目的在于，揭示美国研究生教育在保持世界优势地位的前提下，在质量方面呈现出的新变化。

4. 学术机构

美国的学术机构也是开展研究生质量评估的重要机构。如美国的国家研究理事会（National Research Council，简称NRC）曾对美国博士学位授权点进行过评估。评估的对象主要是学位授予单位的师资水平、教育教学成效和科学研究水平等。共有多达8000多名教授和专家对274所大学的3000多个博士学位授权点进行了评估。并按照所在单位排名前十的学位授权点数量进

---

① 洪成文. 美国高等教育认证理事会：认可目标、标准和程序 [J]. 比较教育研究，2002（9）：13.

② 沈红. 对美国研究生教育评估的综合分析 [J]. 学位与研究生教育，1996（6）：64.

行了排名。评选出排在前五位的学校分别是加州大学伯克利分校、斯坦福大学、哈佛大学、普林斯顿大学、麻省理工学院^①。随后 NRC 又与美国科学院（National Academy Sciences，简称 NAS）联合发布了调查评估结果。虽然美国的学术机构进行的评估频率并不高，但是学术机构的学术地位较高，因此其评估结果仍具备较强的影响力。

美国开展研究生教育评估的机构和组织大致有以上几种，机构的宗旨和评估侧重点的差异，导致了在评估方法的采用和评估程序的设定上也各不相同。但结合各机构的评估结果能够较为客观和全面地反映被评学校的真实状况。在相互印证和校验的基础上，促进评估机构科学合理地运用教育评估方法展开研究生教育的质量评估工作。

（二）英国的研究生教育质量评估机构

传统的英国大学是一种自治组织。大学的经费大部分由政府拨付，但政府并不直接介入大学事务中。早在1919年，英国就建立了大学拨款委员会（UGC），负责向政府提出大学所需经费数量的建议。为保证英国大学的教育质量和科研水平，英国政府设立了专门进行教育质量评估的机构，教育质量评估的结果作为政府向高校分配经费的重要依据。目前包含研究生在内的英国高等教育质量评估机构可分为两种：教育质量评估机构和科研水平评估机构。其中，教育质量评估包括了学校层面的学术质量审核、学科层面的教学质量评估以及专业资格认证。

1. 教育质量评估机构

1997年，英国大学副校长委员会（CVCP）和高等教育基金委员会（UFC）合作成立了高等教育质量保障局（QAA）来进行高等教育质量评估，同年7月，QAA 发布了《迪尔英报告》（The Dearing Report），进一步明确了其质量评估职能。QAA 作为一个独立的团体，在成立初期由会员高校所交的会费维持基本运作。QAA 的工作职责：第一，制定院校评估和学科评估的相关程序，并且负责组织和实施评估；第二，编制学科教学大纲标准和学科教学指南；第三，对大学名称和学位授予权向政府提出建议；第四，向社会人士（包

---

① 陈钟颀. 中美研究生院评估比较 [J]. 学位与研究生教育，1996（4）：46.

括学生、家长和用人单位等）提供准确的高等教育质量信息 ①。QAA 试图建立一整套统一的高等教育质量评估体系，但这套评估体系必须首先建立在院校层面的学术质量审查（Academic Quality Audit）和学科层面的评估（Subject Review）独立开展的基础之上。其中，学院层面的学术质量审查主要是对学校是否制定了合理的学术标准和质量管理程序的一种审查。学科评估则是在学科层面进行的教育教学质量评估。教学质量评估是考核被评估学科的教学质量和学生的学习状况。值得注意的是，英国的高等教育质量评估历来十分重视对学生的学业成就的评估。评估内容主要包括了课程设计、内容组织、教学环节、学生的成就与进步、学习资源以及教学质量管理的提升等。自2002 年开始，QAA 开始采用新的院校审核评估方法，其重点在于评估高等学校内部质量保障机制的有效性。2003—2006 年完成了一次审核评估，从2006年开始评估审核周期确定为每六年一次 ②。

2. 科研水平评估机构

英国科研水平评估组织最初具有代表性的是英国大学科研评估（Research Assessment Exercise，简称 RAE）。它是由英国官方组织的、由专业机构负责实施的全国性的大学科研评估组织。RAE 的评估结果是政府对大学进行科研拨款的重要依据。从评估周期来看，RAE 科研评估一般是4 到5 年进行一次 ③。首次评估开始于1986 年，从1986 到2008 年总共开展了六次大规模的评估。而后，英国的大学科研水平评估进行了改革，成立了新的科研评估组织：科研卓越框架（Research Excellence Framework，简称 REF）。REF 相对于 RAE 最大的区别在于，从评估小组来看，精简了评估小组成员，评估方式以专家评议为主，文献计量分析为辅，评估透明性更高，引入科研影响力模块等。

（三）法国的研究生教育评估机构

法国的高等教育评估机构主要有法国评估委员会（CNE）、科技与教育委员会（MSTP）和法国科研评估委员会（CNER）。其中 CNE 是一个独立于教

---

① 金顶兵. 英国高等教育评估与质量保障机制：经验与启示 [J]. 教育研究，2005（1）：77.

② LAUGHTON D. Why was the QAA Approach to Teaching Quality Assessment Rejected by Academics in UK? [J]. Assessment &Evaluation in Higher Education，2003（3）：28.

③ 汪利兵，徐洁. 英国 RAE 大学科研评估制度及其对大学科研拨款的影响 [J]. 高等教育研究，2005（12）：93.

育行政机构之外的评估机构，该机构直接向总统负责，其委员会成员中有15位直接由总统任命，另外9名成员是学术机构的减员，主要来自大学理事会。CNE评估的内容主要是院校制度的评估、学科的评估以及整体高等教育状况的评估[1]。后来法国出现了新的高等教育评估机构AERES代替了原来的评估机构。AERES是2006年由法国高等教育与研究部批准成立的专门性评估机构。AERES于2007年正式成立，负责全面对法国的高等教育质量进行评估，其评估范围是包括高校及其下属的科研和教学机构，以及高校以外的科学研究机构，评估完成后每年需要撰写一份年度质量评估报告。

（四）德国的研究生教育质量评估机构

德国的教育体制是教育行政地方分权制，州政府负责本州的主要教育事务，但是和英国类似，德国的州政府并不直接负责评估工作的具体实施，德国高校的评估职责是由介于政府和高校的中介机构来完成的。目前各州及跨州评估组织已广泛建立起来，评估机构主要包括州政府授权认可的评估机构、民间自愿组成的评估机构、联邦政府层面的半官方及非官方机构、各类学科专业委员会组成的评估组[2]。如不莱梅（Breme）大学、格拉斯法尔特（Grasfeld）大学、汉堡（Hamburg）大学、基尔（Kiel）大学、奥登堡（Oldenburg）大学和奥斯托克（Rostock）大学共同成立"德国北部大学联盟"。该联盟实质是一个地区性的评估组织，通过对各大学的同类专业进行评估的方式来发挥其评估功能。此外，德国的各州也有各自的高等教育评估机构。比如德国的下萨克森州于1995年设立了专门的评估中心（ZeVA），负责对该州的大学进行评估。自1999年开始，它开始承担研究生教育院校和专业评估工作。在各州内部进行高等教育评估的同时，联邦层面也通过一系列高等教育管理机构鼓励各州进行质量评估。如联邦大学校长联盟、联邦科学协会、联邦教育规划委员会、大学发展促进中心等通过举办学术会议、进行评估试验等方式具体开展评估工作[3]。

---

① 陈江波，曾冬梅.美国、西欧与中国高等教育评估运行方式的比较研究 [J].高教论坛,2006（12）：214.

② 吴艳茹.德国高等教育评估制度及特点 [J].高校教育管理，2008（3）：23.

③ 张新科.教育评估：德国高等教育界推崇的监督模式 [J].外国教育研究，2004（7）：42.

三、国外专业学位研究生教育质量评估维度

维度即视角，是判断、说明或评估某事物的多角度概念。评估维度的确立是评估体系构建的基础。而专业学位研究生教育评估维度是以专业学位研究生教育质量为评估对象的评估过程的理论视角。目前世界各国专业学位研究生教育质量评估的维度各不相同。如美国的专业学位研究生教育质量评估的维度主要是基于市场和行业需求，英国专业学位研究生教育质量评估则更加侧重于毕业生学业成就，德国主要是基于通用和专业标准的维度[①]。

（一）美国基于市场和行业需求的评估维度

美国的专业学位研究生教育质量评估最典型的特征是其对市场诉求和行业需求的重视。以美国工商管理硕士（MBA）为例。美国的 MBA 在全世界处于领先水平，在美国对全国 MBA 进行评估的机构有两种。第一种是管理学学科专业认证机构，即美国管理学院联合会（AACSB）。第二种是新闻媒体，如《美国新闻与世界报道》和《世界周刊》。前者主要是进行办学资格认证，后者从办学水平角度进行排名。以《美新》制定的评估体系为例，其评估体系主要包括学校学术声誉、学生求职就业成功率、招生标准三个方面[②]。其中对学校学术声誉评估的方式是通过校内和校外专家共同打分决定。其中校外人士打分主要是指的在行业领域著名公司的主管或专业人士对该校杰出校友声誉进行打分。毕业生就业成功率则是通过对毕业生就业率和薪酬待遇等指标进行打分。招生标准是通过学生本科阶段的 GAP 成绩，以及 GMAT 考试平均成绩等指标进行分值计算。从以上角度出发进行的质量评估反映了美国专业学位研究生教育质量评估的市场需求维度。

在满足市场需求维度中，还有一种独特的维度，即是从行业用人标准的维度进行评估。这种评估维度最突出的体现就是将专业学位获得与行业执业资格证书相衔接。以美国第一专业学位（FPD）为例，在诸如医学、法学、神学领域从业，必须获得相应的执业资格证。而执业资格证的获得必须建立在

---

① 陈静.现代职业教育体系下我国专业学位研究生教育发展问题研究 [M].重庆：重庆大学出版社，2016：194-196.

② 孙阳春，王富荣，李静.国外专业学位研究生教育质量评估维度研究及启示 [J].内蒙古师范大学学报（教育科学版），2011（1）：23.

获得相应 FPD 学位基础之上。因此，在 FPD 人才培养和质量评估过程中体现出了许多与行业执业需求相衔接的要素。在进行质量评估过程中，行业组织及专业认证机构会依据执业资格要求对 FPD 授予单位进行专业认证和评估。

（二）英国基于毕业生学业成就的评估维度

英国的专业学位研究生教育质量评估侧重于从学习产出角度进行质量评估。这种评估方式是从 20 世纪 80 年代的成果评估运动发源而来。当时英国在高等教育界对先前流行的从输入角度进行评估的方式进行了反思，认为这种评估方式存在着较大弊端，取而代之的是从学生学业成就和产出的角度进行评估。以英国的工程专业学位为例，对工程专业学位的评估主要是从该专业毕业生的学业成就、产出和就业为评估维度，而产出又分为通识类学习产出和专业性学习产出。其中，通识类学习产出是指工程专业研究生与其他专业研究生共同具备的素质和能力，如理论知识掌握情况、科学研究能力、团队协作能力、学习和研究方法等。而专业性学习产出则是指工程专业学位专门的能力和素质，包括了工程专业的理论知识、工程分析和设计能力、工程实践能力等。这种基于毕业生学业成就和产出的评估维度是英国专业学位研究生教育的典型特征。这是从学生角度出发，在满足国家、学校和社会需求方面的质量监督和测评。

（三）德国基于通用和专业标准的评估维度

德国的工程技术教育较为发达，德国之所以工业类产品与服务享誉世界，是与其高等工程教育质量保障和评估体系有着紧密关联的。早在 20 世纪 90 年代德国在高等工程教育领域就引入了专业认证制度。新开设的专业必须接受专业认证机构的评估和认证。在工程专业学位领域的认证机构，进行认证和评估时采用的是通用标准作为专业认证的标准。所谓通用标准即是适用于工程领域中的工程科学、信息科学、自然科学和数学科学等众多学科。评估的指标体系较为广泛，包括了人才培养目标、学制、教学方式、教学大纲、专业结构、基础设施建设、学生和市场的预期和需求等方面。专业标准则因不同专业而存在差异，侧重于对学生的学业成就和产出的评估。评估标准中要求毕业生具备工程领域解决实际问题的能力、操作、监控和设计机械设备的能力、掌握本专业理论知识的能力等。通用标准和专业标准相结合的评估维度是德国专业学位研究生教育质量评估的重要特征。

四、国外专业学位研究生教育质量评估流程

美国、英国、法国和德国的研究生教育质量评估过程基本按照高校自评、同行专家评估、评估结论提出、评估整改的基本流程来进行，但不同国家在评估各个阶段的程序略有差异。

（一）美国研究生教育质量认证评估流程

美国高等教育质量认证过程是高校的自愿行为，在进行认证前必须由高校或学院专业提交认证请求后才能开展质量认证。在高校发出的请求被审核通过后按照相关程序进行审核评估，如果达到了认证要求的质量标准，则表示该学院或专业通过了认证，获得认证的高校和专业需要在通过第一次认证后定期进行再认证，通常是从几年到十年不等。美国现行质量认证机构分为三种重要类型：全国性、地区性以及专业性评估认证机构。其中，6个地区性的认证机构负责对本区域内的高校进行普通认证，或称为机构认证（Institutional Accreditation）。11个全国性认证机构主要是负责对一些特殊性大学进行认证，比如教学大学或单科性大学。66个专业认证机构负责对大学内的特殊专业进行认证。无论是何种认证类型，其流程大致相同。由于美国的教育认证机构大部分是非政府的民间机构，因此，在认证机构对高校和专业进行审核认证的同时，认证机构也需要定期接受审查和评估。

对院校和专业进行的认证流程大致如下。首先，高校在认证申请获批后，要进行高校和专业的自我评估。高校向相应的认证机构提交符合实际的自评报告。其次，在自评报告提交给相应评估机构后，组织同行评议。在查看自评报告的基础上，进行现场考察，并撰写考察报告。认证机构负责派出现场考察小组，小组成员大多数为同行业和领域的专家。最后，由认证机构专设的认证委员会做出相应认证决定。

对认证机构进行的评估被称为"确认程序"。首先，认证机构需要在日常开展常规的自我评估，在认证机构内部建立内部投诉和管理程序。在内部监管和评估基础上，再定期接受外部的审查。美国所有的评估认证机构都由CHEA或教育部进行评估，确认的流程与认证的流程大致相似。第一，由

CHEA 或教育部制定出指标体系。第二，由认证机构根据指标体系的标准逐项比对，进行机构的自我评估。第三，由 CHEA 或者教育部派出专门人员对认证机构进行现场考察，并形成考察报告。第四，基于现场考察，CHEA 或教育部做出是否通过审核的决定。通过了审核的机构还要接受定期的复审。

（二）英国研究生教育质量评估流程

英国的研究生教育质量评估过程遵循着严格的程序，大致需要进行三个阶段的评估。首先，准备阶段，在正式的评估活动开展之前，将所有和评估相关的事宜告知被评估的高校或学院。准备阶段的第二项任务是进行评估人员的选用，QAA 会从高校中选择合适的人员作为评估专家，选用的专家可以是新进人员，也可以是已有的评估人员。其次，资料的收集整理阶段。在此阶段最常用的方法是进行问卷调查，其设计的重点主要是集中学校对研究生教育进行管理的方法上。被评估高校不仅要如实回答问卷中提出的问题，而且需要基于回答的情况提供相应的支撑材料。如果评估小组对于高校提供的材料认为有进一步审查的必要，则要进行现场调查。现场调查通常是聚焦于一些具体问题，而不再进行整体的调查。最后，得出评估结论。结合相关的调查报告、相关的支撑材料以及现场考察，评估小组会对高校在研究生教育质量方面的能力和水平进行判断，并最终形成评估结论。

（三）法国研究生教育质量评估流程

法国目前在高等教育领域使用的评估标准和指标体系是由国家评估委员会和大学校长联席会议确定的。在评估的实施过程中，法国的研究生教育评估包括了政府外部评估、高校自我评估以及对评估进行的元评估，评估周期大致是8年。以 CNE 评估流程为例，每年要进行20项左右的评估，具体的评估内容以国家委员会确定。在评估标准确定的基础上，研究生教育质量评估分为两种：院校评估和同行学科评估。评估的具体内容主要包括历史与现状、教学质量、科研质量、学生录取、学生学业状况、学生就业状况、学校管理、校园活动等。院校评估的程序：首先，由各院校提交评估所需的材料；其次，评估委员会指派大约两名评估委员负责评估事宜，以及另一名委员负责评估的具体协调和安排工作；再次，评估委员会委派5~15名专家到现场进行为期2天左右的实地考察，并且根据实地考察了解的情况，撰写实地考察报告；[①] 最后，由两名成员在秘书处的协助下对学校的总体情况进行分析和归纳总结，概括出院校的基本特色，结合评估意见和院校相关领导进行讨论，并经国家评估委员会确认通过后，将评估报告提交给总统，最终完成院校评估过程。学科评估的程序略有不同。首先，由学校提交一份保密的评估报告；其次，由国家评估委员会、参评学校及其他有关政府部门共同来采集需要的相关统计数据；再次，由考察小组组织实地考察，并基于实地考察情况进行评估；最后，撰写评估报告。值得注意的是评估报告的结论是概括性和描述性的，而非定量的打分和排名。

（四）德国研究生教育质量评估流程

包括德国研究生教育在内的高等教育评估从流程上看，主要包括自我评估、外来专家评估、评估结果报告和整改调研以及措施提出几个阶段。在德国进行的院校评估和专业评估中，基本都是按照以上几个阶段严格执行。首先，在自我评估阶段，主要是由学院或系内部组成的工作组来承担。通过文件、数据、问卷访谈等收集的信息来整理和撰写评估报告，报告中除了要有评估指标体系所要求的基本数据信息外，还应当对自身的特点进行分析和归纳，以便为外部专家评估提供参考依据和基础。其次，外部专家评估阶段是整个评估工作的关键和核心。在评估专家的甄选上，选取的是享有较高学术声望，具有多年评估经验的专业人士。并且为了保证评估的客观和透明，参加州内评估的专家均不允许来自本州。在评估期间，评估专家负责在评估单位对大学领导、教授、学校工作人员和学生进行座谈，完成考察后可形成一份评估报告书和一份建议书。评估组把报告提交给州政府，经州政府审核通过后发布。非官方评估机构做的评估报告不需要提交教育行政部门批准，可直接发布。最后，根据专家评估的结果，由被评估单位制定出一个需要落实的发展计划，计划完成后需要后续评估的检验。

---

① 冯旭芳，李海宗．法国高等教育质量评估机制对我国的启示 [J]．教育探索，2008（11）：139.

第二节 美国专业学位研究生教育质量评估

美国的研究生教育较为发达，美国大多数研究生教育类型属于专业学位。对研究生教育的质量评估早在20世纪中叶就开始大规模开展。由于美国在高等教育管理体制上实行的是分权制，对研究生教育的评估不是由联邦政府直接进行，而是大多由民间机构或组织进行。因此研究生教育评估的结果日益受到政府和广大公众的重视。

一、美国专业学位研究生教育质量评估的发展历程

美国自20世纪20—30年代就开始了早期的研究生教育评估活动，其间经历了早期的评估探索、同行评议法的问世、综合评估法的发展以及分类与特色评估的出现。评估方式日益多元，评估内容也逐渐丰富，在研究生教育评估过程中积累了较为丰富的实践经验。

（一）早期的研究生教育质量评估活动

美国最早的研究生教育质量评估始于1924年的迈阿密大学。时任迈阿密大学校长雷蒙德·休斯（Raymord Hughes）为了给在校的大学毕业生提供更好的深造渠道，要求本校教师列出20个学科领域的全国知名专家，并且要求这些专家以通讯方式对美国具有博士学位授权点的30多所大学进行教育质量方面的评估。次年，美国教育理事会（ACE）出版了此次评估报告，这也是美国ACE首次出版的研究生教育评估报告。在此之后，1934年ACE委托迈阿密大学再次进行了一次研究生教育质量评估活动。这也拉开了研究生教育质量评估的序幕，但由于当时并没有严格的评估标准和指标体系的指引，因此，在评估的科学性和客观性方面尚有一些不足之处。1957年由宾夕法尼亚大学校长海沃德·肯尼斯顿（Hayuwars Kenneston）组织了又一次研究生教育评估活动。此次评估活动的初衷是了解宾夕法尼亚大学在同等水平大学中的学术地位。他向全国顶尖的25所学校的院长发出了调查邀请，请他们依据自己的判断对这些学校的学科进行排名，并最终评选出排名前15位的学校，根据排名结果计分，排名前15的依次从15分递减到1分。这次评估报告于1959年出版，曾经在很长一段时间得到

高等教育评估领域的广泛引用。虽然此次评估仍未制定统一标准的评估指标，但是通过排名计分方式的统计已经是评估统计的一大进步。早期的研究生教育质量评估虽然在形式上没有客观的统一标准，但是作为研究生教育评估的有益探索，它为后来教育评估工作的展开奠定了重要实践基础。

（二）同行评议法的诞生

美国真正意义上的研究生教育质量评估始于1964年。ACE决定进行一次全国范围内的研究生教育质量评估。为了保证评估的正常进行，专门建立了评估咨询委员会。在分析过去的评估方式的弊端基础上，评估委员会决定摒弃先前评估活动的过度主观色彩，转而提出在评估过程中实行主观与客观的结合进行同行评议。

这一阶段的评估活动具有几个重要的特点。第一，在评估对象的选取上，确定了评估对象是每所大学的系或专业，而非对整个大学进行整体评估。因为系是按照学科进行划分的，在不同学校之间具有可比性，不会受到学校知名度和规模差异的影响。第二，在评议人员的选择上，选择不同类型和不同地区的同行系主任或者专家作为评议人员。改变过去只邀请较为著名的大学系主任进行调查和评估的做法，以最大程度消除主观评估带来的偏差。除了系主任之外，同行学术领域的高级学者更是需要加入的评议人员。在此次评估中，总共选取了4000多人作为评议专家，其中有大约900人是系主任、1700人为同行学者专家，以及1400名左右的青年学者。分布在29个学科领域，每个学科的评议人员是50人左右。第三，评估指标和积分方法选择上相对简单。评估的指标主要是三个方面：参评单位的科研能力和学术成就，所开设研究生专业的有效性，该专业未来发展的稳定性。每个指标下设一些二级指标和观测点。评议组成员以以上三个指标作为评分的依据，根据实际情况进行分层次和等级的打分。第四，对于评估结果的处理，此次评估对全美100多所研究生授予单位进行了研究生质量评估，按照等级进行了排名。第五，每个参评学校的系会收到一份最终的评估报告，报告是同行评议汇总的结果，可以让本系和专业客观了解自己的排名和真实状况。

1966年ACE出版了此次评估报告《研究生教育质量评估》，这次由ACE副主席卡特设计和主持实施的评估后来被称为"同行评议法"。美国在之后的若干年进行的研究生教育质量评估，基本上沿用了此次同行评议法。可以说卡特的同行评议法为美国研究生教育质量评估奠定了重要基础。

（三）综合评估法的发展

从20世纪60年代开始，在美国研究生教育质量评估领域一直延续着对新的评估方法的讨论，特别是在构建客观评估指标体系方面的讨论一直没有停止。到1976年，由美国联合研究委员会理事会发起了新一轮的研究生教育质量评估。在大量系统收集和研究各方对历次评估工作中使用的指标体系基础上，设计出全新的评估方案。在对同行评议法反思的基础上，承认同行评议法的客观局限性，并且明确了研究生教育质量评估过程的复杂性。理事会决定建立一套尽可能客观反映和描述研究生教育状况的指标体系。于是，一种新的评估方法诞生了，这种方法是将过去的同行评议法囊括在内，再加入若干客观指标共同构成。这种方法后来被称作"综合评估法"。综合评估法包含的指标体系中一级指标总共八项，每级一级指标下的二级指标数量不等，最多的高达16项。

以数学和物理专业为例，设计的指标有以下三个方面。第一，专业规模（包括教师人数、过去五年内的学位授予数、在校研究生数量）。第二，研究生的素质（包括在读学生获得国家资助者所占比例、获得学位所用年限平均数、过去五年毕业生就业情况）。第三，社会声誉。社会声誉实质就是之前同行评议的内容，由各专业同行专家进行的评议，指标体系中有一些与卡特的同行评议指标相同。在此基础上还加入了一条——评议人员对于被评专业客观性评估有了长足进步，评估内容逐渐丰富，参与评估的主体也日渐多元。

（四）分类与特色评估的出现

不同类型的大学在办学特征上存在的差异，直接影响了评估指标体系的建立。在建立了综合评估法之后，美国大学的绩效评估中心开始采用不同的标准对不同类型的大学以及不同学科进行评估。这种分类不仅体现在分学科门类、分学科级别的评估，还体现在院校评估和专业评估的不同评估对象上。以《美新》从1990年到1995年进行的美国研究生教育质量评估为例，《美新》通过评估，评出了美国最佳研究生院和专业学院，以及美国最佳专业学位点。在最初的评估中，按照法律、商业、工程和医学4个学科门类进行了评估，1995年后又增加了教育学专业。对于不同学科专业进行的评估被称为美国研究生教育评估的第一层。在分学科门类进行评估的基础上,《美新》又探索出了一种分学科级别的评估,与分学科门类的评估同时开展。即美国在学科（disciplines）的基础上,对每个学科下的专业（specialties）进行单独的评估。这种既分学科门类又分学科级别的评估,是美国研究生教育质量评估的一大特色。此外,美国研究生教育质量评估对研究型大学和应用技术型大学质量评估的指标体系选取也各不一样。

除了分类评估外,特色评估也是美国现代高等教育质量评估的突出特点。以美国目前被教育部认可的院校认证机构为例,目前美国共有6个地区性院校协会下属的8个地区认证机构和8个全国性院校认证机构,以及60个学科中的70多个专业评估机构。其中,全国性的评估认证机构主要是对特殊的一些院校进行评估认证。如圣经学院认证协会（AABC）、美加神学院协会（ATS）是对宗教神学类高校进行评估认证。职业教育委员会（COE）和职业学院与技术学院认证委员会（ACCSCT）则是对职业类院校进行评估认证,远距离教育与培训委员会（DETC）则是对远程开放大学进行评估认证的机构[1]。特色评估还体现在对办学特色的评估。有针对学校教师研究水平的评估,如奥斯丁大学提出的英语世界哲学研究生教育质量评估体系就是一种有针对性的特色评估,通过学术声望、教师吸引力、教师的哲学素养和成果、研究领域特色等指标对哲学领域优秀教师进行评估和前十名优秀教师的评选。除此之外,还有针对教学服务特色的评估以及人才培养特色的评估等。总之,美国的高等教育评估机构种类繁多,并且进行的质量评估的角度和方式也各不相同,体现出了新时期教育质量评估的多元性和特色化。

二、美国专业学位研究生教育质量评估的内容与指标

如前所述,美国专业学位研究生教育质量评估机构包括了政府教育主管部门、民间评估认证机构、新闻媒体、学术团体等。这些组织和机构的职能各不相同,在这些多样化的评估机构所从事的评估活动中可划分为两种形式

---

[1]　夏天阳. 各国高等教育评估 [M]. 上海：上海科学技术文献出版社,1997：82.

的评估类型。第一种是保证高校达到合格水平的资格认证性评估，第二种是由各专业协会组织的专业认证评估，第三种是对高校和专业达标程度和能力的排名性评估或质量性评估。

（一）合格性资格认证

美国目前得到教育部认可的总共有6个地区性院校认证协会下设的8个院校专业认证委员会，以及8个全国性的院校认证机构。它们的职责就是对美国高校和专业进行合格性认证和评估。这其中，地区性的院校认证机构承担的评估工作量最大，高校和专业分别由该地区的认证机构进行资格认证。全国性认证机构则主要是对特殊专门类高校提供认证。按照区域进行划分，目前有如下认证协会：中部地区学院和学校协会（Middle States Association of Colleges and Schools）、西北部地区学院和学校协会（Northwest Association of Colleges and Schools）、新英格兰地区学校与学院协会（New England Association of Colleges and Schools）、南部地区学院与学校协会（Southern Association of Colleges and Schools）、西部地区学院与学校协会（Western Association of Colleges and Schools）[①]。其中，西部地区学校与学院协会下设两个认证机构，即西部社区与初级学院认证委员会和西部大学认证委员会。以下选取南部地区院校协会认证和教师教育专业委员会认证，对院校认证评估过程进行梳理。其中，南部地区院校协会认证是针对学校层面的评估和认证，教师教育专业委员会认证是针对开设教师教育专业的学校进行的专业专项认证。

1. 美国南部地区院校协会（SACS，Southern Association of Colleges and Schools）认证

美国南部地区院校协会（SACS）是一家私人的、非营利性质的认证机构，该机构成立于1895年乔治亚州的亚特兰大。协会下属的认证委员有两种职能，一种是针对高校进行评估认证，另一种是针对中小学进行评估认证。本文主要选取的是负责对高等学校进行评估的大学代表委员会（College Delegate Assembly，简称CDA），CDA的成员在各高校行政领导中各甄选一名代表加入，总共有77名协会董事会（Board of Trusties）成员负责制定和修改认证评估条

---

① EATON J S. Accreditation and Quality in the United States：Practice and Pressure[J]. Global Perspective on Quality in Higher Education，2001（4）：121.

款和细则。该机构是负责对美国南部几个州具有学位授予权的高校进行质量认证的地区性机构。该机构的使命是在满足社会和学生需求的前提下，通过对高等学校在资历和质量方面的认证来保障南部地区高等教育质量。SACS 负责的区域包括亚拉巴马州、佛罗里达州、乔治亚州、肯塔基州、路易斯安那州、密西西比州、北卡罗来纳州、南卡罗来纳州、田纳西州、得克萨斯州、弗吉尼亚州具有学士、硕士和博士授予权的高校。除此之外，该机构也接受来自其他国家高等教育机构的认证申请。SACS 委员会的一项重要职能就是考核高校是否能够较为真实地实现其既定的教育目标，是否具备获得学位授予权的资格。也即对高校在人才培养、科学研究、社会服务方面是否发挥应有作用的一种评估 ①。

认证的流程大致包括了几个步骤。第一，进行高校内部的自我评估。自我评估是依据高校各项指标的数据收集和整理分析基础上进行的自我评估。第二，通过校外同行专家的评议而形成的评估报告。第三，由认证机构董事会成员做出的最终评估决定。自评阶段申请认证的高校所进行的自我评估涉及了高校行政人员、教职工、学生、董事以及其他相关人员。他们均参与到了自我评估的过程中。在自评阶段重点考量的是学校在实现自己既定办学目标方面的成效、学校在满足认证机构所列指标方面的达成情况、学校在促进学生学习能力提升、项目（专业）质量保障方面的成效，以及办学使命的完成情况。在自评阶段结束后，就由同行评估专家代表委员会通过使用专业评估手段和指标对高校教育质量进行预评估。最后由认证委员会成员对该高校是否符合认证机构的要求通过评估做出最终决定。

认证需要满足的要求适用于所有具有学位授予权的高等院校的项目或专业，认证的标准必须符合质量保证认证法则。这些必须经过认证的专业不仅包括采取传统教学方式的专业或项目，而且包括学校的远程和函授教育、校外教学点，以及分校。因此高校在接受认证的时候必须准备除了传统教育形式以外的非传统教学形式的相关数据和材料。还要通过翔实的记录和报告将上述教学形式的数据列举到自评报告中。对于上述教学形式，在认证机构的

---

① SACS Commission on Colleges. The principles of Accreditation: Foundations for Quality Enhancement[R]. 2011.

相关认证文件中有详细界定。如分校（Branch Campus）是指从地理位置和隶属关系上看独立于校本部的高等学校。分校的资质包括具有办学永久权，开设有可以获得学位或各种资格证书的权威专业和课程，拥有独立的师资团队、行政机构以及独立预算和独立的人事任免权。函授教育是指一种通过信件传递或电子传输提供学习材料和考查学生的正规教育形式。为那些无条件到现场接受教育的学生所准备，但教学互动性较差，有限的互动多由学生自主提问的方式进行，这种教育方式对学生自我学习和规划能力的要求较高。远程教育是指身在异地的教师和学生所组织的一种教学形式，其教学过程可以是同步的，也可以是不同步的。远程教育的教学通常是通过单项或者双向传输进行。教学手段包括广播、闭路电视、音频会议、视频通信等设施以及播放DVD、CD。校外教学点是指在地理位置上看，与校园分离的一个教学点，学生在此完成大约50%的课程修习。校外教学点并不是独立存在于校本部，而是与校本部有依存关系。在进行认证的时候，所有项目和专业都必须达到认证各项指标的要求，不会因高等院校的性质的差异体现出不同。私立营利性高校、私立非营利性高校以及公立高校在认证标准上并无明显差异。

SACS 提供如下几种认证审查：对候选高校的资历进行的审查、对候选高校的入会资格进行的审查、对已认证高校申请再次认证的综合性审查、对具有特殊认证需求的高校机构进行的审查、对性质和范围发生变化的高校进行的认证审核。每一种认证审核的指标体系和评估程序各有差异。

高校自评承诺报告（Compliance Certification）需在高校确定的接受认证时间前15个月提交。这份报告必须详尽阐述是否达到核心要求（Core Requirement）、综合标准（Comprehensive Standards）、联邦标准（Federal Requirements）的要求。由高校行政领导和认证联络员签字以证明自评承诺报告的真实性。高校必须保证自评过程真实、公正和全覆盖，自评报告中的信息完整、准确和有效。

质量提升计划（Quality Enhancement Plan）。质量提升计划需在评估专家进行现场考察前4~6周提交。这份文件中必须包括如下内容：在评估过程中发现的关键性问题呈现，基于学校办学目标的学生学习成效和为学生学习提供的环境支持，学校在完成 QEP 方面的能力保证，学校各方在完成 GEP 过程中的制度保证和广泛参与，详细列举需要完成的目标和计划。同时，QEP 必须体现出聚焦和简洁性：材料的篇幅需控制在100页以内，在整份材料中不超过75页的叙述性文字，不超过25页的支撑材料，包括文字性材料和各类统计性图标。

校外评审（Off-Site Review）。校外评审委员会通常由一位主席来负责组织评审，通常由8~10名评估专家组成。校外评审委员会在乔治亚州的亚特兰大召开评审会议，系统对申请参与认证的高校的自评承诺报告进行审阅。通过材料的审阅来判断参与认证的高校是否满足了所有指标的要求，包括核心要求、综合标准和联邦标准。在校外评审过程中，一般是将三所（或三所以下）在管理模式和学位授予门类和级别较为相似的高校分为一个评议组进行评审。最终校外评审委员会根据各高校报送的材料给出评估结论，并且会为每所参评高校分别撰写一份认证报告，报告中包括了详细的认证过程以及最终的评定结果。校外评审报告最终被送至校内现场评审委员会，为他们最终的认证决定提供决策参考。

校内评审（On-Site Review）。在校外评审之后，进行的是校内评审。校内评审委员会进行的是现场考察，通过更为聚焦的方式选取一些观测点作为校内现场评估的内容。最终对高校在达到核心要求、综合标准和联邦标准方面的程度进行评判。除此之外，还要对QEP中列出的各项材料进行审核，以及GEP的可接受度和可操作性。最终在现场考察完成后，校内评估委员会会撰写一份最终的认证报告。认证委员会的这份评估报告将和参评高校未列出指标的补充意见提交给认证委员会董事会，董事会根据最终认证报告进行再次审核，并宣布最终的认证结果。

认证机构董事会评审（Review by the Commission's Board of Trustees）。在此过程中，由执行和报告委员会（Committees on Compliance and Report，C&R）代表董事会对评估委员会的评估报告和高校基于这些报告的反馈进行评审。通过评审后被推至行政委员会（Executive Council）进行再审核。最终评审意见被提交给董事会进行最终结果裁定和公布，董事会评审会议一般是每两年召开一次。

认证和评估的指标体系是进行认证的重要依据。SACS的指标体系由三部分构成：核心标准（Core Requirement）、综合标准（Comprehensive

Standards）、联邦标准（Federal Requirements）。其中每种指标都包含了各自的一级指标及观测点。其中核心标准是在SACS认证过程中最基本的标准和要求。综合标准则是包含了对院校的办学使命、管理有效性、学科专业、学校资源和学校职责方面的内容。联邦标准则是根据联邦政府教育部在高等教育法规下的全国性统一标准。

（1）核心标准（Core Requirement）

核心要求规定了院校在认证中需要达到的基本要求，以及高校认证委员会对高校资历的基本期望。在最新的SACS文件中，核心要求总共包括13项指标，高校需要满足所有要求方可在核心标准环节获得通过。值得注意的是，标准中的最后一项为提交质量提升计划报告（Quality Enhancement Plan，简称QEP），首次认证不需要提供，获得首次认证后的再次认证时才需要提供。高校不仅要在认证期间严格遵循核心标准的要求，而且要持续保持这种达标状态。如果在下次认证或者任意一次抽查中发现违背核心标准的情况，高校将接受认证委员会的惩罚。

核心标准的12项指标及要求如下。（1）学位授予权，高校必须拥有政府教育部门批准的学位授予权。（2）董事会职责（Governing Board），董事会必须设有至少五名成员，负责学校管理决策，董事会成员必须秉承公正客观的原则行使管理职权，不受各种利益集团支配。（3）首席执行官员（Chief Executive Officer），首席执行官应当直接对学校负责，肩负高校管理职责。（4）学校使命（Institutional Mission），高校应当制定清晰明确的办学使命，办学使命应当包括人才培养、科学研究和社会服务三个方面的内容。（5）办学使命达成的有效性（Institutional Effectiveness），即学校基于办学目标的确立、办学过程的推进以及办学成效考察基础上对完成办学使命的有效性的展示。（6）院校持续运作（Continuous Operation），参与认证的学校必须保持为在学位授予专业持续的学生注册入学。（7）课程范围和学时数（Courses and Program Length）。副学士必须达到每学期60学时的要求，学士必须达到每学期120学时，研究生必须达到每学期30学时数；课程内容必须与学校人才培养目标高度一致；副学士要求每学期不少于15学时的通识课程学习，本科生不少于30学时。通识课程需涵盖人文类、艺术类、社会科学类、自然科学类以及数学类相关学科。（8）师资力量（Faculty），全职教师的数量必须能够满足全校所有专业的教学。学校需提供教师执业资格和资历方面的证明。（9）学习资源与服务（Learning Resource and Service），学校应当为师生的教学和科研提供足够资源，包括各类图书资源和电子类信息资源以及相关服务。（10）学生支持服务（Student Support Services），学校要保证向学生提供各种专业学习支持、学业指导服务以及相关活动来保证学生持续性学习能力的提升。（11）财政资源及其稳定性（Financial Resources and Stability），学校必须具备稳定的财政来源，以支撑其完成办学使命，维持专业教育。（12）物质资源（Physical Resources），学校具备完成办学使命、开展专业教育和提供教育服务的充足物质资源。（13）学校必须完成一份质量提升报告（QEP）。呈现在评估过程中发现的关键性问题和改善方案。

（2）综合标准（Comprehensive Standards）

综合标准相对于核心标准对学校办学使命实现的有效性更具有特定指向，其设立目标在于保障入会高校管理体制的高效运行以及敦促学校完成办学使命。从整体上看，综合标准是核心要求的细化和深入，根据2017年公布的认证标准，综合标准包括管理有效性、专业有效性两个方面。

①管理有效性标准

在高校行政管理方面，SACS设置了如下标准：（1）首席执行长官的遴选和评估（CEO Evaluation/Selection），校董会应当行使遴选首席行政长官以及定期对首席行政长官进行评估的职责。（2）董事会职责（Governing Board Control），学校董事会不受政治、宗教及其他外界团体的干预和影响，并且保证学校也免受外部力量的影响和控制。董事会需要在公平公正的前提下，公正处理利益冲突以及董事会成员任免。（3）组织架构（Organizational Structure），高校的董事会、行政机构、学术委员会的职责应清晰界定，各司其职。（4）人事任免及考核（Personnel Appoint and Evaluation）。学校必须就员工人事任免、员工雇佣和员工绩效考核制定出台详尽的政策。（5）基金募集（Fund-raising activities）。学校首席行政长官必须对学校基金筹募活动负有管理职责。（6）知识产权保护（Intellectual Property Rights），学校对于知识产权保护问题具有告知和管理职责。

②专业有效性标准

专业有效性是指通过评估学校所开设专业的教育教学状况，来衡量专业有效性的实现程度，并最终衡量专业教育在学校办学使命上完成的有效性。专业有效性指标包括：（1）专业要求（All Educational Programs），专业要求指标中需要详细列举参与认证的所有专业类型，包括专科、本科以及研究生教育，以及传统专业教育和继续教育、社会延伸和服务类专业教育。学校需要对各个层次和类型专业学位所开设的课程内容和性质有严格规定。（2）招生政策（Admissions Policies），学校的招生政策需要与办学使命一致。（3）学分政策（Acceptance of Academic Credit），学校需出台学分获取、学分转换、学分互认的详细政策。（4）师资力量（Faculty），包括对教师资历、教师考核、教师专业发展、教师角色管理等方面的规定。（5）图书馆资源及其他学习资源（Library and Other Learning Resources），学校需向师生提供图书资源使用、咨询和指导等服务。（6）学生事务及学生服务（Student Affairs and Services），包含了学生权利、学生档案、学生事务管理方面的要求。（7）财政资源（Financial Resources），包含资金管理和财务审计等方面的标准。（8）物质资源（Physical Resources），包括校园设施和校园环境建设方面的要求。

（3）联邦标准（Federal Requirements）

SACS 认证工作的展开必须建立在美国联邦政府的授权之下，并且联邦政府也制定了一套完整的认证标准。SACS 在进行认证时需按照联邦标准的内容展开认证工作，相关标准和认证程序都需要在认证过程中被严格执行。联邦标准包括如下几方面。（1）学生学业成就（Student Achievement），学业成就评价是学校对学生进行评价的首要标准，涵盖学生入学注册情况、课程完成情况、毕业率、就业率、执业资格考试通过率等。（2）专业课程（Program Curriculum），学校所开设的课程应当与学校的办学使命紧密相关，特别是要与所授予的各类学位的要求高度一致。（3）政策公布（Publication of Policies），学校应当将教学安排、校历、学时安排、学分政策和收费政策等向学生及时公布。（4）学生申诉（Student Complaints），学校应当对学生的申诉高度重视，制定严格的申诉程序，解决学生的申诉问题。（5）专业教育职责（Program Responsibilities），学校必须按照高等教育法修正案履行专业教育职责。（6）远程和函授教育标准（Distance and Correspondence education），对远程教育和函授教育等非传统教育类别的具体教学安排应在教学计划中详细列举。

2. 教师教育认证委员会（TEAC, Teacher Education Accreditation Council）认证

教师教育专业学位在专业认证中主要有两家全国性非营利教师教育认证机构。全美教师教育认证委员会 NCATE（National Council for the accreditation of Teacher Education）和教师教育认证委员会 TEAC（Teacher Education Accreditation Council）。本研究选取成立时间较晚的教师教育认证委员会进行分析。TEAC 成立于1997年，近年来加入 TEAC 进行认证的高校呈逐年上升的趋势，包括了从文理学院到综合研究型大学开设教师教育专业的各类高校。TEAC 的认证范围是专业或方案（program），通常在专业认证过程中，一个专业的实际状况与其向 TEAC 提供的自评文件（inquiry brief）中所陈述的关于毕业生质量的内容相一致时则通过认证，反之则无法顺利通过认证。为保证认证结果的可信度，TEAC 与传统专业评估机构最显著的进步在于，它运用了一套全新的系统——"试探系统"（system of heuristics）协助完成认证过程。该系统的功能是通过对参评学校所提交的材料和"证据"（evidence）进行可信度考察，有利于对评估过程的客观公平性进行有效保障。通过实地学术考察（academic audit）的方式进行评估证据的检测。实地考察结束后，TEAC 认证专家组和认证委员会就提供材料的充分性进行进一步考察。TEAC 在认证过程中并不严格按照特定的指标体系进行，它所采取的是一种自下而上的认证方式。参与认证的高校在提交本校的自评报告后，需要提供报告中所列举的相应指标的支撑材料。自评报告从格式上看，只有一个简单的模板涉及办学目标、办学方向、专业规模、教学有效性、人才培养模式、学生学业成就、雇主评估等多个方面。参评学校基于这些内容，自主撰写报告，只要所提供的材料能够充分证明其在某一方面确实保障了教学质量，则会给出通过认证的结论。在 TEAC 认证过程中，所提供证据的有效性和专业培养模式的适切性是认证过程中的两项最重要的因素[①]。

TEAC 认证过程遵循四个指导原则：第一，认证是一个提高专业水准的

---

① 陈静. 现代职业教育体系下我国专业学位研究生教育发展问题研究 [M]. 重庆：重庆大学出版社，2016：200–204.

渐进的过程，此阶段的认证结果为下一阶段的发展做铺垫；第二，认证的导向是基于教职工自己提出的问题和质疑的调查问询；第三，认证考察的内容是教职工在陈述教学成果时所提供的证据是否可信，是否充分，以及支撑专业或项目运转的制度是否适切和有效；第四，认证费用较低，节约人力物力资源。在认证过程中，TEAC 始终与专业负责人或教职工保持联系，并可以经常就相关事宜进行交流。TEAC 规定的教师教育专业认证标准大致有如下几点。

第一，有关学生学习效果的证据。在提交认证申请时，必须提供学生已经学习、理解和掌握了教师教育相关课程内容的证据。这些证据通过现场实地调查的方式进行验证，在此基础上对其一致性和充分性加以评估。所有质量原则中列出的证据都必须符合教师教育培养出有能力、有爱心、有资历的教师这一目标。教学知识和内容应包括以下几类：科目相关的知识，这类知识是与教师教育专业学生将来任教科目相关的知识；教学相关知识，这类知识帮助教师教育学生从业后如何将自己的知识通过课堂教学的形式传授给学生，并且满足学生在课堂中对知识的需求；富有爱心且有效的教学技能，就读者必须学会以一种充满爱心的有效方式实施教学，与此同时又扮演一种学识渊博的老师这一角色。除了以上三项纵向维度的要求外，还必须提供横向维度的证据，其中包括三项内容。1. 学习如何学习。就读者必须证明自己能自主学习、如何获取信息，并且将学得的知识举一反三，运用到新环境，解决新问题。同时他们也必须具备批判性反思的能力，为他们在自身学术领域进行终身学习提供条件。2. 具备多元文化的视野。就读者必须证明自身在民族问题、性别问题、个体差异、种族和文化观念上有自己的正确认识，并且接受过此方面的教育。3. 技巧的运用。就读者必须能够使用适当的技巧和技能践行职业担当。

第二，教职工学习和调查的证据。建立一套质询、评审和质量控制体系，教职工通过这一系统获取证据和就专业质量保证问题发表意见。教职工在教与学的过程中直接接受询问、调查和取证，并从中进行反思以对专业培养方案进行修正，包括教学方法、课程设置、培养模式等方面。在课程设置上，必须与各州职业资格证书所要求的课程目标一致。教职工对专业培养目录中列出的科目有正确的认识和理解，以便教学的开展。对于学业优秀且立志成为教育者的学生，学校采取相对宽松的招生政策，学生毕业后需要到教师需求量大的地区服务。同时专业内部必须拥有完备的学生资助体系，为学生顺利完成学业解除后顾之忧。此外，必须提供适当且充分的教育资源，在经济和管理层面增加资源供给，保证专业的正常运作。

第三，校方保证有能力保障专业质量。在课程设置上必须与学校总体标准和授予学位的相应标准一致。教职工的资历（最高学历、专业、学术能力等方面）必须与随机从学校抽取的教职工资历相当或更高。教学设施、仪器设备等资源的投入必须与学校的平均投入持平。在使用学校教学资源上，该专业的学生、教职工享有与其他专业同等的地位。该专业得到的资金投入必须与大学内其他专业得到的资金投入相当。学生享受的资助额度也需与整个大学资助额度持平。该专业就读者对专业培养质量的投诉数量和影响应当不超过其他专业学生对本专业的投诉。在具体课程设置中，课程设置必须符合以上质量原则中所要求的学时数。专业课程和非专业课程分别与原则中提到的专业相关知识和教学知识技能相对应。专业课程不得少于非专业课程。从业教师必须在所教授的课程领域具备专业资历。TEAC 要求大部分教职工都必须具备硕士或博士学历，如果教职工不具备研究生学历，则必须在评审时提供其他方面的证据证明自己能够胜任教学或管理工作。在资金方面必须保证校方有持续稳定的经费支持，以及对教职工专业发展、科研以及国家地方服务的支持。教职工的工作量不固定，但是必须与学校对岗位升迁、终身教职评定以及其他要求相一致。

（二）排名性质量评估

在进行专业认证之外，美国的排名性质量评估影响力也较为广泛。对于要进行学校和专业排名的原因，《美新》曾经指出，美国的研究生教育始终在世界上保持着优势，但是知识就像高校研究生院的学分标准一样变化迅猛，今天的大学研究生院与过去已经大不相同。让有意向攻读研究生学位的学生比较各个学校之间的优势，让优秀的生源继续被吸引到著名大学攻读研究生学位是美国在研究生教育方面保持优势的绝佳途径。

1. 排名性评估指标体系比较

早从20世纪70年代开始，已由美国学术协会理事会、美国教育理事会及美国研究理事会等共同协商组建了后来的美国联合研究理事会。理事会成立后对全国研究型博士点单位进行了评估。研究生培养单位和广大教职工广泛参与了此次评估，总共有来自200多所高校的3000多名教职工参与了学校办学声誉调查。评估的学科也涵盖了自然科学和社会科学相关学科的31个专业。其中，值得一提的是对工程学科采用的指标体系最为完善，总共包括了6个一级指标和16个二级指标[①]。其指标体系设计的范围较为广泛，内容较合理。从1982年开始，美国联合研究理事会进行的排名性评估便形成了常态，后来一直维持着每年评估一次的频率，每年夏天进行评估，秋季公布评估结果。《美新》是从1990年开始先后分学科门类、分学科级别对美国的研究生教育进行了评估。以下对美国联合研究理事会1982年公布的工程类博士学位点评估指标体系与《美新》1994年设计的美国最佳大学15项评估指标体系，以及《美新》1995年设计的美国最佳工学院9项评估指标体系进行归纳和对比。具体表4-1所示。

表4-1　美国联合理事会与《美新》评估指标体系比较[②]

美国联合理事会评估指标体系		《美新》最佳大学评估指标	《美新》最佳工学院评估指标
毕业生评估	1. 教师人数	1. 学术声誉	1. 学术声誉
	2. 近五年学位授予数	2. 学生生源	2. 学生生源
	3. 在校生人数	3. 师资力量	3. 社会声誉
	4. 奖学金获得比例	4. 经费资源	4. 研究活动
	5. 获得学位的平均年数	5. 毕业率	5. 师资力量
	6. 就业率	6. 校友满意度	6. 录取人数
	7. 就业到博士学位授权点的比例	7. 校友捐赠比例	7. 研究经费

---

① 刘盛纲. 研究生学科的评估 [M]. 成都：成都电讯工程学院出版社，1987：14.

② 沈红. 对美国研究生教育评估的综合分析 [J]. 学位与研究生教育，1996（6）：64.

续表

美国联合理事会评估指标体系		《美新》最佳大学评估指标	《美新》最佳工学院评估指标
声誉调查	8. 教师学术水平	8. 新生 SAT/ACT 均分	8. 生师比
	9. 研究学者培养有效性	9. 新生 SAT/ACT 分数分布域	9. 录取比例
	10. 近五年质量改善程度	10. 新生在高中阶段成绩前十的比例	
	11. 教师工作熟练程度	11. 入学申请接受率	
图书馆资源	12. 图书馆规模	12. 具有博士学位的教师比例	
科研资助	13. 科研经费	13. 全日制生师比	
	14. 获得资助的教师比例	14. 学生人均费用	
成果统计	15. 发表论文数量	15. 毕业率	
	16. 学位论文影响力		

从以上三种评估指标体系中可以看出，首先，三种指标体系中定量指标项目数较多，因此整体来说是定量性评估。但其中也有定性评估，如对学校声誉的调查即是采用基于主观评估的定性表述分析。因此，三种指标基本体现出了定量与定性评估分析的结合。其次，从指标体系的归类来看，由于《美新》开展评估的时间晚于全国联合理事会的评估，因此可以吸收全国联合理事会评估的经验，在指标梳理和分类上更为清晰，表述也更为简洁明了。从三种评估指标可以看出，美国无论是本科教育评估还是研究生教育质量评估其指标体系都是不断发展和演变的，每个时期的评估方式和评估指标的选取可能有所差异，目标却是一致的，即保证美国高等教育的质量水平。在排名中涌现的佼佼者成了美国大学的标杆，如耶鲁大学法学院、麻省理工学院工学院、哈佛大学医学院、斯坦福大学商学院等多次名列最佳大学学科排名前列。

2.《美新》评估指标体系

《美新》对美国研究生教育进行了两种层次的评估：分学科门类的评估和分学科级别的评估。其中，分学科门类的评估是指按照法学、商学、工学、医学、教育学等学科大类进行的评估和排名，由此评选出全美最佳的专业学院。分学科级别的评估则更加细化，是指法学、商学、工学、医学和教育学学科外，选择其他一些学科和专业进行的分类评估和排名。

（1）分学科门类评估

《美新》从1990年开始对全美研究生教育进行了评估，评选出了美国最佳研究生院（America's Best Graduate and Professional Schools）和专业学院以及最佳专业学位点（Best Specialty Programs），自此以后《美新》一直沿革了对全美各专业研究生教育进行评估和排名的传统，每年都会组织对研究生教育进行评估。到目前为止，《美新》对商学、教育学、工学、法学、医学和护理学专业研究生教育进行评估和排名，每年均会评选全美最佳商学院、教育学院、工学院、法学院、医学院以及护理学院，并且对以上学科进行整体排名。有升学意向的学生将这一排名作为选择就读高校的重要参考。

① 2017全美商学院排名、指标及权重

自2016年秋季开始，《美新》便开始就全美471家商学研究生培养单位进行调查，这些高校均得到了国际高级商学院大学联合会（Association to Advance Collegiate Schools of Business international）认证。其中有377家商学研究生培养单位响应了此次调查，并且积极配合了此次评估排名。《美新》对其中131家提供了翔实数据的培养单位进行了排名。表4-2为美国排名前十的商学院名单。

表4-2　《美新》2017年排名前十商学院一览表①

排名	学院名称	入学注册人数（全日制）
1	哈佛大学商学院	1871
1	宾夕法尼亚大学商学院	1708
3	芝加哥大学布斯商学院	1185
4	麻省理工学院斯隆商学院	809
4	西北大学克罗格商学院	1301
4	斯坦福大学商学院	833
7	加州大学伯克利分校哈斯商学院	502
8	达特茅斯学院塔克商学院	567

---

① 根据《美新》官网数据整理而来。

排名	学院名称	入学注册人数（全日制）
9	哥伦比亚大学商学院	1326
9	耶鲁大学商学院	694

以上排名可为学生提供商学院在排名和学费以及录取人数的参考。以上排名是按照一定的指标体系和权重来进行计分并最终排出位次的。一级指标分别为质量评估（Quality Assessment）占40%、就业成功率（Placement Success）占35%、生源质量（Student Selectivity）占25%。在每个一级指标下面又分设一些二级指标。质量评估一级指标下有同行评估得分（Peer assessment score）占25%、用人单位评估得分（Recruiter Assessment Score）占15%。其中同行评估是指有其他商学院院长和同行专家对参评商学院的基本情况进行的评估和打分，得分从1分到5分，若不够了解所评学院的情况，则可填写不清楚选项，但填写不知道选项的不能作为赞成或反对一所学校的依据。用人单位评估则是合作用人单位对参评商学院的基本评估，得分及注意事项与同行评估一致。就业成功率一级指标下分设两个二级指标，毕业生起薪与红利（Mean starting salary and bonus）占14%、全日制学生就业率（Employment rates for full-time graduates）占21%，毕业生起薪与红利依照学生申报的数目为准。毕业生就业率是以2016年学生就业统计数据为依据的，未找工作或无就业信息的不在统计范围内。若未寻找工作人数比例较高，则不用做学校排名统计，就业率分两部分：毕业时已就业的比率（占0.7%）和毕业后三个月内的就业率（占14%）。生源一级指标下的二级指标有：学生GMAT和GRE成绩（Mean GMAT and GRE scores）占16.25%、学生本科阶段GPA平均成绩（undergraduate GPA）占7.5%、申请接受率/录取率（Acceptance rate）占1.25%。以上考试分值和比率均是以2016年统计数据为准。

②2017全美教育学院排名、指标及权重

《美新》对教育学专业的评估从2016年秋季开始进行，评估选取了全美379家具有博士学位授予权的教育学院进行了评估和排名。其中256家培养单位为评估提供了翔实的数据，协助完成了评估和排名。2017年评选出的全美教育学院排名前十的高校如下表4-3所示。

表4-3 《美新》2017年排名前十教育学院一览表 [①]

排名	学院名称	入学注册人数（全日制）
1	哈佛大学教育学院	866
2	斯坦福大学教育学院	339
3	加州大学洛杉矶分校教育学院	674
3	宾夕法尼亚大学教育学院	1106
3	威斯康星大学麦迪逊教育学院	1080
6	约翰·霍普金斯大学教育学院	2393
7	哥伦比亚大学教师学院	4892
7	范德堡大学皮博迪教育学院	902
9	华盛顿大学教育学院	1019
10	西北大学教育学院	329

对教育学院的评估排名是按照4个一级指标和10个二级指标的标准计算分值的。一级指标分别为质量评估（Quality Assessment）占40%、生源质量（Student Selectivity）占18%、师资力量（Faculty Resources）占12%、研究活动（Research Activity）占30%。其中质量评估一级指标下设两个二级指标：同行评估得分（Peer assessment score）占25%、校长评估（Superintendent assessment score）占15%。其中同行评估是指由其他教育学院院长和同行专家对参评学院的基本情况进行的评估和打分，得分从1分到5分，若不够了解所评学院的情况，则可填写不清楚选项，但填写不知道选项的不能作为赞成或反对一所学校的依据。校长评估则是由过去一年邀请了毕业研究生所在学校的校长、人事部门负责人或教育专业人士对研究生质量的基本评估，得分及注意事项与同行评估一致。学生生源一级指标下设三项二级指标：申请接受率/录取率（Acceptance rate）占6%、GRE词汇部分成绩（Mean GRE verbal scores）占6%、GRE计量部分成绩（Mean GRE quantitative Scores）占6%。录取率是指在2016—2017学年拿到博士录取通知的学生与申博学生之间的比率。GRE的分数要求执行的是新GRE考试标准。师资力量一级指标下设三个二级

---

① 根据《美新》官网数据整理而来。

指标：生师比（Student-faculty ratio）占 4.5%、杰出教师比例（Percentage of faculty with awards）占 2.5%、博士学位获得比例（Doctoral degrees granted）占 5%。在统计师生比时，《美新》引入了全新的统计方式来统计全日制博士生与全职教师的比例，以此来解决初始函数非正态分布的问题。杰出教师比例是指在 2015 和 2016 年度获得杰出教师荣誉或者在顶级教育学类期刊担任主编的全职终身教授及终身职位候选教授（tenure-track faculty）的比例。以上标准的确定是由美国大学联合会（Association of American Universities）和美国研究型教育学院院长委员会（Council of Academic Deans from Research Education Institutions）与《美新》共同制定。博士学位获得比例是指 2016 年度授予博士学位比例与 2015—2016 年学校全职教师之间的比例。研究活动一级指标下设两个二级指标：全年研究经费支出（Total Research Expenditures）占 15%、教师人均研究经费支出（Average Expenditures per faculty member）占 15%。全年研究经费支出是指在 2015—2016 年财政年度内全校所有用于科研的支出，包括独立研究经费以及公用和私用经费。教师人均研究经费支出是学校拥有终身教职或终身教职候选教职的教师在 2015—2016 年这一财政年度的人均科研经费支出。综上，具体商学和教育学专业学位研究生质量排名指标体系如表 4-4 所示。

表 4-4　商学和教育学专业学位研究生质量排名指标体系比较

商学		教育学	
一级指标及权重	二级指标及权重	一级指标及权重	二级指标及权重
质量评估（40%）	同行评估（25%）	质量评估（40%）	同行评估（25%）
	用人单位评估（15%）		校长评估（15%）
就业成功率（35%）	毕业生起薪（14%）	生源质量（18%）	接受率/录取率（6%）
	全日制毕业生就业率（21%）		GRE 计量部分成绩（6%）
生源质量（25%）	GMAT 和 GRE 成绩（16.25%）		GRE 词汇部分成绩（6%）
生源质量（25%）	本科阶段 GPA（7.5%）	师资力量（12%）	生师比（4.5%）
	申请接受率/录取率（1.25%）		杰出教师比例（2.5%）
			博士学位获得比例（5%）

续表

商学		教育学	
一级指标及权重	二级指标及权重	一级指标及权重	二级指标及权重
		研究活动（30%）	全年研究经费支出（15%）
			教师人均研究经费支出（15%）

③ 2017全美工程学院排名指标及权重

在对全美214家工程专业研究生培养单位发出的调查邀请中，有198家培养单位根据评估指标和权重提供了翔实的统计数据。2017年度美国最佳工学院排名前十的培养单位如表4-5所示。

表4-5　《美新》2017年排名前十工程学院一览表[①]

排名	学院名称	入学注册人数（全日制）
1	麻省理工学院工程学院	3124
2	斯坦福大学工程学院	3675
3	加州大学伯克利分校工程学院	2076
4	加州理工学院工学院	543
5	卡耐基·梅隆大学工程学院	3737
5	密歇根大学工程学院	3570
7	乔治亚理工学院工程学院	8850
8	普渡大学西拉法叶校区工程学院	3744
9	伊利诺伊大学香槟分校工程学院	3806
9	得州大学奥斯丁分校克雷尔工程学院	2362

工程学院评估排名选取的指标分为4个一级指标和10个二级指标。其中一级指标分别为：质量评估（Quality Assessment）占40%、生源质量（Student Selectivity）占10%、师资力量（Faculty Resources）占25%、研究活动（Research Activity）占25%。质量评估一级指标下有同行评估得分（Peer assessment score）占25%、用人单位评估得分（Recruiter Assessment Score）占

---

① 根据《美新》官网数据整理而来。

15%。其中同行评估是指由其他工程学院院长和同行专家对参评工程学院的基本情况进行的评估和打分，得分从1分到5分，若不够了解所评学院的情况，则可填写不清楚选项，但填写不知情选项的不能作为赞成或反对一所学校的依据。在2016年的调查中被邀请的同行评估中有51%的同行专家给予回应，并配合完成了排名。用人单位评估则是由合作用人单位对参评工程学院的教育质量进行的评估，得分及注意事项与同行评估一致。生源质量一级指标下的二级指标有：GRE计量部分成绩（Mean GRE quantitative Scores）占6.75%、申请接受率/录取率（Acceptance rate）占3.25%。其中GRE成绩特指2011年后新GRE考试标准下的成绩，录取率也特指2016年录取的硕士和博士生比率。师资力量这项一级指标下设的二级指标为：生师比（Student faculty ratio）占11.25%、美国国家工程院院士比例（Percentage of faculty in the National Academy of Engineering）占7.5%、博士学位授予比例（Doctoral degree awarded）占6.25%。其中，生师比中全日制博士研究生与全职终身教授及终身教职候选教授的比率占7.5%，全日制硕士研究生与终身教授及终身教职候选教授的比率占3.75%。国家工程院院士比例是指2016年度担任美国国家工程院院士的终身教授及终身教职候选教授占全校校职工的比例。博士学位授予率是指在2015—2016学年授予的博士比例。研究活动一级指标下设两个二级指标：全年研究经费支出（Total Research Expenditures）占15%、教师人均研究经费支出（Average Expenditures per faculty member）占10%。全年研究经费支出是指在2015—2016一个财政年度内全校所有科研的支出，包括独立研究经费以及公用和私用经费。教师人均研究经费支出是学校拥有终身教职或终身教职候选教职的教师在2015—2016这一财政年度的人均科研经费支出。

④2017全美法学院排名、指标及权重

《美新》对全美127家经过美国律师协会（American Bar Association）认证的法学院进行了排名。从2016年秋季开始收集数据，评估指标体系涵盖了12个方面。法学院各专业排名则是根据法学教师或同行高校专家提名进行排名。本次评选出的全美前十法学院如表4-6所示。

表 4-6 《美新》2017 年排名前十法学院一览表 [①]

排名	学院名称	入学注册人数（全日制）
1	耶鲁大学法学院	632
2	斯坦福大学法学院	579
3	哈佛大学法学院	1771
4	芝加哥大学法学院	603
5	哥伦比亚大学法学院	1234
6	纽约大学法学院	1369
7	宾夕法尼亚大学法学院	749
8	密歇根大学法学院	929
9	弗吉尼亚大学法学院	893
10	杜克大学法学院	676
10	西北大学法学院	661

法学院评估排名选取的指标分为 4 个一级指标和 11 个二级指标。其中一级指标分别为：质量评估（Quality Assessment）占 40%、生源质量（Student Selectivity）占 25%、就业成功率（Replacement Success）占 20%、师资力量（Faculty Resources）占 15%。质量评估一级指标下有同行评估得分（Peer assessment score）占 25%、律师和法官评估得分（Assessment Score by lawyers and judges）占 15%。其中同行评估是由法学院院长、学术事务负责人、教师任命委员会主席以及近期获得终身教职的教职工打分，从 1 分到 5 分（1 分为最低分）。如果不清楚情况的则填写不了解不知情选项。此次同行评估得到了 66% 同行专家学者的响应。律师和法官评估得分是按照 2016 年秋法律专业人士的评估进行打分排名。这些专业人士包括法律事务所的合伙人、出庭检察官和法官，打分计分方式和注意事项和同行评估一致。最终以近三年得分的平均数为准作为该学院的最终得分。生源质量一级指标下包括 LSAT 和 GRE 中位分数（Median LSAT and GRE scores）占 12.5%、本科阶段 GPA 中位数（Median understand GPA）占 10%、录取率（Acceptance rate）占 2.5%。LSAT

---

① 根据《美新》官网数据整理而来。

和 GRE 中位分数是通过一起统计法学博士学位（J·D）攻读者 LSAT 和 GRE 中位分数计算分值，但也有一些例外的情况。比如亚利桑那大学是单独计算出了 LSAT 和 GRE 的成绩。本科阶段的 GPA 分数和录取率则是对 J·D 攻读者全日制和非全日制一起统计得出的结果。就业成功率一级指标下设有毕业时已就业的比率（占4%）、毕业后十个月内就业率（占14%）、律师资格考试通过率（占2%）。每年法学院都需要向美国律师协会提交毕业生在就业单位的职务类型。从2015届 J·D 毕业生开始进行统计，学校需要将学校资助的职位与非学校资助的职位类型之间进行清晰界定。按照美国律师协会的规定，学校需要提交45类不同的职位类型，包括任职状态和任职时长。包括是否是长期工（一年以上）、是否全职、是否需要通过律师资格考试等。在法学界普遍有以下几种共识。第一种情况，能够得到一份非学校资助的任期为一年以上，并且需要通过律师执业资格考试，且法学博士学位拥有优先权的全职工作才算是真正的法律类工作，此种情况可打满分。第二种情况，如果是全职长期性工作，但不一定是从事法律专业的工作，也没有对职业资格证和学历高有要求，工作开始时间推迟的这类工作，可适当减分。第三种情况，非全职非长期或者学校无法确定聘期时长，无法得知是否为全职工作的得分最低。律师资格考试通过率（Bar passage rate）占2%，以2015届毕业生在2015年司法考试中律师资格通过率为准。师资力量一级指标下设：生均经费（Expenditures per student）、生师比（Student faculty ratio）占3%、图书资源（library resources）占0.75%。生均经费2015—2016年财政年度中平均教辅、图书和服务类支出（占9.75%）；包括财政援助的其他开支（占1.5%）。综上，全美工程学和法学专业学位研究生质量排名指标体系比较具体情况如表4-7所示。

表4-7 工程学和法学专业学位研究生质量排名指标体系比较

工程学		法学	
一级指标及权重	二级指标及权重	一级指标及权重	二级指标及权重
质量评估（40%）	同行评估（25%）	质量评估（40%）	同行评估（25%）
	用人单位评估（15%）		律师和法官评估（15%）

续表

工程学		法学	
一级指标及权重	二级指标及权重	一级指标及权重	二级指标及权重
生源质量（10%）	GRE 计量部分成绩（6.75%）	生源质量（25%）	LSAT 和 GRE 中位分数（12.5%）
	申请接受率/录取率（3.25%）		本科阶段 GPA 中位数（10%）
师资力量（25%）	生师比（11.25%）		录取率（2.5%）
	美国国家工程院院士比例（7.5%）	就业成功率（20%）	毕业时已就业的比率（4%）
	博士学位授予比例（6.25%）		毕业后十个月内就业率（14%）
研究活动（25%）	全年研究经费支出（15%）		律师资格考试通过率（2%）
	教师人均研究经费支出（10%）	师资力量（15%）	生均经费（4.5%）
			生师比（3%）
			图书资源（7.5%）

⑤ 2017全美医学院排名、指标及权重

对医学院进行的排名，分为两种：研究型医学院排名（Research Medical School Ranking）和初级护理医学院排名（Primary Care School Ranking）。《美新》进行的全美最佳医学院排名也分为两种情况。在2017年进行的排名中，两种排名方式的指标体系和权重各不相同。调查的学校同为170所，其中有118所学校接受了调查并且提供了翔实的统计数据。被评估的学校中，有140所来自医学教育联络委员会（Liaison Committee on Medical Education，简称LCME）认证医学院，30所来自2016年美国骨科协会（American Osteopathic Association，简称AOA）认证医学院。由于排名方式不同，以下分别就两种排名情况分别论述。

I.研究型医学院排名

研究型医学院评估指标总共是八项。包括的一级指标为：质量评估（Quality Assessment）占40%、研究活动（Research Activity）占30%、生源情况（Student Selectivity）占20%、师资力量（Faculty Resources）占10%。其中，质量评估一级指标下设两个二级指标：同行评估（Peer Assessment Score，占20%）和住院医师培训课主任评估（Assessment Score by residency directors，占20%）。同行评估是对医学院或骨科医院的院长、学术事务负责人以及学校行政领导发出评估邀请，邀请这些专家对参评医学院打分。同行评估也分为研究型和基础护理型两种分别进行。在2016年进行的评估中有大约三分之二的被邀请专家参与了评估活动。住院医师培训主任评估也是分两部分进行，研究型主要选取外科手术（Surgery）、神经科（psychiatry）和放射科（radiology）等专业的住院医师主任进行调查和评估，基础护理型则主要选取全科（Family practice）、儿科（pediatrics）和内科（internal medicine）等专业的住院医师培训主任进行调查和评估。打分方式仍然按照五分制方式进行。研究活动一级指标下设两个二级指标：研究活动总量（Total research activity，占15%）、人均研究活动（Average research activity per faculty member，占15%）。研究活动总量是按照医学院及其附属医院获得国家卫生研究院（National Institute of Health，简称NIH）科研资助的金额总数作为评估标准。人均研究活动是指医学院及其附属医院获得国家卫生研究院（National Institute of Health，简称NIH）科研资助的人均数。这里的职工是指全职员工，但包括了所有从事基础科学及临床医学的员工。生源质量一级指标下设三个二级指标：MCAT中位分数（Median MCAT scores）占13%、本科阶段GPA中位数（Median understand GPA）占6%、录取率（Acceptance rate）1%。师资力量主要通过全职教师与医学硕士和医学博士攻读者的比率作为评估指标。本次评选出的全美前十医学院（研究型）如表4-8所示。

表4-8　《美新》2017年排名前十医学院（研究型）一览表[①]

排名	学院名称	入学注册人数（全日制）
1	哈佛大学医学院	720
2	斯坦福大学医学院	487
3	约翰·霍普金斯大学医学院	471
4	加州大学圣弗朗西斯科校区医学院	633
5	宾夕法尼亚大学医学院	629
6	哥伦比亚大学医学院	660
7	杜克大学医学院	478
7	华盛顿大学医学院（圣.路易斯）	507

---

① 根据《美新》官网数据整理而来。

排名	学院名称	入学注册人数（全日制）
9	密歇根大学医学院	719
9	耶鲁大学医学院	411

II. 初级护理医学院排名

初级护理医学院评估指标总共是七项。包括的一级指标为：质量评估（Quality Assessment，占40%）、基础护理率（Primary Care Rate，占30%）、生源情况（Student Selectivity，占15%）、师资力量（Faculty Resources，占15%）。其中，质量评估一级指标下设2个二级指标：同行评估（Peer Assessment Score，占20%）和住院医师培训课主任评估（Assessment Score by residency directors，占20%）。其中，质量评估一级指标下设两个二级指标：同行评估（Peer Assessment Score，占25%）和住院医师培训课主任评估（Assessment Score by residency directors，占15%）。基础护理率是指2014—2016年三年间医学院毕业的博士和硕士毕业后从事全科（Family practice）、儿科（pediatrics）和内科（internal medicine）等基础护理专科的比例。生源质量三个二级指标：MCAT中位分数（Median MCAT scores）占9.75%、本科阶段GPA中位数（Median understand GPA）占4.5%、录取率（Acceptance rate）0.75%。本次评选出的2017年全美前十医学院（基础护理型）如表4-9所示。

表4-9 《美新》2017年排名前十医学院（基础护理型）一览表①①

排名	学院名称	入学注册人数（全日制）
1	华盛顿大学医学院	1022
2	本卡罗莱纳大学医学院	834
3	加州大学圣弗朗西斯科校区医学院	633
4	俄勒冈健康与科学大学医学院	578
5	密歇根大学医学院	719
6	加州大学洛杉矶分校医学院	737
7	明尼苏达大学医学院	982

---

① 根据《美新》官网数据整理而来。

排名	学院名称	入学注册人数（全日制）
8	贝勒医学院	718
8	科罗拉多大学医学院	697
8	宾夕法尼亚大学医学院	629

综上，全美医学院（研究型和初级护理型）专业学位研究生质量排名指标体系比较如下表4-10所示。

表4-10 医学专业学位研究生质量排名指标体系比较

研究型		初级护理型	
一级指标及权重	二级指标及权重	一级指标及权重	二级指标及权重
质量评估（40%）	同行评估（20%）	质量评估（40%）	同行评估（20%）
	住院医师培训课主任评估（20%）		校长评估住院医师培训课主任评估（20%）
研究活动（30%）	研究活动总量（15%）	基础护理率（30%）	博士和硕士毕业后从事全科、儿科和内科等基础护理专科的比例（30%）
	人均研究活动（15%）		
生源质量（20%）	MCAT中位分数（13%）	生源质量（15%）	MCAT中位分数（9.75%）
	本科阶段GPA中位数（6%）		本科阶段GPA中位数（4.5%）
	申请接受率/录取率（1%）		申请接受率/录取率（1%）（0.75%）
师资力量（10%）	全职教师与医学硕士和医学博士攻读者的比率（10%）	师资力量（15%）	全职教师与医学硕士和医学博士攻读者的比率（15%）

⑥ 2017全美护理学院排名、指标及权重

《美新》对全美护理学研究生教育质量进行的排名分硕士和博士两种层次分别进行。本年度对全美总共532个拥有硕士和博士授权点的护理学院进行了调查。这些学院均是获得了大学护理教育委员会（Commission on Collegiate Nursing Education）或护理教育认证专业委员会（Accreditation Commission for Education in Nursing）认证的学院。其中有292家硕士研究生培养单位、186家博士研究生培养单位提供了翔实数据，积极配合了排名。两种评估排名的指

标各有14项，其中两者通用的有7项指标。在进行评估过程中，要求护理学院院长和研究生教育负责人对参评学校的教育质量进行评估，评估通过在线统计数据调查的方式进行。

I. 护理硕士专业学位排名

护理硕士专业学位评估的一级指标分别是质量评估（Quality Assessment，占40%）、硕士专业生源质量和专业规模（Master's Program Student Selectivity and Master's Program Size，占11.25%）、师资力量（Faculty Resources，占23.75%）、研究活动（Research Activity，占25%）。其中，质量评估只使用同行评估得分作为得分唯一依据。2016年秋季学期依据所有护理学院院长及研究生教育负责人对参评学院的护理学硕士研究生专业教育质量进行打分，分值从1到5分，如果对参评学院情况不了解则填写不知情选项。最终根据所有同行专家的打分算出平均分作为排名依据。总共有38%的专家回应了调查，做出了有效的同行评估。生源和规模一级指标下设本科阶段平均成绩（Mean undergraduate grade point average，占5%）、录取率（Acceptance rate，占1.25%）、专业规模（Master's program size，占5%）。其中专业规模又分为两个部分分别打分：2016年秋季学期学生注册率（占1.25%）、2016年授予硕士学位数量（占3.75%）。师资力量下设生师比（Student faculty ratio，占5%）、教师资历（Faculty credentials，占5%）、杰出教师比例（Percentage of faculty with important academic achievements in the nursing field，占3.75%）、护理实践参与度（Nursing practice participation，7.5%）、硕士学位产出率（Master's Degree output productivity，占2.5%）。其中教师资历是指全职教师中拥有博士的教师比例。杰出教师比例是指所有全职和兼职教师中获得护理学领域学术组织荣誉会员的教师比例。护理实践参与是指全职和兼职教师参与积极护理实践的比例。硕士学位产出率是指2016年硕士学位授予数量与全职教师数量的比例。研究活动分研究活动总量（Total research activity，占15%）、人均研究活动（Average research activity per faculty member，占10%）。研究活动总量有两部分组成：学院获得的NIC及其他联邦或非联邦机构的资助总量（占7.5%）、从NIH或NIH以外资助的教学性和实践性经费资助（占7.5%）。2017年评选出的护理硕士专业学位质量排名如表4–11所示。

表4-11 《美新》2017年排名前十护理硕士专业学位一览表 ① ①

排名	学院名称	入学注册人数（全日制）
1	杜克大学护理学院	486
2	约翰·霍普金斯大学护理学院	647
3	宾夕法尼亚大学护理学院	614
4	埃默里大学护理学院	314
5	俄亥俄州立大学护理学院	686
6	华盛顿大学护理学院	69
6	耶鲁大学护理学院	297
8	哥伦比亚大学护理学院	654
8	匹兹堡大学护理学院	183
10	马里兰大学（巴尔的摩）护理学院	503

II. 护理博士专业学位排名

护理博士专业学位评估的一级指标分别是质量评估（Quality Assessment，占40%）、博士专业生源质量和专业规模（DNP Program Student Selectivity and DNP Program Size，占18.75%）、师资力量（Faculty Resources，占26.25%）、研究活动（Research Activity，占15%）。其中质量评估也是将同行评估分数作为唯一依据。博士生源质量和专业规模一级指标下的本科平均成绩占5%、录取率占1.25%、博士专业规模占12.5%（注册规模占6%、学位授予规模占6.5%）。师资力量下设生师比（Student faculty ratio，占4%）、教师资历（Faculty credentials，占5%）、杰出教师比例（Percentage of faculty with important academic achievements in the nursing field，占3.75%）、护理实践参与（Nursing practice participation，7.5%）、博士学位产出率（DNP Degree output productivity，占6%）。研究活动分研究活动总经费支出（Total research expenditures，占8%）、人均研究活动经费支出（Average research expenditures per faculty member，占7%）。2017年评选出的护理博士专业学位质量排名如表4-12所示。

---

① 根据《美新》官网数据整理而来。

表4-12 《美新》2017年排名前十护理博士专业学位一览表 ①

排名	学院名称	入学注册人数（全日制）
1	杜克大学护理学院	233
2	约翰·霍普金斯大学护理学院	57
3	华盛顿大学护理学院	303
4	拉什大学护理学院	734
5	哥伦比亚大学护理学院	52
5	俄亥俄州立大学护理学院	52
7	匹兹堡大学护理学院	138
8	凯斯西储大学护理学院	131
8	耶鲁大学护理学院	48
10	马里兰大学（巴尔的摩）护理学院	365

综上，2017年全美护理学（硕士和博士两种）专业学位研究生质量排名指标体系比较如表4-13所示。

表4-13 护理学专业学位研究生质量排名指标体系比较

硕士		博士	
一级指标及权重	二级指标及权重	一级指标及权重	二级指标及权重
质量评估（40%）	同行评估（40%）	质量评估（40%）	同行评估（40%）
硕士专业生源质量和专业规模（11.25%）	本科阶段平均成绩（5%）	博士专业生源质量和专业规模（18.75%）	本科阶段平均成绩（5%）
	录取率（1.25%）		录取率（1.25%）
	专业规模（5%）		录取率（12.5%）
师资力量（23.75%）	生师比（5%）	师资力量（26.25%）	生师比（4%）
	教师资历（5%）		教师资历（5%）
	杰出教师比例（3.75%）		接触教师比例（3.75%）
	护理实践参与度（7.5%）		护理实践参与度（7.5%）
	硕士学位产出率（2.5%）		博士学位产出率（6%）
研究活动（25%）	全年研究经费支出（15%）	研究活动（15%）	经费总支出（8%）
	教师人均研究经费支出（10%）		人均经费支出（7%）

---

① 根据《美新》官网数据整理而来。

《美新》除了对法律、商业、教育、工程、医学和护理大类进行评估外，还对各学科门类下的专业（specialties 或 programs）进行了评估和排名。在进行专业排名时使用的指标体系和学科门类排名指标体系一致，其差异在于调查和评估的范围不同。以教育学学科为例，美新对教育学学科下设的十个专业分别进行了评估和排名。这十个专业分别是：课程与教学（Curriculum and Instruction）、教育行政与管理（Educational Administration and Supervision）、教育政策（Educational Policy）、教育心理学（Educational Psychology）、初等教师教育（Elementary Teacher Education）、高等教育管理（Higher Education Administration）、中等教师教育（Secondary Teacher Education）、特殊教育（Special Education）、学生咨询与服务（Student Counseling and Personnel Services）、教育技术与职业（Technical/Vocational）。具体专业排名如表4-14所示。

表4-14　《美新》2017教育学研究生分专业排名一览表[①]

专业	高校排名	注册人数	专业	高校排名	注册人数
课程与教学论	1. 威斯康星大学	1080	教育行政与管理	1. 范德堡大学	902
	2. 密歇根州立大学	1636		2. 威斯康星大学	1080
	3. 哥伦比亚大学	4892		3. 哈佛大学	866
	3. 范德堡大学	902		4. 密歇根州立大学	1639
	5. 斯坦福大学	339		5. 哥伦比亚大学	1892
教育政策	1. 斯坦福大学	339	教育心理学	1. 威斯康星大学	1080
	2. 哈佛大学	866		2. 密歇根大学	526
	3. 范德堡大学	902		3. 斯坦福大学	339
	4. 威斯康星大学	1080		4. 范德堡大学	902
	5. 密歇根大学	526		5. 密歇根州立大学	1639
初等教师教育	1. 密歇根州立大学	1639	高等教育管理	1. 密歇根大学	526
	2. 密歇根大学	526		2. 宾夕法尼亚大学	1106
	3. 哥伦比亚大学	4892		3. 密歇根州立大学	1639
	4. 威斯康星大学	1080		4. 加州大学洛杉矶分校	574
	5. 范德堡大学	902		5. 范德堡大学	902

---

① 根据《美新》官网数据整理而来。

专业	高校排名	注册人数	专业	高校排名	注册人数
中等教师教育	1. 密歇根州立大学	1639	特殊教育	1. 范德堡大学	902
	2. 密歇根大学	526		2. 堪萨斯大学	1390
	3. 威斯康星大学	1080		3. 俄勒冈大学	544
	4. 斯坦福大学	339		4. 弗吉尼亚大学	983
	4. 哥伦比亚大学	4892		5. 佛罗里达大学	1146
学生咨询与服务	1. 马里兰大学	905	教育技术与职业	1. 俄亥俄州立大学	1174
	2. 乔治亚大学	1614		2. 宾夕法尼亚州立大学	1656
	3. 密苏里大学	1373		3. 乔治亚大学	1514
	4. 俄亥俄州立大学	1174			
	5. 北卡罗来纳大学	914			

三、美国专业学位研究生教育质量评估的治理特征

正如大学的治理向度在于通过科学的制度设计最大程度释放大学的功能[1]，美国研究生教育质量评估过程也在于通过科学的质量评估制度最大程度保障高校的研究生教育质量。高等教育质量的实现最终取决于相关质量评估制度能否对利益相关方予以有效保护并为其创造价值。在尊重利益相关者意愿的前提下，为各方利益相关者创造价值，是维系评估机构正常运转并且吸纳新会员加入评估行列的重要保障。通过对美国研究生质量评估的考察，我们可以对美国高校在研究生质量评估中所体现的治理特征进行总结。

（一）多元化评估主体的参与

在美国，研究生教育质量评估主体较为多元，其首要表现是评估机构的多元化。除了联邦和州政府层面的常规评估外，民间非官方性质的评估机构是评估主体的最重要组成部分。每种机构进行的评估大多是按照一定的周期进行。包括政府教育主管部门、民间评估认证机构、新闻媒体、学术团体等在内的评估机构间彼此的评估活动独立进行，不受外界力量干预。民间评估机构主要包括了美国的各级各类的认证机构。美国共有6个地区性院校协会下属的8个地区认证机构和8个全国性院校认证机构，以及60个学科中的70

---

① 李维安，王世权. 大学治理 [M]. 北京：机械工业出版社，2013：37.

多个专业评估机构。他们分别从学院认证和专业认证的角度对全美研究生教育质量进行有针对性的评估。院校认证机构分地区进行，从申请认证资格到正式认证以及认证期满后的再认证都是严格按照各地区院校认证委员会的相关程序进行，这是评估院校办学质量的重要手段。美国是世界上认证制度发展相对成熟的国家，现在美国高等教育认证委员会认可的8所地方认证机构2953所地方高校进行评估，58个认证机构对18713个专业进行评估。美国专业认证协会认证机构规模的规章对专业学位的发展和质量保障产生着重要影响。认证机构除了在专业设置上进行把关之外，还对联邦教育经费，特别是对学生资助政策进行规范和监督。以《美新》为代表的新闻媒体每年对全美商学、教育学、法学、医学和护理学等进行一次评估排名，其评估排名的结果成为学生选择学校报考研究生的重要依据。

除了评估机构和组织多元之外，评估活动中参与的利益相关方同样多元。首先，在同行评估中，相关领域的专家、学者和领导均参与到了同行评审过程中，他们通过参评单位自评报告审阅、现场实地考察、召开审议会议等方式参与评估。其次，在学校自评环节中，学校需要调动包括行政人员、教师、学生及教辅人员在内的所有人员的参与，需要依据相应评估指标体系，完成各自职责范围内的自我审查和材料撰写，并最终报送给二级学院，直至学校。这些材料构成了质量评估的核心要件，同时，也是撰写学校自评报告的重要材料依据。最后，在社会评估中，包括用人单位、校友、毕业生及家长在内都会对学校的办学声誉及毕业生的社会适应性等进行定性与定量的综合评估。研究生教育质量评估的利益相关方在多方参与与协作配合下共同完成质量评估活动。

（二）多层次分类别评估的手段

美国的研究生教育评估采用的是分类评估的方式。评估分学科门类，按照学科级别分别进行。无论是评定性评估还是排名性评估均是采用此种方法进行。首先，在质量认证机构中，全美有来自6个地区的8个地区性认证机构负责对各自地区范围内的各类高校进行认证评估。但一些特殊类型的大学，如教会大学等则是通过8所全国性认证机构提供认证服务。在院校认证外，全美还有几十种专业认证机构，负责分专业进行认证和评估。高校在自愿进行院校认证后，针对各专业的开设情况，参加专业认证机构组织的专业认证，也是评估专业教育质量，吸引优质生源的重要途径。其次，在排名性评估中，全美有多个排名机构。进行排名的不仅是院校排名，还包括了专业学院学科大类排名和专业排名。每一种排名的指标体系有差异，通过多种排名，力求更加清晰多层次多角度反映美国专业学位研究生教育质量的真实状况。按照学科进行评估具有可比性较强、操作性更高、评估结果可信度更高的优势，同时对于学科建设和发展以及突出学科特色同样具有指导意义。美国在研究生教育质量评估中采用的学科分类评估的方法，不仅体现了高等教育评估的一般规律，而且可以充分了解高校办学的个性特点。

（三）对社会声誉和办学效益的重视

美国的研究生质量评估体系从特征上看具有较强的开放性，对社会声誉特别重视。无论是美国各类认证机构进行的评估还是新闻媒体进行的排名评估，在同行评议环节中一项重要的评估内容就是依靠同行专家的评议打分作为同行评估的判定依据。这是美国高等教育评估的指导性共识，在他们看来，一个以很有见识的学者集体的意见作为基础而做出的综合性概括，是人类迄今所设计出来的衡量的可靠指南[①]。同时，用人单位对研究生培养质量的评估也是美国高等教育质量评估的重要内容。专业学位研究生教育的社会和市场导向决定了其人才培养质量的社会效益。在进行质量评估时加入用人单位的评估十分必要，使专业学位研究生教育与社会之间更加密切关联，形成人才培养与社会需求之间的良性互动。此外，对于高校办学效益的重视也是美国研究生教育质量评估的重要特征。办学效益是否既满足了政府和社会的需求，也客观反映了高校的办学效率是质量评估中办学效益评估的衡量标准。在评估指标体系中包含了学校教育产出的评估指标，在评估结果公布方面通过权威认证机构和教育媒体向社会及时公布教育质量状况的机制。社会对于高校的办学效益可以得到可量化标准的评估并且及时知情，成为家长和学生选择就读学校和专业的依据，也成为用人单位了解学校整体教育状况的重要方式。

---

① 罗福午，王心丰.美国教育质量评估活动简介 [A]；北京市高教局，等.教育评估理论与实践 [C].
　北京：北京航空学院出版社，1987：190.

（四）静态评估向动态监测转变

在高等教育评估活动中，最原初的评估形态是对教育结果的总结性评估。因此，从发生时间来看，教育评估活动发生在一定的教育方案执行完毕之后，或教育过程中某个阶段的时间点之后，通过一定的评估方法来评定高等院校是否按照预设方案达到了既定目标和预期效果。从此意义上说，传统的教育评估多属于结果评估。结果评估具有对静态数据依赖较强，反馈周期相对滞后的缺点，影响了其评估作用的发挥。从静态结果评估向动态监测评估转变已逐渐成为美国高等教育质量评估的一大趋势。美国研究生教育评估因为类别的差异，周期也呈现出多样性，有定期的，也有不定期的评估。在此过程中对动态监测评估的重视也正逐渐显现。监测评估借助当今大数据时代的科学技术，满足各方利益相关者及时了解教育发展动态的现实需求，在进行结果评估的过程中，同步进行动态监测。比如《美新》每年一度的全美研究生院和专业排名在数据采集的时间上没有统一规定，可以从本年度秋季开始一直持续到第二年春季。参评高校在整个时间段的质量数据都有可能是质量评估和排名的依据。这种动态的监测评估，正在改善传统评估周期长反馈慢的缺陷。动态监测评估的目的也正是通过连续不定期的收集高等教育质量发展数据，对整个高等教育质量发展变化和结果进行检测和评估。从参与主体来看，静态结果评估是外部专家主导型的评估模式，而动态监测评估则是内部与外部利益相关者共同分担评估指责，发挥各自的优势，共同完成评估过程的联合主导型模式。从逻辑内涵上看，它也契合了高等教育多元共治，多方利益主体共同参与的价值取向。

（五）评估作用从质量评估向质量保障转变

高等教育的规模扩张和质量保障之间的矛盾是美国高等教育质量评估制度形成的外在动力。但由于美国的质量评估机构种类繁多，没有统一的规范和要求，因此在一定程度上约束了其质量提升的空间。从20世纪初期开始，为了扭转美国高等教育质量保障领域的混乱，美国高等教育评估逐渐进行了变革，逐渐转向了政府治理机制下自我评估与第三方评估互相支撑的一种质量保障体系。这一体系的核心要素即是治理机制，及评估主体代表的是性质截然不同的治理主体，如联邦政府、州政府、民间评估机构、高校等。多方主体的参与契合了利益相关者理论，也同样契合大学的理念和哲学。大学是人力资本所有者的集合，因此，大学实际上是一种多边契约的联合体，相关方影响着大学的发展及大学发展的质量，并且受其实现过程的影响。[①] 从促进大学发展角度看，大学发展的利益相关者参与质量评估，已从单纯的质量评估上升为了质量保障，因为质量保障也正是质量评估的终极目标。各方利益相关者在共同参与下实现大学教育质量的保障和提升。从美国研究生教育质量评估的发展历程看，美国通过不断完善质量评估体系，来保证研究生教育质量的逐步提升。随着其评估组织结构的不断完善，评估过程的持续优化，评估活动可以为高等教育质量保障与提升打下坚实基础，使高等教育评估逐步向高等教育质量保障与提升稳步过渡。

美国专业学位研究生教育的质量评估活动作为高等教育质量保障方式，其治理过程的终极目标是实现评估的资源效益和公共利益的最大化。研究生教育质量评估的结果一方面可以为高校向政府提出要求而提供保障，还可以让社会和雇主利用评估结果来认可高校及雇用毕业生。通过对美国专业学位研究生教育质量评估的考察，美国高校专业学位研究生教育质量评估的治理向度更趋明晰。大学、政府、市场与社会利益相关方的广泛参与构成了评估过程的治理基础，在此基础上，通过评估机构及过程的权威独立性发挥，制定多元互补的国家标准、综合标准与核心标准实现美国专业学位研究生教育质量评估的"善治"。

---

① 张维迎. 大学的逻辑 [M]. 北京：北京大学出版社，2004：19.

第五章 专业学位研究生教育质量评估的治理向度

专业学位研究生教育质量评估的治理向度体现的是专业学位研究生教育评估治理的逻辑基点与价值遵循。我国专业学位研究生教育质量评估的治理向度集中体现于多元共治导向下的评估原则与方法、多维逻辑标准下的评估指标体系的确立、多层结构布局下的评估机制的构建。

第一节 多元共治导向下的评估原则及方法

基于治理理论的我国专业学位研究生教育评估体系的构建，需要首先建立在多元共治导向下的评估原则和方法确定的基础上。原则与方法的确立是专业学位研究生教育评估体系构建的前提。

一、多元共治导向下的评估原则

多元共治导向下的专业学位研究生教育质量评估原则表现为评估主体的多元共治和评估利益相关方的有序参与。

（一）评估主体的多元共治

专业学位研究生教育质量评估在主体构成上首先应当遵循的是多元化的原则和规律，这与大学的多元共同治理的价值理念是一致的。大学多元共同治理关注的是大学内外部各个利益相关方在参与大学重要事务的决策和处理过程中，各个利益相关方的广泛参与和民主协商。在西方国家的大学治理过程中，利益相关方相当广泛，不仅包括政府、教师、行政管理人员、学生，而且包括校友及捐赠者以及相关社会人士。这些不同身份和性质的大学利益相关者共同参与大学的各项管理事务，并提供决策参考。包括大学的资源配置、财政预算、人事决策以及专业设置等事务①。通过多元共治的方式，既能保证大学相关利益方的利益诉求，又能有效维护大学的公共性，化解大学在行政与学术集权与分权中各种显形及隐形的矛盾冲突。基于多元共治的价值理念，大学的使命和职能才能得以有效发挥。因此，大学的多元共治管理模式也成了现代大学的一个重要特征。

专业学位研究生教育的人才培养目标是培养社会特定职业所需的，具有较强专业能力和职业素养，能够胜任实际工作需要的应用型高层次人才。在对专业学位教育进行评估时，较之于传统学术型研究生教育，应当体现出一定差异。这种差异不仅体现在评估方的多元性上，也体现在各方评估主体的共同参与性上。参与专业学位研究生教育质量评估的主体应当包括政府、高校、社会以及学生等。在当前专业学位研究生教育质量评估制度下，首先，政府的职责是制定评估规则、组织评估实施，通过社会评估组织以及高校和学生的共同参与来完成质量评估。其次，高校通过自评的方式为教育评估的开展提供基础性的评估数据，展示专业学位研究生教育质量，发现和诊断教育过程中面临的问题，以提高其办学声誉，进一步提升教育质量。再次，社会评估主要包括了社会中介评估机构、用人单位反馈、新闻媒体报道等方面的评估。社会评估在专业学位研究生教育质量评估中发挥的作用较之于传统学术型研究生教育质量评估发挥着更加重要的作用，社会评估向高校和政府及时传递社会需求，为专业学位研究生教育更好地提供教育服务奠定了重要基础。最后，学生评估包括在读学生和毕业学生进行的评估。通过学生的评估可对高校的人才培养方案、教学满意度以及毕业之后的社会认可度等方面进行直观的评估，从学生角度真实反映教育质量。在各评估主体间出现价值冲突时，政府也需要发挥协调和统筹的作用。

---

① 李福华.大学治理与大学管理 [M].北京：人民出版社，2012：50.

（二）　利益相关方的有序参与

正是由于专业学位研究生教育质量评估的主体具有多元性的重要特征，因此，在进行质量评估的过程中更需要重视利益相关方的有序参与。各方应当遵循有序的参与原则，才能保证教育质量评估的顺利完成。其中，政府一方应当发挥好教育质量评估的宏观管理职能，在此基础上搭建专业学位研究生教育质量评估的信息网络平台，协调各评估主体之间的关系。政府通过立法规范质量评估活动，制定专业学位办学标准、制定质量标准、提供教育经费、监管中介评估机构、鼓励专业协会和民间组织参与评估活动。除此之外，政府应搭建教育质量评估的信息网络平台，收集和发布评估信息，制定具有参考性的质量评估标准。社会评估主要是通过专业协会、用人单位、学术团体、中介机构和新闻媒体等社会力量为教育质量评估提供咨询建议。社会评估方还应当建立起规范的管理机制，保证质量评估过程符合国家法律法规，符合专业学位研究生教育的办学诉求。高校一方的主要职责则是定期进行自我评估，并公布自评结果。高校还要建立公开透明的信息反馈系统，建立规范合理的教育质量评估制度。专业学位研究生教育质量评估中的学生评估要更加重视对学生理论转化为实践能力和水平的考查与评估。对已毕业的学生则会从就业状况和满意度方面进行评估。专业学位研究生教育质量评估各方主体的职责具体情况如图5-1所示。

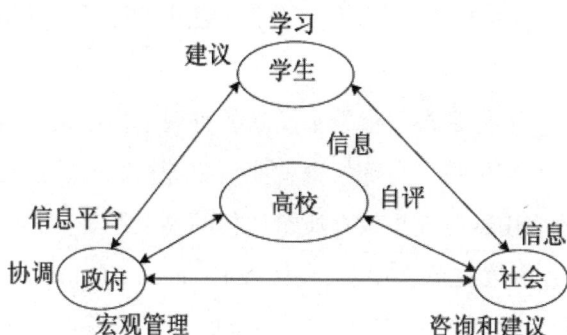

图 5-1　专业学位研究生教育质量评估各方主体的职责[1]

---

[1]　胡恩华，顾桂芳，杨晓江.专业学位研究生教育质量评估主体研究[J].研究生教育研究,2016(1)：33.

二、多元共治导向下的评估指标与测量方法

"指标"一词源于拉丁文中的 indicare，英文为 indicator，其含义是指出、意味、表明和估计。从评估学角度来看，指标指的是一种具体的、可测量的、行为化的评估准则，是根据可测的或具体化的要求而确定的评估内容[①]。严格意义上的教育评估指标体系应当包括三个方面的内容：指标系统、权重系统和评估标准。指标系统可以细化为一级指标、二级指标和三级指标等。《教育评估辞典》中对评估指标的界定是，依据评估目的，由评估对象分解出来，能够反映评估对象某方面本质特征的具体化、行为化的主要因素，是对评估对象进行价值判断的依据，也是教育过程中进行调节、控制评估对象行为的准则和参照[②]。在评估体系构建过程中，可操作性是指标体系的核心，在兼顾指标体系完善性的基础上，需要兼顾指标体系的可操作性，甚至可操作性在某种程度上更加重要。构建不同维度的评估指标体系，需要基于现有的统计数据进行，在数据支持的基础上，对原有指标的综合、提炼并升华创新。现实状况是，由于缺乏度量因素，我国教育统计和评估并没有形成统一和严密的体系，因此，如果在资料数据基础较为薄弱的前提下，充分利用现有统计资料，建立可行性强的指标体系显得更加重要。建立分层分类的研究生教育质量评估体系、准确监测研究生教育质量和发展动态、预测专业学位研究生教育发展趋势是专业学位研究生教育质量评估的主要任务。在进行评估测量时，采用的方法较为多样，如指数法、多元统计分析方法中的因子分析法等。

（一）指数法

在教育领域，人们常常用指数来反映教育现象，于是便有了教育发展指数、高等教育满意度指数、高等教育就业指数等概念。虽然这些概念比较常见，但是将指数应用到研究生教育质量评估问题上还是一种尝试。专业学位研究生教育质量指数在英文中翻译为 Professional Graduate Education Quality Index（PGEQI）。从概念上讲它指的是，反映不同时间和空间条件下研究生教育质量的综合变动方向和变动程度的相对数[③]。运用指数法的好处是可以把较

① 陈玉琨．中国高等教育评估论 [M]．广州：广东高等教育出版社，1993：93．

② 陶西平．教育评估辞典 [M]．北京：北京师范大学出版社，1998：12．

③ 王战军．学位与研究生教育评估理论与方法 [M]．北京：高等教育出版社，2012：150．

为抽象和复杂的专业学位研究生教育质量分解为具体可观测的一组指标，运用一定的计算方法后，用具体的数据来实现对抽象质量的具体直观展现。指数法开辟了研究生教育质量评估的新视野，实现了对研究生教育发展状况的实时监测，并且有效沟通了教育过程和结果，实现质量评估对教育水平发展的有效提升。

在专业学位研究生教育质量评估中使用指数法，是建立在事实性数据基础上，以国家政府部门提供的数据为依据，构建反映教育质量的监测和评估指标体系。在编制过程中需要重视总量分析与结构分析的结合、横向分析和纵向分析的结合、专门分析和综合分析的结合。在进行指数指标构建过程中，需要用定性和定量两个方法进行指数构建。定量指数可从质量基础（LI）、质量效率（CI）和质量发展（DI）三个角度进行监测和数据获取。其中质量基础指数（LI）指的是基础性的水平性指标，主要包括反映专业学位研究生教育质量要素基础水平的指标，如师资力量、学生数量、教学科研仪器设备、实训基地建设情况、学生学习成果、经费投入等。质量效率指数（CI）是体现结构效率性的指标，主要反映的是研究生教育质量要素的结构特性和效率特性的指标，如生师比、生均教学科研仪器设备、生均实训基地、生均经费、生均成果等。质量发展指数（DI）是体现教育质量可持续性发展的指标，反映的是研究生教育质量要素的持续性发展特征。包括在校研究生数量增长率、在校导师数增长率、经费增长率等。在定量指数测量分析时采用的是时间序列数据，如历年年度数据。定性指数反映的是统计数据不易被测定的因素，主要采取调查和监测的方式，来弥补统计数据的不足。定性指数被称为质量感知指数（XI），包括社会声誉等指标。定性指数需要进行大范围的调查数据采集。具体如表5-1所示。

表 5-1 专业学位研究生教育质量指数的指标体系

综合指数	分指数	分指标	性质
专业学位研究生教育质量指数指标体系	质量基础指数（LI）	导师数（LI 1）	定量指标
		经费数（LI 2）	
		教学科研仪器设备（LI 3）	
		实训基地（LI 4）	
		研究生数（LI 5）	
		论文数（LI 6）	
	质量效率指数（CI）	生师比（CI 1）	
		生均经费（CI 2）	
		生均教学科研仪器设备额（CI 3）	
		生均实训基地占有率（CI 4）	
		生均论文（CI 5）	
	质量发展指数（DL）	在校研究生数增长率（DI 1）	
		经费增长率（DI 2）	
		导师数增长率（DI 3）	
	质量感知指数（XI）	社会声誉等	定性指标

在使用指数法进行专业学位研究生教育质量评估时，需要明确指数包括了分指数和综合指数两类，并且需要经过几层指数化过程推进，最终获得研究生教育质量综合指数。

综合指数模型中综合指数的获得是三个分指数按照以下公式计算所得的结果。

$$PGEQI = f(LI, CI, DI) = \alpha LI + \beta CI + \gamma DI$$

其中

PGEQI：专业学位研究生教育质量指数；

LI：专业学位研究生教育质量基础指数，是分指数；

CI：专业学位研究生教育质量效率指数，是分指数；

DI：专业学位研究生教育质量发展指数，是分指数；

α：专业学位研究生教育质量基础指数（LI）的权重；

β：专业学位研究生教育质量效率指数（CI）的权重；

γ：专业学位研究生教育质量发展指数（DI）的权重。

在指数模型确立后，再根据要素等权的方法确定指数权重，从全局上把握评估专业学位研究生质量各要素的重要性，区分和明确各要素对提高专业学位研究生教育质量所做出的贡献。权重确立后，需要明确质量指数模型中单个指标之间不能进行简单相加，因为各个指标的性质和计量单位有差异。因此，需要通过数值的处理来进行整体性评估。除此之外，还包括对缺失数据的处理，可采用个案剔除和均值替换的方法进行处理[①]。

（二）因子分析法

因子分析法（Factor Analysis）的主要目的是通过研究众多变量之间的内部关系，探求观测数据的基本机构，并且采用几个因子（factor）来描述基本数据结构。因子分析的根本目的是实现数据的浓缩。因子在其中产生的作用是反映众多观测变量代表的主要信息，并且解释这些观测变量之间的相互关系。因子分析法将众多的观测变量浓缩为几个重要因子，有助于评估过程可操作性的实现。其基本步骤如下。

设有 m 个学校 n 个评估指标，则矩阵 X= 样本矩阵。

第一步，将观测指标标量标准化，计算所有变量的相关矩阵。为了实现不同性质指标的综合，首先要对全部指标进行标准化（无量纲化）处理：= （ ）/，其中 i=1，2，3，…，n

其中，是第 i 个学校的第 j 个指标值，为第 m 个学校的第 j 个指标均值；为第 j 个指标的标准差；为第 i 个学校的第 j 个指标标准化后的数值。最后求出标准化矩阵 Z 的相关矩阵 R。

第二步，提取因子。通过计算的特征值，并根据特征值确定相应的特征向量，然后计算出特征根的积累贡献率，居于累计贡献率大于85%的原则，确定主因子的个数和所对应的特征向量矩阵。

第三步，进行因子旋转。通过坐标变化使因子解的实际意义更容易被解释。

第四步，计算各主因子得分值。即各个因子在每所学校的得分值。

---

① 王战军.学位与研究生教育评估理论与方法 [M]. 北京：高等教育出版社，2012：155–156.

第五步，计算综合评估总得分值。综合得分的加权数由每个主因子的信息贡献率进行确定，每个综合指标的权重由它对综合评估的贡献率来进行确定。总得分值越高，说明整体评估越高，低分越低则反之。

值得注意的是，第一主因子包含的信息量最大，因此在很大程度上也能体现出评估个体之间的差异。通过模型计算出的主因子得分，可能会为负值。这里的负值不是绝对数量上的负值，而是相对意义上的处于被评个体中平均水平之下。相应地，主因子得分为正值则是说明该学校处于被评对象的平均水平之上。

第二节　多维逻辑标准下的评估指标体系

建立符合时代需求的专业学位研究生教育质量评估指标体系，对于促进我国研究生教育发展整体水平具有重要战略意义。目前我国研究生教育处于战略转型的重要时期，专业学位研究生教育的快速发展正是这种转型的典型表现。在规模迅速扩张的同时，对专业学位研究生教育质量问题的关注越来越得到社会的重视。但由于专业学位在中国发展历史不长，因此对专业学位研究生教育进行质量评估的实践探索也尚处于探索阶段。专业学位作为研究生教育的一种独特形式，它体现出了高等教育多样化的诉求和时代特征。正如《21世纪高等教育展望和行动宣言》所提出的"高等教育是一个多层面、多维和动态的概念，因此在进行质量评估时也应当考虑其多样性，避免用同一标准和尺度去衡量"。在专业学位研究生教育质量评估中，如何既体现研究生教育的整体规律又体现专业学位的特殊规律，是进行评估指标体系构建需要重点考虑的问题。

目前我国的专业学位研究生教育从学位层次上看，分为硕士和博士两个层次；从学科属性上看，涵盖了经济学、法学、教育学、文学、历史学、工学、农学、医学、军事学、管理学和艺术学等学科门类；从管理层面看，涉及国家、省市、学校、院系不同层面；从发展程度来看，又可分为设有研究生院的大学、博士专业学位授权点单位和硕士专业学位授权点单位等。专业学位研究生教育的多样化和个性化特征正在日益显现，同时，我国专业学位研究生教育过程中政府、社会、高校、个体等的多元主体参与的价值诉求也决定了其评估标准的多维度。因此，在保持研究生教育质量评估的统一标准的前提下，应当充分考虑专业学位的特色，分层次、分学科、分类别来制定专业学位研究生教育评估指标体系。以此来保证评估结果的客观公正，凸显专业学位研究生教育的发展特色。

专业学位研究生教育质量评估是一个复杂的体系。由于在中国的发展时间并不长，因此在进行质量评估时借鉴了较多学术型研究生质量评估的评估方法和划分维度。较为常见的是将专业学位研究生教育质量评估划分为：基于学科类别的评估（就不同专业学位进行的评估）、基于学科层次的评估（分硕士和博士进行质量评估）、基于大学排名的评估（对专业学位培养单位进行的整体评估）。但由于目前专业学位质量评估尚没有形成一套严格程序化的指标体系，在进行上述划分时操作性相对较差。目前相关文献中主要集中在基于学位类别所进行的专业学位研究生教育质量评估上。通过文献梳理发现，目前对专业学位质量评估的研究领域主要集中在医学硕士、护理硕士、教育硕士、工程硕士等几种专业学位类别中。借用综合国力的硬实力和软实力指标，也有学者提出了将其应用到研究生教育质量评估中，据此来进行研究生教育质量评估指标体系的构建。

专业学位从性质上看是与学术型学位截然不同的学位类型，它强调人才培养的应用技能性，在科学研究方面所重视的也是与市场应用密切相关的科学研发，在社会服务方面更是发挥着与市场和社会需求对接密切的功能。在进行专业学位研究生教育质量评估时可以从上述三个维度着手分别确立相应的指标体系及权重，从人才培养、科学研究和社会服务三个方面出发，分别逐一确立。这与现代大学的三重职能发挥的逻辑内涵相一致，并且能够尽量规避在设定指标体系时出现的相互重合的问题。此外，对专业学位研究生教育质量的评估也可以在纵向上包括对研究生个体的质量评估、各个学科专业进行的综合评估以及研究生培养单位的整体评估。因此，本研究对于专业学位研究生教育质量评估的划分也是基于以上两点：依据高校职能发挥的指标体系，依据评估对象层次的指标体系。

一、基于高校三重职能的评估指标体系

人才培养、科学研究和社会服务是现代大学的三重职能。专业学位研究生教育作为现代大学教育的重要一环，在质量评估过程中需要从这三重维度出发，逐一确定评估指标。

（一）教与学的平衡：人才培养质量评估指标构建

专业学位教育人才培养的评估主要是通过对教学进行质量评估来体现。因此，人才培养评估指标即是教学质量评估。专业学位研究生教育因其特有的应用性属性，在对它进行教学质量评估时应当有别于传统学术型研究生教育教学质量评估指标。专业学位研究生教育的人才培养质量评估应从教与学双重维度进行。教的主体是研究生培养单位（高校）。因此，评估的对象是高校在专业学位研究生教育活动中一切教学活动的成效。学的主体是研究生个体，其评估对象是研究生在攻读学位期间的学业成就。高校作为专业学位研究生教育教学活动的承担者，反映其质量高低的主要有：教学理念、硬软件设施（含实践教学基地）、师资建设状况、教学管理水平、教学过程、教学特色等。研究生的学业成就主要通过生源状况、学生获奖状况、学业成绩等体现。具体专业学位人才培养质量评估指标如表5-2所示。

表5-2　专业学位人才培养质量评估指标

一级指标	二级指标	三级指标	测量方法
学校及教师	教学理念	培养方案、培养计划和教学大纲一致，符合专业学位人才培养定位	定性与定量结合
	硬软件设施	学位点基本情况	定性与定量统计
		实训基地建设情况	定量统计
		图书及实验设备人均占有率	定量统计
		校舍状况	定性与定量结合
	师资建设状况	生师比	定量统计
		"双师型"教师占比	定量统计
		高级职称教师占比	定量统计
		博士学位教师占比	定量统计
		继续教育及培训情况	定性与定量结合
		评教结论	定性与定量结合

续表

一级指标	二级指标	三级指标	测量方法
学校及教师	教学管理水平	课程建设	定性与定量结合
		课程设置	
		教学组织与实施	
		教学效果	
		教学管理规章制度	
	教学过程	教学文件	定性与定量结合
		教学组织	
		教学设计	
		教学实施	
	教学特色	行业及学科特色	定性描述
学生	学生概况	入学及毕业学生数量	定量统计
		专业背景	定性与定量结合
	学生获奖	获省级以上奖励人次	定量统计
		获优秀学位论文人次	
	学业成绩	课程成绩	
		发表论文情况	

（二）基础与应用的结合：科学研究质量评估指标构建

德国柏林大学开启了高校科学研究之门，至此，大学生发出了教学之外的第二重要职能——科学研究。科学研究的开展需要建立在完善的研究生教育基础上，导师和研究生一道进行发明创造，开展科学研究，为大学发展注入新的活力。在大学内开展的科研包括基础性研究和应用性研究，这两种研究正好与两种不同类型的研究生教育相对应。学术型研究生教育更多开展理论性和基础性研究，而专业学位研究生教育则是在基础理论指导下更多开展应用性研究。而今，在对专业学位研究生教育的科学研究质量进行评估时，需要考量的正是如何体现基础性与应用性相结合的价值取向。

对于科学研究进行的评估按内容一般分为绩效评估、状态评估和综合评估[①]。

---

① 蒋艳萍，田兴国，吕建秋. 高校科技创新能力综合评估指标体系的构建 [J]. 科技管理研究，2010（8）：38 – 40.

绩效评估多从定量的角度出发对开展科研的单位产出的科研成果，科研投入和产出的比例关系等方面进行的评估。状态评估主要侧重于以某一个时间段为评估范围，考察在此阶段内科学研究的开展情况、科研经费的使用状况等。综合评估则是在绩效评估和状态评估的基础上，综合并有所侧重地选取特定指标进行的评估。为了便于进行评估分析，借鉴当前国内外主要大学排名体系，以及根据《国家中长期教育改革和发展规划纲要（2010—2020年）》对高校科研评估的要求，拟从科研投入和产出两个维度构建专业学位科研评估指标体系。人力资源、平台建设、经费投入、科研项目、专利技术、著作论文、成果转化7个二级指标、18个三级指标的专业学位科研质量评估指标体系。具体如表5-3所示。值得注意的是，专业学位在科研质量评估中对教师中各类工程师、技师等双师型教师占比应重点纳入，在科研产出评估环节，科研成果转化中各类产学研结合和转化平台及新技术新工艺研发能力需要加入，实现基础研究与应用研究的综合性评估。

表 5-3　专业学位科研质量评估指标

一级指标	二级指标	三级指标
科研投入	人力资源	专家数量（院士及各类权威专家学者）
		高级职称教师占比（含教授及各类工程师、技师等）
		在校研究生人数及生师比
	平台建设	国家实验室、基地数量
		省级以上科研平台数量
		产学研合作平台数量
	经费投入	科研经费总量
		人均科研经费数量
科研产出	科研项目	国家级和省部级科研项目立项结项数量
		横向科研项目立项结项数量
	专利技术	专利申请及授权数量
		技术转让收入
	著作论文	著作及论文数量
		SCI、SSCI、EI等高质量论文数量
		高被引论文比例

续表

一级指标	二级指标	三级指标
科研产出	成果转化	校办企业工厂数量
		与企业合作、合建平台数量
		新产品新工艺研发情况

（三）学术与市场的关联：社会服务质量评估指标构建

1862 年《莫雷尔法案》的颁布标志着高校社会服务职能的开启。美国威斯康星大学率先实施高校改革计划，自此开启高校服务于社会的实践之路。高校社会服务职能是指大学利用自己的人力和资源等优势向社会提供知识再传授、科技转化、文化知识社科信息传递和咨询以及资源外租等服务，以促进社会经济的持续发展[①]。高校社会服务职能的发挥体现的是高校的高深学术应对社会现实需求的现实诉求。在我国，《国家中长期教育改革和发展规划纲要（2010—2020 年）》（以下简称《纲要》）也明确提出了高校应当实现其社会经济生活服务职能，高校应当题提高社会服务意识。高校社会服务的基本前提条件是人才培养和科学技术研究，在此基础上，其职能向社会延伸，服务社会现实需求。专业学位因其特有的实践应用性特征，较之于学术型研究生教育，其社会服务优势更为突出。

《纲要》对社会服务职能发挥有着具体阐述，即高校应当全方位开展服务。推进产学研用相结合，加快科技成果转化；开展科学普及工作，提高公众科学素质和人文素质；积极推进文化传播，弘扬优秀传统文化，发展先进文化；积极参与决策咨询，充分发挥智囊团、思想库作用；鼓励师生开展志愿服务。根据对高校社会服务职能的以上阐述，可以归纳出社会服务质量的评估指标。社会服务质量评估可以划分为 7 个一级指标，分别为服务机制、科创服务、培育服务、文化服务、咨询服务、志愿服务和就业服务。其中，对服务机制的评估是社会服务的顶层设计，包括高校开展社会服务的理念定位、机构设置、平台建设及服务培训等方面。对科创服务的评估主要是对高校在科技创新方面的平台建设、资源使用、校企合作、成果转化等方面进行评估。

---

① 刘涛，由永华.高校社会服务能力评估体系的构建及应用研究 [J].当代教育科学，2016（17）：33.

培育服务评估主要是对高校在全日制及在职攻读学位教育方面的开展情况进行的评估。文化服务评估是对高校开展文化研究、文化合作、公益文化传播等方面开展情况的评估。志愿服务评估是对高校开展各种志愿服务活动进行的评估。就业服务评估是对高校对学校开展就业教育、创业培训和专场招聘会开展情况的评估。具体专业学位社会服务质量评估指标如表5-4所示。

表5-4　专业学位社会服务质量评估指标

一级指标	二级指标	指标内容
服务机制	理念定位	是否制定明确的办学定位、服务理念、服务制度
	机构设置	是否成立专门的社会服务机构，是否能有效指导和实施社会服务
	平台建设	是否搭建社会服务平台，平台各种资源和咨询项目状况
	服务培训	对服务主体进行定期培训或辅导情况
科创服务	平台建设	大学科技园，众创空间，技术研发基础等数量
	资源使用	科研团队、科研平台、信息资源和科研仪器设备等
	校企合作	与政府、企业、社区、乡镇、其他高校、科研院所等建立的合作联盟的数量
	成果转化	科研成果转化的数量
培育服务	学历教育	学位攻读者和毕业生数量
	技能培训	各类技能培训和职业资格培训数量
文化服务	文化研究	参与区域传统文化研究、打造区域文化品牌情况
	文化合作	与政府、企业、社区、乡镇合作，参与公共文化服务体系建设情况
	文化传播	各类文化传播活动开展状况
志愿服务	学校志愿	以学校为主体开展的各类志愿服务活动
	教师志愿	教师组织参与的政策咨询、科学普及、文化宣讲培训等活动
	学生志愿	学生参与的各类志愿服务活动及社会实践调研活动
就业服务	就业创业教育	学校各类就业创业教育类课程开展情况
	就业咨询服务	就业创业相关资源建设和咨询服务
	就业平台建设	专场招聘会，与用人单位建立的人才招聘合作平台

二、基于不同层次评估对象的评估指标体系

研究生教育质量是一个综合性的概念，可以将其分解为研究生个体质量、体系质量和机构质量。[①] 依据上述三种质量分别进行的质量评估依次对应为对研究生个体质量的评估、专业学位点的质量评估和研究生培养单位的质量评估。

（一）研究生个体质量评估

对研究生个体质量的评估实际上是对研究生在学习阶段对学习目标达成程度的一种测定。在确定指标体系时，应当充分考虑研究生个体质量的全面内涵和要素。在进行专业学位研究生个体质量评估前，首先应当明确两个问题：应该用怎样的质量观来指导专业学位研究生个体质量评估；专业学位研究生质量有别于学术型研究生质量的地方如何在质量评估中体现。

在众多教育质量观中，"全面质量观"是进行研究生个体质量评估的指导思想。最初，全面质量管理的概念源于工业领域。其创始人是费根鲍姆（Feigenbaum）。他在经典著作《全面质量控制》（Total Quality Control）中提出了全面质量管理理论（Total Quality Management，TQM）[②]。并且他提出全面质量管理理论可以应用到所有的产品和服务中。在专业学位研究生个体质量中同样可以借用该理论来强调研究生教育质量的全过程性，以及各利益相关方的广泛参与性。过去的教育评估理论对研究生个体的质量评估更多侧重于研究生教育人才培养质量（招生、培养过程和学位授予等）。这些理论方法更多关注的是从培养者角度所进行的研究生人才培养质量把控，而较少关注研究生个体在受教育过程中的自我参与性，因此对研究生个体的主体地位的相应重视程度不足。为了克服这一问题和缺陷，在研究生教育个体质量评估中应当加强从研究生个体角度出发的质量测定。除此之外，全面质量观的另一个重要特征就是不仅关注研究生的个体培养质量，还要关注他们的发展潜能。除了对研究生个体是否达到人才培养目标的及时进行评估外，对于毕业几年内的研究生在工作岗位的发展潜能的评估也是必不可少的。在此意义上讲，对研究生个体进行的评估是具有周期性的集成质量评估过程。在全面质量观

---

① 王战军. 学位与研究生教育评估理论与方法 [M]. 北京：高等教育出版社，2012：101.

② 福斯特 S T. 质量管理：集成的方法 [M]. 何桢，译. 北京：中国人民大学出版社，2006：51.

的统摄下，不仅要将学生在在读期间的学业表现（课程成绩、发表论文、学位论文等）作为评估的唯一指标，对学生的就业质量，以及就业几年内的就业质量监测同样需要纳入个体评估的范畴中。

专业学位研究生教育与学术型研究生教育因其人才培养目标的定位差异，在进行研究生个体质量评估时所制定的评估标准和指标体系也应当体现出这些差异。已有学者构建了研究生个体质量评估的三角模型，即知识、能力和潜能的三角模型，并以此作为制定研究生个体质量评估的模型框架。这一模型框架比较完整地表征了研究生个体的质量状况。因此，本研究借用了这一三角模型，首先确立了专业学位研究生个体质量评估的三个测量维度：知识水平评估、综合能力评估和发展潜能评估，如图5-2所示。

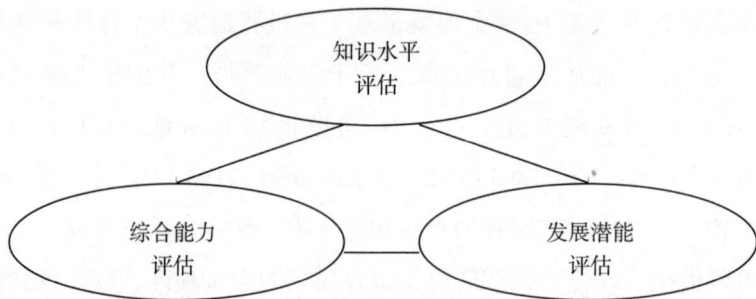

图 5-2　专业学位研究生个体质量评估三角模型

需要注意的是，对学生上述方面水平和能力进行的评估不能完全割裂，即知识水平评估、综合能力评估和发展潜能评估有的可以通过直接的指标进行观测，有的则涉及了两种或三种指标的交叉。因此，在进行指标设定时不能直接按照以上三方面来进行一级指标的确定。在进行相关文献梳理和调研的基础上，本研究围绕专业学位研究生个体质量评估的三维模型确定了以下几个一级指标：研究生个体能力、就读期间学业成就、学位论文规范与创新、就业后发展潜能。在一级指标设定的基础上又可以划分为若干二级指标。具体如表5-5所示。在指标体系构建的基础上，一套可操作性强的评估标准也应当相应制定。所谓评估标准是指对评估对象的质的临界点以及在质变过程中量的规定，即是对被评对象的数量和质量的具体规定，每一项指标体系之下必须有衡量的准则和依据，以此作为被评对象的参照标准。评估标准可分为三类：效能标准、职责标准和素质标准^①。效能标准是根据结果好坏和透出产出比例衡量指标的达成情况。职责标准是衡量被评对象承担指标职责和完成指标任务的情况。素质标准是衡量被评对象承担指标职责和任务时应具备的素质的标准情况。

表 5-5 专业学位研究生个体质量评估指标体系

一级指标	二级指标	测量方法
研究生个体能力	学习能力	定性与定量结合
	科研能力	定性与定量结合
	创新能力	定性与定量结合
	实践能力	定性与定量结合
就读期间学业成就	课程成绩	定量统计
	学术论文	定量统计
	科研项目	定量统计
	实践表现	定性与定量结合
学位论文规范与创新	选题规范	定性与定量结合
	论文创新性	定性与定量结合
	知识架构	定性与定量结合
	写作规范性	定性与定量结合
	学术道德	定性与定量结合
	论文形式及用途	定性与定量结合
就业后发展潜能	就业水平	定性与定量结合
	职业生涯发展追踪状况	定性与定量结合
	用人单位反馈	定性与定量结合
	学生自我反思评估	定性描述

1. 研究生个体能力

专业学位研究生的个体能力主要聚焦于个体能力与社会需求之间的契合程度。无论是学术型研究生还是专业学位研究生都属于研究生范畴，因此需要具备的理论知识水平与能力是首要条件。除此之外，创新能力也是研究生

---

① 陶西平. 教育评估辞典 [M]. 北京：北京师范大学出版社，1998：114.

应当具备的基本素养。著名学者顾明远曾经指出，21世纪研究生的能力结构包括创造能力、自我控制能力以及人际交往能力[①]。专业学位研究生个体的第三个也是最显著的能力特征就是实践能力，它是专业学位有别于学术型学位类型的所在。在研究生个体能力这个一级指标下设有学习能力、科研能力、创新能力和实践能力4个二级指标。其中学习能力是对学生持续学习和掌握相关领域的专业知识的能力进行的测评；科研能力是从学术角度出发，对研究生在学习和掌握科学研究基本范式和对研究问题进行深入探索的能力的考量；创新能力是对学生在应用知识解决实际问题，并将其创造性应用到科学研究和实际工作中的能力评估；实践能力是对研究生在学术实践方面和工作实践方面动手能力的考察。

以上指标确定之后，对于重要性和权重的赋值则是可以根据不同专业和不同学位层次进行重要性划分，以此确定各指标的权重。确定好指标体系后，需要有可操作性强的评估标准来进行评估和判定。根据对评估标准的分类，研究生个体能力指标体系下的四个二级指标均属于素质标准。素质标准的达成情况是一种达标性质量评估，需要通过定性描述和定量统计结合的方式进行评估。且硕士学位与博士学位在素质标准上的达标要求也不相同，具体的达标要求如表5-6所示。

表 5-6 专业学位研究生个体能力的评估标准

二级指标	硕士	博士
学习能力	正确使用学习方法完成学习任务和自主学习能力	正确使用学习方法独立完成学习过程的能力
科研能力	运用所学知识协助导师开展科学研究和自我开展科学研究的能力	独立完成科研项目和撰写高水平学术成果的能力
创新能力	创造性运用所学知识解决实际问题的能力	批判性整合知识和创造性运用知识的能力
实践能力	具备知识迁移、工作实践迁移能力；将理论知识与实践环节有机衔接；动手能力	团队学习合作主导能力；较强的知识迁移和工作技能迁移能力；丰富的实践动手能力

---

① 顾明远. 试论21世纪研究生的知识结构和能力结构 [J]. 学位与研究生教育，1998（3）.

2. 就读期间学业成就

统计和评估研究生在就读期间的学业成就是衡量研究生个体综合素质和学习效果的重要途径。这里的学业成就包括三个方面的内容：学生在读书期间各门课程的学习效果，主要通过课程成绩来体现；学生在科研方面的成效，包括了发表学术论文的数量与质量、主持和参与科研项目的情况；学生在实践和实习环节的表现。基于这三方面内容，在学业成就这项一级指标下确定的二级指标分别为课程成绩、学术论文、科研项目、实践表现。课程成绩是指在就读期间各门理论课程的表现和成绩，这是学生在入学后第一个阶段的学习成果，也是为做科学研究打下基础的重要阶段性成果。学术论文是指学生在导师指导下，就读期间公开发表的论文数量和质量，将数量和质量均纳入评估的范围中，以此作为学生科研实力的重要表现。科研项目是指学生协助导师或独立承担的科学研究项目的数量和完成情况。实践表现则是学生在教学实践环节或实训基地实践任务的完成情况，主要通过实践指导教师的打分和评估作为判断依据。

就读期间的学业成就属于效能标准的范畴，在研究生培养单位的人才培养方案中包括了学生课程成绩要求、发表学术论文要求、参与和主持科研项目要求，以及学生的实践参与表现。并且每所学校对要求的设定和执行的标准各不相同，因此无法给出统一的标准，主要依照各培养单位人才培养方案的具体要求执行。在评估过程中主要是通过统计定量数据来对学生学业成就表现进行评估。在这些指标中，学生实践参与表现是通过定量和定性相结合的方式呈现，既包括实训教师的打分，也包括对实践任务完成情况的定量描述，其标准是统一的，即学生应当满足从事行业领域相关实践性工作需要具备的动手实践能力。

3. 学位论文规范与创新

学位论文是学生在就读期间所有学习效果的凝练和呈现，在某种程度上可以说是研究生个体知识、能力和素养的全面体现，因此，对学位论文规范与创新的评估也是专业学位研究生个体质量评估的重要内容。虽然目前世界范围内有硕士研究生毕业通过水平测试、闭卷考试或开卷考试或设计等方式通过毕业验收，但目前我国研究生的毕业要求仍主要采取的是通过撰写学位论文,通过答辩的方式进行。在学位论文规范与创新这个一级指标下设六个二级指标:选题规范、论文创新性、知识架构、写作规范性、学术道德、论文形式及用途。论文选题体现了学位论文的理论意义和实践价值,基于选题进行的文献综述是考验研究生对于学术前沿问题和综述前人成果的能力。论文创新性是衡量论文学术价值以及对学科专业建设贡献程度的判定。知识架构是对研究生学习的理论知识和方法达到基本要求的判定。写作规范和学术道德是研究生基本科研素养的重要判断依据。论文形式主要是考虑到研究生教育形式的多样化,在专业学位研究生教育中不再只有学位论文一种形式,而是可以采用研究报告、毕业设计、案例研究等多种形式。论文用途是指那些与社会现实问题和诉求密切相关的论文成果可以报送相关部门作为决策参考依据,或重大发明创造可直接转化为经济效益。

学位论文的规范性和创新性标准属于职责标准的范畴,在学位论文的选题规范、论文创新、论文知识架构、写作规范、学术道德以及论文形式及用途方面都需要制定严格的标准,来评判学位论文是否达到了相关要求。学位论文评估详细标准如表5-6所示。

表5-6　专业学位研究生学位论文评估标准

二级指标	硕士学位论文评估标准	博士学位论文评估标准
选题规范	选题具有一定理论意义和实践价值,对研究问题发展现状了解较为全面	选题具有重要理论意义和实践意义,对研究问题现状有全面深入认识
论文创新	研究采用的理论和研究方法具有一定创新性	研究理论和方法具有重大创新
知识架构	对学科基本理论和知识结构基本掌握	对学科基本理论和知识结构深刻领会,知识面具有深度和广度
写作规范	论文架构清晰、运用规范的学术语言	论文架构清晰、逻辑性强、文笔流畅
学术道德	引用规范	引用规范,严格按照学术论文标准
论文形式及用途	毕业论文、研究报告、毕业设计等多种形式 研究结果具有实践价值	毕业论文 研究结果可直接为政府决策提供参考,技术产品转化

4. 就业后发展潜能

就业后发展潜能是对学生个体潜能发展的评估。在进行研究生个体质量评估时不仅要考量学生就读期间的水平和能力，还要跟踪学生就业，以及就业后的发展潜能进行综合评估，以保证评估的真实客观性。毕业生在就业后的发展潜能也是验证人才培养质量的重要方式。专业学位的人才培养目标也是更好地参与就业和对接市场需求，因此学生在实际工作中的追踪评估可以起到对研究生人才培养的正反馈效应。在此指标下设4个二级指标：就业水平、职业生涯发展追踪状况、用人单位反馈和学生自我反思评估。就业水平是对学生就业率和就业质量的统计。职业生涯发展追踪是对学生就业后一段时间在工作岗位上的表现，以及职位晋升的周期等进行的追踪调查。用人单位反馈则是用人单位参与研究生个体质量评估的重要方式，通过用人单位对毕业生工作业绩的表现进行反馈，从市场角度出发，对研究生质量进行调查和反馈，真实客观反映毕业生的能力和水平。学生自我反思评估则是基于对学生个体的调查，结合工作后的状态，反思其在就读期间的学业收获，对自身质量的提升进行反思性反馈。这是学生参与质量评估的重要途径，学生通过反思性评估既对自己学习过程中存在的问题进行反思，也对培养单位在人才培养过程中的问题进行了反馈。

（二）专业学位点的学科质量评估

在专业学位质量评估中对学位点的质量评估即是针对不同学科展开的学科评估。学科评估是对某一学科的教学、科研或管理水平方面的综合性评估。《纲要》指出："鼓励专门机构和社会中介机构对高校学科、专业、课程等水平和质量进行评估，并建立科学规范的学科评估制度。"[1] 学科是研究生培养的基本单元，学科建设水平在很大程度上决定了该学科的研究生培养质量，学科的发展范式也在很大程度上决定了研究生教育的培养模式和评估标准。学者伯顿·克拉克曾经在《高等教育新论——多学科的研究》中指出："当我们把目光投向高等教育的生产车间（专指现代大学）时，我们所看到的正是一群群研究一门门知识的专业学者，这种一门门知识被称作学科，而组织正式围绕这些学科建立起来的。"[2] 大学的学科划分和以学位为基础的专业设置，是

---

[1] 《教育规划纲要》工作小组办公室. 全国教育工作会议文件汇编[M]. 北京：教育科学出版社，2010：119.

[2] 伯顿·克拉克. 高等教育新论：多学科的研究[M]. 杭州：浙江教育出版社，1999：107.

现代大学的立学之本。

从种类上看，目前我国专业学位研究生教育包含了40种硕士专业学位，6种博士专业学位。基于不同学科类别的专业学位研究生教育质量评估是衡量学科建设是否达到相应标准的程度和能力。从某种程度上讲，学科竞争力决定了研究生教育的质量，反映了学科水平。学科竞争力的概念是一个较为复杂的体系。有学者指出，学科竞争力是指学科作为竞争主体，在争取本学科发展的优势地位上所具有的力量，反映了该学科在人才培养、科学研究和社会服务方面的优势或差距。衡量一个学科是否具有竞争力最直观的表现是获得学术同行的认可、吸引一流师资和生源、获取充裕科研资源等[①]。

哈佛大学教授约瑟夫·奈在分析综合国力时，将一个国家的综合国力划分为硬实力和软实力两类。硬实力指的是一个国家的军事和经济实力；软实力则是指一个国家文化和政治方面的吸引力。基于约瑟夫·奈教授的分析框架，学科竞争力同样可以划分为硬实力和软实力两类。硬实力指的是有形的竞争实力，以物质和可观测的状态存在，包括了学科基础、学术队伍、科学研究、人才培养和社会服务等多个方面。软实力是指以文化和精神状态存在，无法直接量化和观测的学科实力，包括了学科发展战略、学术和社会声誉等多个方面。因此，在进行基于学科类别的研究生教育质量评估过程中，需要将硬实力和软实力有机统一到评估过程中，在设定硬实力评估指标体系时，不能忽略软实力评估指标。对专业学位研究生教育学科专业评估指标体系进行构建，可以从硬实力和软实力理论出发，构建综合全面的质量评估指标体系。

结合《美新》对分学科专业进行的质量评估指标体系与我国专业学位研究生教育的实际，我国专业学位研究生教育分学科专业评估指标首先可划分为硬实力和软实力两个一级指标，在硬实力指标下下设学科质量、师资队伍、生源质量、科学研究、人才培养五个指标；在软实力指标下下设学科发展战略、社会声誉、学术声誉三项指标。每项二级指标下下设若干二级指标，指标体系详解如表5-7所示。

---

① 王战军.学位与研究生教育评估理论与方法 [M]. 北京：高等教育出版社，2012：70.

表5-7 专业学位点评估指标

一级指标	二级指标	属性
学位点质量	学位点基本状况	硬实力指标
	学位点平台建设状况	
师资队伍	高层次教师占比	
	"双师型"教师占比	
生源质量	入学考试分数	
	本科就读高校	
科学研究	科研经费总量	
	人均科研经费	
	科研成果数量	
人才培养	学位授予数	
	获优秀毕业论文（设计）数量	
学位点发展战略	学位点发展方向	软实力指标
	学位点特色	
社会声誉	用人单位反馈	
	校友评估	
学术声誉	学科排名	
	同行评估	

1. 学科质量

学科质量在专业学位质量评估中主要是指专业学位点的达标情况，包括学位点基本状况和学位点学科平台建设情况。这两项指标通过定量和定性相结合的测量方法测定。学位点基本状况包括了学位点批准时间、年均招生数量、年均毕业生数量、学位点发展现状等观测点。学位点平台建设情况是指该专业学位点在开展科学研究和人才培养的平台建设状况，如国家级和省部级实验室、实训基地及研究基地的数量和质量。

2. 师资队伍

师资队伍中包括高层次教师占比和"双师型"教师占比两项指标。高层次人才是指教职工中中科院院士、工程院院士、长江学者、国家杰出青年基金获得者、政府特殊津贴获得者、百千万人才工程等高层次专家在教职工中的占比率。除此之外，具有博士学位的高学历教师占比也是统计的一项内容。"双师型"教师占比率是指教职工中理论和实践能力兼备的教师的占比情况，这是专业学位研究生教育师资队伍评估的特有指标。

3. 生源质量

生源质量包括学生入学考试分数和本科就读高校两项指标。通过对这两项数据的统计判断学位点招生生源的基本状况。其中入学考试分数包括了总分和专业课单科分数两项指标。本科就读高校按照985高校、211高校、一般高校进行分析归类。

4. 科学研究

科学研究指标下包括科研经费总量、人均科研经费数量以及科研成果数量和质量三个二级指标。科研经费总量包括近三年科研经费总合，包括纵向科研项目和横向科研项目。人均经费则是科研经费总量与教职工的比值。科研成果包含近三年师生发表论文的数量、EI、SCI，SSCI 等收录论文篇数、国家级和省部级科研成果奖励的数量等均作为科学研究指标的观测点。

5. 人才培养

人才培养指标下设学位授予数量、学生优秀毕业论文或毕业设计获奖数量。这两项指标的设计思路是从数量和质量两方面来衡量专业学位研究生教育的人才培养质量。学位授予数量指的是近三年学位点授予学位的数量。优秀毕业论文或毕业设计数量包含近三年优秀论文提名和最终得奖的数量。

6. 发展战略

发展战略包括学位点发展方向和学位点特色两个二级指标。这两项指标通过定性方式测定。根据专业学位点发展规划中对学位点未来发展方向的凝练，以及对学科特色的总结属于软实力指标体系的测定范围。

7. 社会声誉

社会声誉通过用人单位反馈和校友评估两种方式进行统计。社会声誉指标也属于软实力指标范畴，对于社会声誉的调查和评估有助于学位授权点对办学方向进行反思和调整。社会声誉评估也是社会力量参与专业学位质量评估的重要途径。

8.学术声誉

学术声誉通过各类学科排名和同行评估方式进行统计。目前各类学科排名除了有针对学术性学位的学科排名，也有针对专业学位的学科排名，这是对专业学位学术声誉评估的重要方式。同行评估则是同行专家对于专业学位授权点的客观评估。

（三）专业学位研究生培养单位质量评估

专业学位研究生培养单位的质量评估是指对专业学位授权点高校进行的综合性质量评估。在我国，高水平大学已经成为研究生教育的主要阵地，无论是从规模还是从质量上看，高水平大学在我国研究生教育中扮演着重要角色。从"211工程"到"985工程"再到"双一流大学"的评选，我国高水平大学的质量得到极大提升，对高水平大学的质量评估也日益走向完善。专业学位作为研究生教育的重要组成部分，对其培养单位进行的评估也在很大程度上契合了高水平大学质量评估。

高水平大学的排名性评估应当以质量为核心，以卓越为标准，以特色化发展为目标并且要反映出大学的使命，教学与科研并重着。高水平大学评估指标体系的构建需要建立在高水平大学质量基础之上，在一定的比较范围内对大学水平和质量进行测评。在评估过程中应当弱化条件指标，突出效益指标；淡化规模指标，强化水平指标[1]。纵观世界一流大学的办学实践，特色化和多样化已经成为大学的生命力所在，在进行高水平大学评估时应当考量共性之外的个性化特征。

美国是最早进行大学排行的国家，其大学评估体系已较为成熟，且对世界其他国家大学排行的研究与发展有较大的影响。同时，除《美国新闻和世界报导》（ US News and World Report ）外，还有多个机构对大学进行排名，如《普林斯顿评论》（ The Princeton eview ）、《商业周刊》（ Business Week ）、《华尔街日报》（ Wall Street Journal ）等，其中最有影响力的是《美新》排名。《美新》关于大学排名主要有两部分，一部分是对美国国内大学的排名，一部分是对世界大学的排名。1983 年，《美新》第一次推出全美大学排名，主要面向本科教育

---

[1] 王战军.学位与研究生教育评估理论与方法 [M].北京：高等教育出版社，2012：48.

院校；1987 年开始涉及研究生教育；2014 年起，开始对全球大学进行排名。它利用调查数据、文献计量学数据和部分公开数据开发出独立的一套量化评估学术研究和学术声誉的指标体系。实践证明，这套指标体系可看作是对世界一流大学学术研究和学术声誉最全面的评估。

全球研究声誉和地区研究声誉。对这两个指标，理论较为明确但研究和统计不容易。通过这个指标"反映最近 5 年在学术声誉调查结果中全球（或某一地区）世界一流大学学术研究的整体情况"。据称，《美新》是在全球大学排名中唯一使用这一指标的。这一指标的权重在整个评估体系中也是最重要之一。对这一评估，国内大学的统计口径十分复杂，变量很多，参照 211 大学的国内一流大学建设，可以划分为科研项目、科研产出、科研平台和科研奖励等。

第三节　多层结构布局下的评估机制

专业学位研究生教育质量评估运行机制既是评估开展的核心环节，又是质量保障的重要内容。此过程涵盖了政府宏观层面制定和实施的评估保障、专业学位研究生培养单位内部动态自评机制以及社会层面的监测反馈评估机制。

一、宏观层面引导评估机制

宏观层面引导机制是由政策层面所制定的宏观评估体系。其目的是为了满足专业学位研究生教育可持续发展的需要，政府对研究生培养单位进行质量监测和评估所建立起来的相应评估运行机制。它包括了专业学位研究生质量评估机构设置、政策体系保障、评估运行规则与程序等。首先，专业学位研究生教育官方评估机构受到政府教育行政主管部门的直接领导，其职责是设计或制定评估标准和指标体系，制定评估的程序和规则，组织培训评估专家队伍以及规划实施具体业务细则等。其次，相关的制度保障也必不可少。制定并完善专业学位研究生教育评估法规条款，引导和督促专业学位研究生教育质量评估工作的开展。在此基础上，建立评估机构评估资格认证制度，对评估机构的资质和具体评估活动进行规范和监控，使评估机构更具权威性。在对评估机构进行制度规约后，还应对评估过程细则进行制度规约，如建立定期采集和公布专业学位研究生培养单位基本情况相关数据的制度。此外，评估方法的采用也应当有宏观的指导。在教育评估过程中对新的问题应及时发现、总结经验、解决问题，同时对评估理论的指导和政策法规进行研究和完善，以及评估指标体系的优化等问题均需要宏观层面的指导与监督。以此保障评估工作运行实施的科学性与规范性。

二、内部动态监控评估机制

内部动态监控机制是指专业学位研究生教育培养单位对单位内部进行的自我监测、调解和完善的动态机制。研究生培养单位的内部自我评估是外部评估的重要基础，同时也是质量保障的一大前提，只有基于有效的内部动态监测与调整，才能及时对人才培养和教育质量上出现的问题及时调整，实现教育质量的提升。内部动态监控机制包含了教育教学质量评估主体及责权、教育教学质量的信息库建设、教育教学质量评估的开展与运行等。

首先，专业学位教育指导委员会作为教育教学质量评估的重要主体，对教育教学质量评估目标、质量标准等进行确定，并且协调学校内部各评估活动的关系，制定各专业相应的教育评估政策与措施，为规范化的质量评估机制运行提供基础。学校内部在教育评估方面，主体主要有教师、学生、督导组、行政管理人员、就业主管部门等。对于教学质量的评估首先由教师把控，教师在指导学生和教学过程中对教育教学质量进行监测和评估。其次，评估过程由相关教学督导组进行把控。教学督导组成员通常是由具有丰富教学经验的资深教授组成，其职责就是通过课堂听课、抽查教师备课资料、观测学生学习状态等方式对全校的教学基本秩序进行考察。一旦发现问题，会及时与相关学院、教师或学生沟通，及时纠正和解决在教学过程中出现的问题。此外，由各学院领导或校内专家直接组成的督导专家组的重要任务也是进行内部质量监测和督导。学生的自我学业评估和对教师的教学效果的评估也是一项重要的质量监测方式。学校相关职能部门，如人事处、教务处、就业处等对教师和学生的教育教学过程开展、教师资历培训提升和学生就业情况的监测和反馈也是内部质量保障的重要载体。综合上述各方主体的测评和反馈，可以有效从内部对教育质量进行把控和调整。

其次，教育教学质量信息库建设也是内部监测机制的重要组成部分。教育质量评估应是一个长期的过程，而非迎接上级评估的临时性工作。因此，在涉及与教育质量相关的数据时，应建立长期性且真实性的数据库，而不是临时抱佛脚采集相关数据。一是教师教学质量信息系统应当建立，其功能是系统收集教师对教学质量状况的评估信息。二是研究生学习质量信息系统的建立，收集研究生对教学质量的评估信息及学业质量信息。三是教学管理人员信息系统的建立，对教学管理及管理质量的评估。四是教学督导组信息系统。收集教学督导组对教育教学过程的评估意见。五是学校就业主管部门结合校外用人单位的反馈意见形成的毕业生工作能力质量评估信息系统。最终将以上五方面的信息最终分类和归纳，形成系统化内部质量信息档案。

最后，内部评估的运行开展在运行流程中体现的是纵向与横向结合。从纵向上看，主要由学院、系、学科点三级构成。学院层面侧重从涉及面较广的课程和教学环节进行评估，并宏观上对整体教学情况进行检查。系级主要是放在具体某门课程的教学评估，而学科点则是院系教学质量评估的执行部门[①]。从横向上看，主要体现的是在不同的实施阶段不同层面和性质的评估。初期主要是对教学资源、教学环境、生源质量和师资队伍建设等方面的诊断性评估。在中期则是对教师授课质量、学生学习质量、教师科研实力、教风学风等方面的形成性评估。后期则主要是对教学质量、教学管理水平、学生学业成就、学生就业水平等进行的综合性评估。

三、外部反馈监测评估机制

专业学位研究生教育因其与市场的天然关联，在质量评估环节中外部反馈监测评估机制尤为必要。首先，外部评估机制是社会用人单位对专业学位研究生教育进行的评估，以结果评价为主，特别注重用人单位对教育质量的满意度。结合用人单位的实际需求，表达用人单位对人才质量的诉求，以此

---

① 王运峰，张蕾，张亮.研究生教育质量发展性评估体系的构建[J].学位与研究生教育，2016（2）：72.

建立各类评估体系，充分发挥市场用人单位主体在专业学位研究生教育质量评估中的多维作用。其次，以执业资格准入与专业学位研究生教育人才培养衔接作为外部质量评估的重要标准。专业学位有别于学术型学位，在人才培养规格方面应体现出差异，这种差异切实影响人才的社会适应性。要培养出与社会和市场契合度较高的高层次应用型人才，用社会各行业领域执业资格准入标准，对专业学位研究生教育培养单位的人才培养模式进行调整和优化是专业学位研究生教育质量外部反馈测评的应有之义。最后，专业认证制度也是一种有效的外部反馈监测评估机制。通过具有资质的第三方行业协会的专业认证来进行外部质量监测评估。

综上，专业学位研究生教育评估各环节中的治理的逻辑基点与价值遵循应当集中体现在专业学位研究生教育质量评估的多元共治导向下的评估原则与方法、多维逻辑标准下的评估指标体系的确立、多层结构布局下的评估机制的构建。这不仅是专业学位研究生教育质量评估治理向度的体现，也是治理理论意蕴下我国专业学位研究生教育质量评估体系构建的理论机理与实践路径。

参考文献

一、中文类参考文献

[1]北京师范大学外国教育研究所.国外学位制度[M].北京:地震出版社,1981.

[2]钱学森.社会主义现代化建设的科学和系统工程[M].北京:中共中央出版社,1987.

[3]中共中央文献研究室.十一届三中全会以来重要文献精选:上卷[M].北京:人民出版社,1987.

[4]刘盛纲.研究生学科的评估[M].成都:成都电讯工程学院出版社,1987.

[5]刘盛纲.美国加拿大高等教育评估(第一分册):高等教育评估概况[M].杭州:浙江大学出版社,1987.

[6]金以圣.生态学基础[M].北京:中国人民大学出版社,1988.

[7]陆有铨.现代西方教育哲学[M].郑州:河南教育出版社,1993.

[8]陈玉琨.中国高等教育评估论[M].广州:广东高等教育出版社,1993.

[9]夏天阳.各国高等教育评估[M].上海:上海科学技术文献出版社,1997.

[10]安心.高等教育质量保证体系研究[M].兰州:甘肃教育出版社,1999.

[11]陈玉琨.教育评估学[M].北京:人民教育出版社,1999.

[12]龚怡祖.论大学人才培养模式[M].南京:江苏教育出版社,1999.

[13]戴晓霞,莫家豪,谢安邦.高等教育市场化[M].北京:北京大学出版社,2004.

[14]张维迎.大学的逻辑[M].北京:北京大学出版社,2004.

[15]王景英.教育评估学[M].长春:东北师范大学出版社,2005.

[16]荀振芳.大学教学评估的价值反思[M].青岛:中国海洋大学出版社,2006.

[17]苗东升.系统科学大学讲稿[M].北京:中国人民大学出版社,2007.

[18]李福华.大学治理的理论基础与组织框架[M].北京:教育科学出版社,2008.

[19]乌杰.系统哲学[M].北京:人民出版社,2008.

[20]尹晓敏.利益相关者参与逻辑下的大学治理研究[M].杭州：浙江大学出版社，2010.

[21]陈洪捷.博士质量：概念、评估与趋势[M].北京：北京大学出版社，2010.

[22]中国博士质量分析课题组.中国博士质量报告[M].北京：北京大学出版社，2010.

[23]《教育规划纲要》工作小组办公室.全国教育工作会议文件汇编[M].北京：教育科学出版社，2010.

[24]王战军.学位与研究生教育评估理论与方法[M].北京：高等教育出版社，2012.

[25]李福华.大学治理与大学管理[M].北京：人民出版社，2012.

[26]李维安，王世权.大学治理[M].北京：机械工业出版社，2013.

[27]俞可平.论国家治理现代化[M].北京：社会科学文献出版社，2014.

[28]陈静.现代职业教育体系下我国专业学位研究生教育发展问题研究[M].重庆：重庆大学出版社，2016.

[29]伯顿·R.克拉克.高等教育系统——学术组织的跨国研究[M].杭州：杭州大学出版社，1994.

[30]马克思，恩格斯.马克思恩格斯选集：第四卷[M].北京：人民出版社，1995.

[31]保罗·A.萨巴蒂尔.政策过程理论[M].彭宗超，译.北京：三联书店，2004.

[32]亨利·埃茨科威兹.三螺旋：大学、产业、政府三元一体的创新战略[M].周春彦，译.北京：东方出版社，2005.

[33]丹尼尔·斯达福比姆.评估模型[M].苏锦丽，译.北京：北京大学出版社，2007.

[34]约翰·杜威.评估理论[M].冯平，余泽娜，译.上海：上海译文出版社，2007.

[35]盖伊·彼得斯.新制度主义政治学译文精选[M].何俊志，译.天津：天津人民出版社，2007.

[36]约翰·亨利·纽曼.大学的理念[M].高师宁，译.北京：北京大学出版社，2016.

[37]鲍勃·杰索普.治理的兴起及其失败的风险：以经济发展为例的论述[J].国际社会科学（中文版），1999（2）.

[38]格里·斯托克.作为理论的治理：五个论点[J].国际社会科学（中文版），1999（2）.

[39]沈红.对美国研究生教育评估的综合分析[J].学位与研究生教育，1996（6）.

[40]陈钟颀.中美研究生院评估比较[J].学位与研究生教育,1996(4).

[41]沈红.对美国研究生教育评估的综合分析[J].学位与研究生教育,1996(6).

[42]顾明远.试论21世纪研究生的知识结构和能力结构[J].学位与研究生教育,1998(5).

[43]王保星.殖民地时期美国高等教育发展的基本特征[J].清华大学教育研究,2000(2).

[44]中国学位与研究生教育发展战略报告编写组.中国学位与研究生教育发展战略报告(2002—2010)[J].学位与研究生教育,2002(6).

[45]洪成文.美国高等教育认证理事会:认可目标、标准和程序[J].比较教育研究,2002(9).

[46]邬大光.高等教育大众化理论的内涵与价值——与马丁·特罗教授的对话[J].高等教育研究,2003(11).

[47]廖湘阳.研究生教育质量观演变语言战略选择[J].中国高教研究,2004(9).

[48]张新科.教育评估:德国高等教育界推崇的监督模式[J].外国教育研究,2004(7).

[49]金顶兵.英国高等教育评估与质量保障机制:经验与启示[J].教育研究,2005(1).

[50]方鸿琴.英国高等教育质量保证署的院校审核[J].高等教育研究,2005(2).

[51]邓光平,郑芳.专业与专业学位的设置[J].江苏高教,2005(5).

[52]汪利兵,徐洁.英国RAE大学科研评估制度及其对大学科研拨款的影响[J].高等教育研究,2005(12).

[53]周春彦.大学—产业—政府三螺旋创新模式:亨利·埃茨科维兹"三螺旋"评估[J].自然辩证法研究,2006(4).

[54]胡玲琳.学术性学位与专业学位研究生培养模式的特征比较[J].学位与研究生教育:2006(4).

[55]陈谷纲,陈秀美.专业学位研究生教育的质量观[J].学位与研究生教育,2006(7).

[56]王凤春.治理理论视野下的高等教育质量保障问题研究[J].内蒙古师范大学学报,2006(11).

[57]陈江波，曾冬梅.美国、西欧与中国高等教育评估运行方式的比较研究[J].高教论坛，2006（12）.

[58]吴艳茹.德国高等教育评估制度及特点[J].高校教育管理，2008（3）.

[59]冯旭芳，李海宗.法国高等教育质量评估机制对我国的启示[J].教育探索，2008（11）.

[60]苏昕，侯鹏生.高等教育评估体系的结构多元化和价值冲突[J].教育研究，2009（10）.

[61]蒋艳萍，田兴国，吕建秋，等.高校科技创新能力综合评估指标体系的构建[J].科技管理研究，2010（8）.

[62]孙阳春，王富荣，李静.国外专业学位研究生教育质量评估维度研究及启示[J].内蒙古师范大学学报（教育科学版），2011（1）.

[63]许杰.理想还是现实：英国大学的两难[J].高等教育研究，2011（4）.

[64]甄良，康君，英爽.专业学位研究生培养质量评估及保障体系的建构[J].研究生教育研究，2012（6）.

[65]中国教科院教育质量标准研究课题组.教育质量国家标准及其制定[J].教育研究，2013（6）.

[66]徐绪卿.治理背景下我国民办高等教育管理的转型[J].中国高教研究，2014（8）.

[67]史雯婷.专业学位研究生教育的基本属性探讨[J].学位与研究生教育，2014（10）.

[68]胡恩华，顾桂芳，杨晓江.专业学位研究生教育质量评估主体研究[J].研究生教育研究，2016（1）.

[69]王运峰，张蕾，张亮.研究生教育质量发展性评估体系的构建[J].学位与研究生教育，2016（2）.

[70]刘涛，由永华.高校社会服务能力评估体系的构建及应用研究[J].当代教育科学，2016（17）.

[71]龙献忠，龚汪洋.治理现代化背景下高等教育质量评估体系构建[J].中国高教研究，2016（5）.

[72]许长青.高水平研究型大学研究生教育质量动态监测评估：理念、模型与

应用 [J]. 学位与研究生教育，2016（11）.

[73] 黄宝印，唐继卫，郝彤亮. 我国专业学位研究生教育的发展历程 [J]. 中国高等教育，2017（2）.

[74] 顾明远. 教育大词典（3）[Z]. 上海：上海教育出版社，1990.

[75] 刘善慧，刘炳学，房泽岱，徐叔云，马传庚. 英汉药理学辞典 [Z]. 北京：中国医药科技出版社，1993.

[76] 秦惠民. 学位与研究生教育大词典 [Z]. 北京：北京理工大学出版社，1994.

[77] 陶西平. 教育评估辞典 [Z]. 北京：北京师范大学出版社，1998.

[78] 罗福午，王心丰. 美国教育质量评估活动简介 [A]；北京市高教局，等. 教育评估理论与实践 [C]. 北京：北京航空学院出版社，1987.

[79] 廖文捷. 我国专业学位研究生培养模式的系统结构研究 [D]. 广州：华南理工大学，2010：56.

[80] 李娟. 构建专业学位研究生教育外部质量评估体系 [N]. 中国教育报，2014-01-13.

[81] 研究生教育质量报告编研组. 中国研究生教育质量年度报告（2016）[R]. 北京：中国科学技术出版社，2016（10）.

[82] 7个工程领域设备监理方向教育认证职业资格对接条件 [EB/OL]. 全国工程专业学位研究生教育网，2013-06-08.

二、英文类参考文献

[83] GUBA E G，LINCOLN YS. Fourth Generation Evaluation[M]. Newbury Park: Sage Publications, Inc,1989.

[84] The Commission on Global Governance. Our Global Neighborhood: The Report of the Commission on Global Governance[M]. Oxford：Oxford University Press,1995.

[85] ETZKOWITZ H,LEYDESDORFF L.Universities and the global knowledge economy: A triple helix of university-industry-government relations[M].New York :Pinter,1997.

[86] THUROW L. Fortune favors the bold: What we must do to build a new and lasting global prosperity[M]. New York: Harper Business,2003.

[87] KEZAR A J. A History of American higher education[M]. Baltimore: Johns Hopkins University Press,2011.

[88] MECORNICK, MEINERS R E, ROGER E. University governance: A property rights perspective[J]. Journal of Law and Economics,1988（2）.

[89] EATON J S. Accreditation and Quality in the United States: Practice and Pressure[J]. Global Perspective on Quality in Higher Education, 2001（4）.

[90] SHATTOCK, MICHAEL L. Rebalancing Modern Concepts of University Governance[J]. Higher Education Quarterly, 2002（3）.

[91] GANDEL S. MBA success takes on new degree of difficulty[J]. Crain's New York Business,2002（8）.

[92] LAUGHTON D. Why was the QAA Approach to Teaching Quality Assessment Rejected by Academics in UK? [J]. Assessment &Evaluation in Higher Education,2003（3）.

[93] Cochran-Smith，M. Teacher Education and the Outcomes Trap [J]. Journal of Teacher Education, 2005（5）.

[94] BUDD J W. Practicing what we preach: Using professional degree principles to improve HRIR and management teaching [J].Human Resource Management Review,2005（15）.

[95] SAWCHUK S. Teacher Education is Facing Higher Bar[J]. Education Week, 2013,（36）.

[96] American Higher Education Intermediary Assessment Accreditation[EB/OL]. Council for Higher Education Accreditaion, 2005-11-25.

[97] SACS Commission on Colleges. The principles of Accreditation: Foundations for Quality Enhancement[R]. 2011.

后　记

　　自1989年世界银行在其报告中首先使用了"治理危机"一词概括当时非洲的发展状况后，治理理论逐渐成为学术界最热门的前沿理论并渗入各个研究领域。"治理"与统治不同，其特指一种由共同的目标支持的活动管理机制，这些管理活动的主体未必由政府包揽，也无需依靠国家的强制力量来实现，却能有效发挥作用。该理论引入中国后得到广泛关注，被认为是进行社会认识转折或制度突破的理论分析框架。

　　专业学位研究生教育发展问题一直是本人关注和研究的领域，一直坚持围绕专业学位研究生教育发展问题进行研究。本人从攻读博士学位开始，针对专业学位研究生教育宏观层面进行了理论和实践探讨，重点从现代职业教育体系建设背景下专业学位研究生教育发展问题进行研究。本书为2015年教育部人文社科青年项目研究成果。衷心感谢教育部社科司对本书出版的资助。本书撰写历时近四年，在撰写书稿的过程中，本人以访问学者身份赴美国密歇根州立大学访学2个学期。这段访学经历让笔者能够获取美国专业学位研究生质量评估的一手文献，并且与高等教育领域的专家学者进行了面对面交流。特别感谢密西根州立大学教育学院 Ann·Austin 教授给予的大力帮助和支持。Austin 教授在我所进行的研究方面给予了我很大的帮助，对于研究过程中遇到的问题不吝赐教。在对国外研究生教育质量评估的文献查阅和现状调研方面，本人利用在美国访学的机会得到了大量的一手文献，并且与相关专业人士进行了会谈，获得了大量的数据和案例资料。这些调研数据的获取对本书的成型起到了较为重要的作用。本书的写作虽然结束，但自己对高等教育质量评估问题的研究热情和初衷并不会因此终结。未来我将继续在已有研究的基础上做进一步深入研究。